本项目获得青岛大学东亚文学文化研究中心资助

本书为"2012年度国家社科基金项目"（12BWW012）的阶段成果

《青鞜》与日本近代女性问题

于 华 著

中国社会科学出版社

图书在版编目(CIP)数据

《青鞜》与日本近代女性问题/于华著.—北京：中国社会科学出版社，2014.7
ISBN 978-7-5161-4665-1

Ⅰ.①青… Ⅱ.①于… Ⅲ.①期刊研究-日本-近代②妇女问题-研究-日本-近代 Ⅳ.①G239.313.9

中国版本图书馆CIP数据核字(2014)第186082号

出 版 人	赵剑英
责任编辑	任 明
特约编辑	乔继堂
责任校对	郝阳洋
责任印制	何 艳

出　　版	中国社会科学出版社
社　　址	北京鼓楼西大街甲158号（邮编100720）
网　　址	http://www.csspw.cn
	中文域名：中国社科网　010-64070619
发 行 部	010-84083685
门 市 部	010-84029450
经　　销	新华书店及其他书店
印刷装订	北京市兴怀印刷厂
版　　次	2014年7月第1版
印　　次	2014年7月第1次印刷
开　　本	710×1000　1/16
印　　张	17
插　　页	2
字　　数	282千字
定　　价	55.00元

凡购买中国社会科学出版社图书，如有质量问题请与本社联系调换
电话：010-64009791
版权所有　侵权必究

目 录

引言 ··· (1)
  一　选题原因与研究方法 ······························· (1)
  二　《青鞜》及相关研究现状 ··························· (8)

第一章　《青鞜》创刊的社会背景 ······················· (27)
  第一节　《青鞜》创刊前女性观的发展变化 ············ (27)
    一　启蒙思想家的女性观 ··························· (28)
    二　女性自身的认识 ································· (35)
    三　西方思想的传入对女性观的影响 ············· (46)
  第二节　明治·大正时期的女子教育及职业女性的出现 ··· (49)
    一　明治·大正时期的女子教育 ···················· (49)
    二　"女子职业热之勃兴" ··························· (56)
    三　青鞜女性的就业情况 ··························· (59)
    四　青鞜女性的职业观 ····························· (61)
  第三节　新闻出版业的发展和《青鞜》的创刊 ········ (65)
    一　近代报纸杂志的发展 ··························· (65)
    二　《青鞜》前后的妇女杂志 ························ (69)

第二章　《青鞜》与平塚雷鸟 ···························· (73)
  第一节　平塚雷鸟与"盐原事件" ······················ (73)
    一　幼年期的平塚明及"西洋"体验 ··············· (73)
    二　反叛中的"女性发现" ··························· (76)
    三　"盐原事件（煤烟事件）" ······················· (81)
    四　"出轨"行为的社会影响 ························ (86)
  第二节　《青鞜》的诞生与发展历程 ···················· (88)
    一　青鞜社的成立与《青鞜》创刊 ··················· (89)

二　青鞜社成员 …………………………………………… (91)
　　三　《青鞜》创刊号 ……………………………………… (94)
　　四　"女性原本是太阳"的世界——女性"言说体系"
　　　　的建构 ……………………………………………… (98)
　　五　《青鞜》发展历程中的三次遭禁 ………………… (104)
　第三节　《青鞜》的终结和其后的平塚雷鸟 ……………… (110)
　　一　《青鞜》的终结 …………………………………… (110)
　　二　《青鞜》之后的平塚雷鸟 ………………………… (119)
　第四节　平塚雷鸟的思想轨迹 ……………………………… (122)
第三章　青鞜女性与"新女性" ………………………………… (129)
　第一节　个性张扬的尾竹红吉 ……………………………… (129)
　　一　加入青鞜社 ………………………………………… (129)
　　二　"五色酒（鸡尾酒）"事件 ………………………… (131)
　　三　"吉原登楼"事件 …………………………………… (133)
　第二节　一生抗争的伊藤野枝 ……………………………… (135)
　　一　争取进入女学校 …………………………………… (135)
　　二　争取恋爱、婚姻的自由 …………………………… (136)
　　三　进入青鞜社 ………………………………………… (137)
　　四　社会差距 …………………………………………… (138)
　　五　投奔大杉荣 ………………………………………… (139)
　第三节　笔触大胆的荒木郁（子） ………………………… (143)
　　一　经营玉名馆 ………………………………………… (144)
　　二　《书信》和《路标》 ………………………………… (145)
　第四节　"新女性"以及青鞜社对"新女性"的认识 ……… (148)
　　一　"新女性"的出现 …………………………………… (149)
　　二　席卷青鞜社的风浪 ………………………………… (150)
　　三　青鞜社迎接挑战 …………………………………… (152)
第四章　《青鞜》的社会价值 …………………………………… (158)
　第一节　《青鞜》的社会性别主张 ………………………… (159)
　　一　从关注文学到关注社会 …………………………… (159)
　　二　雷鸟的性的自我主张 ……………………………… (161)
　　三　青鞜女性的性别主张 ……………………………… (165)

第二节 《青鞜》的女性问题论争 ……………………………… (168)
一 "贞操论争" ……………………………………………… (169)
二 "堕胎论争" ……………………………………………… (172)
三 "废娼论争" ……………………………………………… (174)

第五章 《青鞜》的文学价值 ………………………………………… (180)
第一节 女性写作者创作和发表的园地 ……………………… (180)
一 《青鞜》之文学 ………………………………………… (181)
二 《青鞜》的女性作者 …………………………………… (183)
第二节 《青鞜》在女性文学史中的地位与影响
　　　　——以小说为中心 ………………………………… (187)
一 小说在《青鞜》中的地位 ……………………………… (187)
二 《青鞜》的两期"小说号" …………………………… (188)
第三节 《青鞜》对外国文学的翻译介绍 …………………… (191)
一 平塚雷鸟翻译的爱伦坡作品 …………………………… (192)
二 濑沼夏叶翻译的契诃夫作品 …………………………… (194)
三 《青鞜》刊载的其他译作 ……………………………… (196)
第四节 "《青鞜》文学"文本的现代意义 ………………… (199)
一 女性主义文学批评观照下的《青鞜》文学 …………… (199)
二 斋贺琴(子)的反战小说《战祸》 …………………… (206)

结语 ……………………………………………………………………… (212)
一 《青鞜》的历史贡献 …………………………………………… (212)
二 《青鞜》研究在日本近代女性史上的地位 ………………… (215)
三 《青鞜》的局限性 ……………………………………………… (217)

附录A 《青鞜》略年表 ……………………………………………… (222)
附录B 平塚雷鸟略年谱 ……………………………………………… (227)
附录C 女性原本是太阳 ……………………………………………… (232)
附录D 青鞜社章程 …………………………………………………… (239)
附录E 致诸位读者 …………………………………………………… (242)
附录F 《青鞜》小说两篇 …………………………………………… (243)
参考文献 ………………………………………………………………… (253)
后记 ……………………………………………………………………… (263)

引 言

一 选题原因与研究方法

(一) 选题原因

《青鞜》是日本最早由女性创办、主持的杂志，从编辑到出版以至撰稿人都清一色是女性，可谓日本历史上第一份"纯粹的"女性杂志。《青鞜》创刊于1911年（明治四十四年）9月1日，主办人平塚雷鸟（即平塚明或平塚明子，1886—1971）在日本历史上被誉为思想家、评论家和女性解放运动家。雷鸟在《青鞜》创刊号上的发刊辞《女性原本是太阳》以及女诗人、女性问题评论家与谢野晶子（1878—1942）的卷首诗《山动之日来临》[①] 至今已成为近代日本最早的"女性解放宣言"，《青鞜》也由此在今天拥有了近代日本"女性解放运动先驱"的地位。

平塚雷鸟（1886—1971）

现在看来，《青鞜》在日本近代史、女性史以及女性解放运动史上占

---

① 发表在《青鞜》创刊号上的原题是《漫言碎语》（「そぞろごと」），1914年1月出版单行本《从夏至秋》时，标题作了改动，文字上也有修改，语调更为和缓，其中含有晶子对王朝文学的旗手——平安时期女性贵族的热切向往。

《青鞜》创刊号封面

有重要地位。然而，在历史长河中它曾经从人们的视野中消失而被历史尘沙所掩埋，沉睡了近80年。随着20世纪70年代以来女性主义浪潮的涌动，掩埋着《青鞜》半个多世纪的历史尘沙被冲刷而去，人们恍然发现，《青鞜》是一块闪烁着思想光辉的含金矿石。在《青鞜》创刊80年后的1991年9月，《妇人公论》杂志举办了专题研讨会，与会的诗人、女性史研究专家堀场清子（1930—　）指出，"不用说在战前与战争期间，就是到了战后，《青鞜》也是长期被掩埋在历史的深处，无人问津"。她还说，"经过80年的岁月，终于使人们认识到《青鞜》是我们的一项知识遗产"。[①] 这说明，《青鞜》的价值并没有随着历史的推进遗失殆尽，而是逐渐被认识、发掘和认可。

《青鞜》自1911年9月创刊，到1916年2月停刊，虽然仅有不长的四年半时间，但客观上它已成为女性展示自我、伸张个性与施展天赋才华的园地，并树起了引导女性走向解放运动的旗帜，其影响至今尚存。平塚雷鸟的"宣言"依然引导着今日的女性继续追求实现男女平等、共生共存、共同参与的理想社会。

20世纪80年代，在中国学术界，女性主义研究悄然兴起，经过十年的探索，到90年代已有相当的成果面世，如今这一研究领域方兴未艾，蓬勃发展。在各种研究成果中，我们可以把握女性主义的来龙去脉，它的兴起、发展、存在的问题以及专家学者对未来的预测和期待。如今，在一些高等学府及研究机构还设置了女性学专业及相关课程。在大量的文章和专著中，我们也可以读到有关欧美国家女权运动和女性主义思想理论的介绍和评论。令人遗憾的是，在众多研究成果中，对日本女权运动和女性主

---

① ［日］岩田奈奈津：《作为文学的〈青鞜〉》，不二出版2003年版，第229—230页。

义思想理论的评介和研究却寥寥无几。在由荒林主编的《中国女性主义》（2004春）（广西师范大学出版社2004年版）一书中，收录了谢玉娥整理的从1978年至2003年的"女性·性别研究论著目录"，其中仅有一篇女性主义文学论文与日本有关。这一目录的续篇刊登在《中国女性主义·3》（2005春）上，相关的论著是日本著名的比较文学专家水田宗子（1937—　）的著作《女性的自我与表现：近代女性文学的历程》（陈晖等译，中国文联出版公司2000年版），依然是女性文学的论题。另一日本学人是中国文学研究家兼评论家近藤直子（1950—　），正如其身份所显示的那样，她所从事的研究依然没有超出中国女性文学的范围。可见，在中国的妇女问题研究学界，除了研究国内问题，主要关注点几乎都集中在英、法、美等西方国家的女性主义问题上，而对我们的近邻日本的女性主义问题关注并不多，甚或语焉不详。有人可能会认为，日本的女权运动和女性主义思想在世界范围内的影响无足轻重。表面上，这种看法也许不无道理，但就其对日本社会文化及对近代中国的影响看，理应得到学术关注。笔者认为，对我们来说，日本女性主义问题的研究，既是新的课题与挑战，同时也孕育着新的学术生长点。尽管日本不是女权主义运动的主流国家，但我们有必要对近邻保持一定的关注。况且，中日间也存在着一定的可比性。中国和日本同属东方国家，有着类似的儒家文化传承，但具体到国家、民族、社会制度等内部情况时，彼此之间也显而易见存在诸多差异。在女权主义运动大旗下，妇女必然会有某些相同的追求与表现，但在不同的社会制度、不同的传统文化背景下，各自的女性主义发展缘由、发展轨迹、达成的结果、未来的发展趋向、追求的目标以及女性对社会的要求和期待等等，也必然有所不同。随着社会与时代的变迁，国家与社会对女性的要求和期待也会不尽相同。那么，日本的女权主义运动，理应有值得我们关注之处，也会带给我们新的启迪。荒林主编的《中国女性主义》（2004春）的"卷首语"指出："也许与其他国家的妇女解放运动相比，中国女性更多地面临着根深蒂固的传统文化的困扰。如何从克服传统文化的束缚中寻找到自己的解放之路，如何从其他国家的妇女那儿吸取经验与理论，教育，或许是中国女性解放最为现实的途径之一。"[①] 毫无疑问，

[①] 荒林主编：《中国女性主义》（2004春）"卷首语"，广西师范大学出版社2004年版，第1页。

"其他国家"也应包括日本在内。因此，笔者试图找到一条线索，通过这条线索将日本女权运动中的女性先锋和她们的思想表述介绍到我们的女性主义研究领域。如能为这一研究领域添加一页新内容，起到抛砖引玉的作用，本书也算完成了一项具体任务，其本身就是一项有意义的工作。

1975年，"国际妇女十年"在墨西哥召开了第一届联合国世界妇女大会，从此，女性问题成为世界共同关注的问题。与会的日本首席代表藤田多希（TAKI）[①]在发言时，开门见山地引用了平塚雷鸟《青鞜》发刊辞的标题——"女性原本是太阳"。无独有偶，日本青山学院大学副教授渥美育子于1977年创办了《女性主义者》杂志，并明确表示她的目标是将杂志办成现代版的《青鞜》。[②] 这些事例至少可以说明《青鞜》在日本妇女解放运动和当今女性主义思潮中的影响力，且对当今世界范围内的女性主义运动具有普遍意义。于是，在选题过程中，平塚雷鸟和《青鞜》便进入笔者的视野。笔者期望通过平塚雷鸟和《青鞜》，进入日本女性解放运动和女性主义研究领域，借此探索一条研究女性和女权问题的路径。

作为女性，对妇女问题和女权主义议题自然会抱有好奇和关注，而笔者最终选定围绕着"《青鞜》与近代日本女性问题"进行探讨，也正是出于对妇女问题和女权主义诸理论的关注和兴趣，借助女权主义和当代女性主义思潮的问题视角，可以对女性的生存状态和生命质量进行新的透视和把握，并借此打开一扇新的视窗，发现一些新的可能性。从提升生命质量的意义上来说，以《青鞜》问题为出发点，在此基础上从事更为广泛的女性问题的探索和研究，其自身便产生出一种使命感，它是个人的，同时也属于全社会。

从女性主义运动史的整体看，它在各个国家、各个地区有着不同形式

[①] 藤田たき（Fujita Taki）——津田塾大学第四任校长，出生于名古屋市，女子英学塾（现为津田塾大学）毕业。文中"多希"是笔者根据日文「たき（Taki）」音译标记的汉字。1928年，藤田参加了在美国檀香山（火奴鲁鲁）召开的第一届太平洋妇女大会，从此也参加妇女争取参政权的运动。第二次世界大战后，藤田历任劳动省妇女少年局局长、妇女地位委员会会长及联合国总会代表、泛太平洋东南亚妇女协会会长、日本妇女有权者同盟会长、日本大学妇女协会会长等重要职务，为日本社会民主化的实现和提高女性地位的事业而献身。1975年，墨西哥"国际妇女十年"世界大会之后，藤田作为日本妇女问题计划推进会主席、妇女少年问题审议会会长，为废除歧视女性条约得以批准以及男女工作平等待遇法的生效等尽心尽力，为实现男女共同参与的和谐社会作出了贡献。

[②] [日] 上野千鹤子、小仓千加子：《女性主义》，筑摩书房2002年版，第195页。

的表现、组织、词语的使用范围、内涵意义、运动规模等等,所以,李小江等学者提出女性主义的"本土化"问题。日本的女性主义运动虽然在世界范围内不具有强大的影响力,但是作为一种存在形态,也是女性主义运动史中的一个组成部分,要了解女性主义运动史的全貌,日本女性主义运动史这一部分内容不可缺少,因而,研究《青鞜》以及青鞜社运动的意义不言而喻。从女权主义运动的普遍性意义上对《青鞜》运动进行观照,女性主义理论将会帮助我们认识到一些实质性问题。

(二) 研究方法及有关问题的说明

本书以辩证唯物主义和历史唯物主义为基本指导思想和理论方法,在厘清《青鞜》从创刊、发展到最终停刊的历史进程的基础上,力图探明其创刊体现出的时代特征和社会需求,以及青鞜社由结社到解体的现实背景,同时揭示青鞜女性的人生发展轨迹。

本书力图在日本近代思想史与近代女性史两条线索内,将《青鞜》以及青鞜社的女性纳入"近代"这一历史框架中进行考察与研究,重点发掘《青鞜》以及青鞜社运动在日本女权运动发展中所具有的历史意义。

恩格斯在《致保尔·恩斯特》的信中谈道,"对妇女问题的研究,必须研究它所赖以产生的社会历史条件及它在历史条件中的地位与作用,才能从中得出科学的结论"。[①] 近代以来的日本女性史受到两大因素的双重作用。其一,在日本历史上长期存在的、以父权家长制为特征的家族制度、近代天皇制、良妻贤母[②]主义、国家主义对日本女性思想、行为的禁锢和压制。其二,伴随着"殖产兴业"和"文明开化"而来的西方资产阶级进步思想的影响。这两大因素,也是本书在考察和研究《青鞜》时始终关注的线索。

在整个近代日本思想史中,始终贯穿着两条主线:一是"国"与

[①] 《马克思恩格斯全集》第37卷,人民出版社1988年版,第407页。
[②] "良妻贤母"这一词汇是日语的表达习惯,我国常使用"贤妻良母"一词。关于"贤妻良母"与"良妻贤母"之间的中日差异与影响关系,南开大学日本研究院的李卓教授有多篇论文及专著对其进行过分析,如《近代日本女子教育理念——良妻贤母论辨析》(载《日本学刊》2002年第2期)、《中国的贤妻良母观及其与日本良妻贤母观的比较》(载《天津社会科学》2002年第3期)、《"良妻贤母"与"贤妻良母"的不同命运》(载《日本学论坛》2007年第1期)等。本书在行文时,统一使用日语的表述习惯,即"良妻贤母",以强调日本的特殊性。

"家"的问题；二是"东"与"西"的问题。① 笔者以为，近代女性史也同样伴随着这两个问题，尤其是前者，日本女性作为一国之民，是以良妻贤母的理想标准被要求和统摄在包括家产、家屋、家系、家格在内的父权家长制度下的。《青鞜》的女性们正是为了摆脱和反抗封建家族制度以及婚姻制度的束缚而奋力争取思想与经济上的独立，因此，脱离日本封建家族制度而孤立地谈论青鞜女性的自立是不可能的。就后者而言，青鞜社的"新女性"在思想上吸取了近代欧洲戏剧和大量翻译文献的新鲜营养，甚至她们自己也积极从事西方文献的翻译和介绍。青鞜社的代表平塚雷鸟、伊藤野枝、山田和歌（WAKA）等人，都是在西方思想影响下确立起自己的思想体系的。

在两条主线的交汇处便是"传统"与"近代化"的问题。那么，面对这一问题，明治三四十年代（20 世纪初）的日本女性如何认识和解决这一问题呢？青鞜女性所选择的生存方式，可以说就是对这一问题作出的具体回答。

《青鞜》是打着"女性文学杂志"这面旗帜出发的，无论其文学成就如何，我们在谈论《青鞜》时，必然离不开文学话题。本书借助女性主义文学批评视角，重新释读几篇曾经被封杀过的《青鞜》文学作品。尽管"青鞜文学"并不具有相当大的规模，也没有形成显著的文学风格，成为独具一格的文学流派，但其文学对女性问题的敏锐捕捉具有相当的尖锐性，当今对女性问题的一些探讨，依然延续着她们曾经提出的质疑，并且其文学自身也蕴含着女性文学发展的多种可能性，因而，《青鞜》理应在女性文学史上占有一席之地。

要把握和研究日本的女权运动和女性主义思想，首先必须把握现今使用的关于女性主义研究的若干概念，以清晰地界定本书对这些词语的使用。

女权运动或女性主义是 Feminism 一词的中译，翻译是否恰当一直存有争议，笔者在这里并非要加入到争议当中，只是想对译词在本书中的使用加以界定。据李小江的《女性？主义——文化冲突与身份认同》一书中的介绍，Feminism 这个词一开始在日本并没有被广泛使用，而更多地使用"妇人运动"这一词汇。20 世纪 70 年代初，日本妇女地位普遍提

---

① ［日］鹿野政直：《近代日本思想指南》，岩波书店1999年版，第8、9页。

升，则多使用 Women's Liberation（"妇女解放运动"）；20 世纪 70 年代以后，Feminism 作为一种思潮才被大量使用；到了 20 世纪 80 年代，Feminism 在日本成为热门话题。Liberation 多指运动，而 Feminism 指思想，也就是说，"女性主义"更多地被认为是一种思想意识。①

本书主要围绕着《青鞜》运动在其历史过程中提出的妇女问题进行讨论，笔者考虑到 Feminism 一词在日本的使用背景，因而在行文中以"女权主义"一词来涵盖运动与思想两个层面的意义，如有涉及 20 世纪 70 年代以后的问题和内容，则采用"女性主义"一词。

另外，关于青鞜社诸位女性的姓名，也需要作一点说明。众所周知，日本女性的名字多以"子"结尾。在《青鞜》创刊号的"名册"中，除了"长谷川时雨"、"加藤绿"、"杉本正生"外，所有人物的名字都带有"子"，目录及正文署名亦如此。在创刊号上，没有"子"的名字只有"森茂女"一人，在第 2 期上，正文署名的有"田原祐"，第 3 期卷末的"本期责任者"中有"保持研"和"平塚明"，第 4 期上又增加了"物集和"、"木内锭"。随着《青鞜》每期的发行，署名中将"子"拿掉的情况不断增多，到第二卷第 2 期（1912 年 2 月号）卷末的名册中，全部删去了"子"。这一现象清楚表明，青鞜女性舍弃具有性别标志的"子"完全是一种有意识的行为，是自我认识过程和自我确立的明确体现。在当时女性名字中带有"子"是新潮，而且具有"正式"感，称呼别人加上"子"时，因带有敬意而被惯用，例如，创刊号上署名之一的"森茂女"是大文豪森鸥外（1862—1922）的娇妻，也是《青鞜》的有力后援，她的原名为"森茂"，通常称其为"森茂子"。不少青鞜女性有意去掉带有性别标志的"子"字，无疑体现出她们对世俗的反叛。也许青鞜女性的名字中原本就没有"子"（如"平塚明"、"远藤清"、"菅原初"等），对她们自身来说，作为自我的一种实感，没有"子"，既自然又不加任何虚饰和掺和物，可以直接面对真实的自我。②

本书在行文中，考虑到对青鞜女性自我选择的尊重和通常的称呼习惯

---

① 参见李小江等《女性？主义——文化冲突与身份认同》，江苏人民出版社 2000 年版，第 126、127 页。其实李小江的书名也透露出对"女性主义"中文译词使用的犹豫或疑虑，或是突出对女性性别的质疑。

② ［日］堀场清子：《青鞜时代——平塚雷鸟与新女性》，岩波书店 1988 年版，第 76—77 页。书名以下简称《青鞜时代》。

两方面情况，采用将"子"放入括号中的方式来标记她们的姓名，如：保持研（子）、荒木郁（子）、岩野清（子）等等，但是为行文方便，有些地方略去括弧，直接以通常的称呼标记。

1898年实施的明治民法规定，"妻子依婚姻进入夫家"（第788条），"户主及家人以其家之姓氏称之"（第746条），即妻子通过婚姻进入夫家后，要使用丈夫的姓氏，即所谓夫妇同姓制度。这里并非针对夫妇同姓制度是否合理进行讨论，只是为了说明本书中标记女性姓名时需要采用的方法。由于多数女性在结婚之后，户籍上的姓氏有所变化，本书在标记时使用括弧表明其姓氏的变化，如：西崎花世（生田花世）、安田皋月（原田皋月）、青山菊荣（山川菊荣）等等，前者是婚前的姓名，括弧中的姓名是婚后使用的夫家姓氏。但也有相反或其他如笔名等情况，括弧里为原先自己娘家的姓氏，比如：福田英子（景山英子）、加藤绿（高仲菊子）等。引文中出现的姓名，则保留引文中原有的姓名标记，不做改动。

有些女性的名字在日文原名中没有汉字，笔者使用音译标记出汉字，并在括弧中标注原名发音的罗马字拼音，比如：山田和歌（WAKA）、中村多佳子（TAKAKO）等。关于平塚雷鸟的名字，在《青鞜》创刊之前较多使用她的原名"平塚明"或"平塚明子"，"雷鸟"这一笔名是随着《青鞜》一起诞生的，因而，在《青鞜》创刊之后都使用"平塚雷鸟"进行标记，行文中为方便起见，多处径直使用"雷鸟"这一称呼。

另外，在汉语里，"女性"、"妇女"、"女子"以及"女人"这些词语相互间有着微妙的差别，本书不强调如何区别使用这些词汇，多数情况下基本采用"女性"一词，但在惯用词语搭配的情况下，并不硬性地一概使用"女性"一词，比如常用的"妇女解放"、"女子教育"、"女人味儿"等，则按照常用的习惯来使用。对日文中"妇人"、"女人"、"女性"等词汇的翻译，多数统一为"女性"或"妇女"，但是杂志名《妇人公论》没有更换译词，按照原文来使用。

二 《青鞜》及相关研究现状

（一）日本的《青鞜》研究史及现状

2005年，笔者曾分别以"青鞜"、"平塚雷鸟"和"女性解放运动"为关键词，检索了日本国立国会图书馆的藏书，所查结果各项分别为120条、74条和14条，总计208条。当然，这并不一定就是目前为止所有相关研究的全部成果，总体上看相关成果算不上丰厚，因此要作比较全面的考察，绝非易事。所幸，由米田佐代子（山梨县立女子短期大学教授）、池田惠美子（《综合新闻出版研究》季刊副主编）编著的《为学习〈青鞜〉者编》（世界思想社1999年版）一书的附录中，汇集了从1916年2月《青鞜》停刊至1999年4月有关《青鞜》研究的著作、论文以及青鞜社成员们的自传、传记小说等各项成果一览，而且将文学史、日本史、女性史等广泛领域里涉及《青鞜》的研究成果全部汇集在内。另外，日本近代文学会会员岩田奈奈津（1964——　）所著《作为文学的〈青鞜〉》（不二出版2003年版）中，对《青鞜》的研究史作了一番回顾。因此，借助这两部分的参考资料和笔者所接触到的著作、论文，可以大致对日本学界的《青鞜》问题研究史和研究现状作一番梳理。

1. 对《青鞜》的总体评价

对《青鞜》的总体评价，包括正反两方面。《青鞜》停刊（1916年2月）以后，最早对《青鞜》评价的，大概是著名妇女运动家山川菊荣（青山菊荣）[①]于1921年（大正十年）7月在《太阳》杂志上发表的《新妇女协会与赤澜会》一文。山川菊荣早年对《青鞜》的评价多呈负面，她站在社会主义立场，认为《青鞜》是诞生于资本主义社会的、小资产阶级的女性运动，《青鞜》"至多不过是空想的、游戏式的、个人式的、无常性的反抗"，"是享乐的、玩乐式的嬉闹"，"独善式的个人主义，冥想式的艺术主义"[②]。但是，山川菊荣对《青鞜》的认识和评论随着时代的推移也在发生变化。大约在40年后的1962年（昭和三十七年）4月，她在《〈青鞜〉前后及新妇女协会》（《思想》第454号）一文中分析道，《青鞜》"集中于自我的问题，特别是恋爱与婚姻问题，因而对当时的中产阶级，尤其是对上层女性来说，也是她们面临的重大问题"[③]，并且评价其功绩说，"以女性自己的力量打破家族制度的标准规范，用自己的头

[①] 山川菊荣（1890—1980）——女性解放运动家。生于东京，毕业于津田女子英学塾。曾与伊藤野枝一起成立"赤澜会"，从事女性解放运动。第二次世界大战后，归属日本社会党，是社会主义阵营里最杰出的女性评论家。

[②] 转引自[日]平塚雷鸟《女性原本是太阳——平塚雷鸟自传》（完结篇），大月书店1973年版，第192页。

[③] [日]山川菊荣：《〈青鞜〉前后及新妇女协会》，载《日本妇女运动小史》，大和书房1979年版，第115页。

脑来思考至今被视为神圣禁忌的性道德问题，给予中产阶级女性们行动的自信和勇气"。① 这些肯定性的评价，显示出山川菊荣对《青鞜》的认识由偏颇性的理解转向较为客观公允的评价。经历时间的沉积，她从《青鞜》运动当中看到了中产阶级妇女觉醒的意义及影响力，应该说这也是对当前《青鞜》研究意义的肯定。

1939年，"左派"作家、评论家宫本百合子（中条百合子，1899—1951）在《文艺》上连载《妇女与文学》，后由实业之日本社于1947年出版发行。宫本百合子在文中结合同时期的文艺思潮、时代背景，综合分析了《青鞜》从创刊至停刊期间的变迁，并对雷鸟以外的其他青鞜社成员作出积极评价。宫本的评论为研究《青鞜》提供了一种视角。

首先，宫本百合子将《青鞜》放在"盐原雪山彷徨事件"（即所谓的"煤烟事件"②）这一特殊时段上进行考察。宫本认为，"煤烟事件"是爱好文学的青年男女在自我观念上的格斗，《青鞜》创刊于"事件"之后，这是平塚明子对世俗进行抗争的结果，并且解释说，"平塚明子本人没有将其经历进行文学化创作的能力。……无论好与坏，作为对周围汹汹流言的抗议和宣言，从而创刊出版了《青鞜》"。③ 那么，明子创办《青鞜》的决心和动机中，是否确实存在与"事件"的另一当事人作家森田草平（1881—1949）进行对抗的意识呢？森田草平在事件之后，以此为背景创作了小说《煤烟》，并于1909年1月1日至5月16日在《东京朝日新闻》上连载，享誉一时。明子是否以其《青鞜》与森田的《煤烟》相对抗，雷鸟本人在自传等著作、文章中没有留下明显的迹象。但是，她在《被小说刻画的原型人物之感想》（《新潮》1910年8月）中具有挑衅性的发言，以及雷鸟与森田草平两人之间围绕田村俊子（1884—1945）的小说《炮烙之刑》展开的一场论争（1914年），还有雷鸟本人将这一

---

① ［日］山川菊荣：《〈青鞜〉前后及新妇女协会》，载《日本妇女运动小史》，大和书房1979年版，第115页。

② 1908年（明治四十一年）3月，作家森田草平与平塚明子发生的一场所谓"殉情自杀"事件。第二年森田草平以事件为背景创作了小说《煤烟》并在《东京朝日新闻》上连载，由此确立了作家之名。此事件也因小说之名被冠以"煤烟事件"，但平塚明子本人一直将此表述为"盐原事件"，表明其对森田草平《煤烟》作品的否定以及世人对两人出走盐原行为所给予评价的不认可态度。"事件"细节，将在第二章第一节中详述。

③ ［日］宫本百合子：《妇女与文学》，见青空文库：http：//www.aozora.gr.jp/cards/000311/files/2927_9212.html。

"事件"进行小说化创作的《山岭》(1915年)①等情况综合起来考察,宫本百合子的见解值得参考。但是,笔者不赞同宫本所持雷鸟没有将其经历进行文学化创作能力的认识。雷鸟并非完全没有小说创作经验,《山岭》虽是一部未完成的作品,但雷鸟当时中止创作的原因,并不是由于创作能力枯竭,而是因为当时的身体状况(正处于妊娠反应期)和顾虑到丈夫奥村博(1916年更名"奥村博史")的心情和感受。②其实,继《山岭》之后,雷鸟执笔并发表的小说还有《厄年》(《中央公论》1916年12月号)、《一封长信》(《中外》1918年2月号)、《老死》(《中央公论》1918年9月号)等,虽然这些小说不是名篇大作,但至少可以表明雷鸟并不缺少创作小说的实力,她完全具备将抽象的思想观念以具象的小说语言进行构思和表述的能力。

田村俊子(1884—1945)

另外,宫本百合子还认为,《青鞜》发刊辞《女性原本是太阳》,自始至终都是抽象的"近似于神秘论的感想",这一点与同一时期大杉荣(1885—1923)③对雷鸟的评价极为相近。大杉荣认为,雷鸟是"极其抽象之人、神秘之人"④。关于《青鞜》发刊辞的神秘色彩和抽象性,雷鸟本人也认同于此,但她在《自传》中否定了人们认为文中的神秘性来自于尼采哲学思想的猜测,指出远远超出尼采哲学影响的是禅的影响,是多

---

① 连载于《时事新报》,1915年(大正四年)4月1—21日,未完。
② [日]平塚雷鸟:《女性原本是太阳——平塚雷鸟自传》,大月书店1971年版,第556页。以下注简称"《女性原本是太阳》",行文中简称"《自传》"。
③ 大杉荣——日本明治大正时期社会活动家、无政府主义者。1906年东京外国语学校法语专业毕业。在学时加入平民社,成为社会主义者。后因"笔祸事件"、"赤旗事件"等政治活动数次被捕。受思想家幸德秋水(1871—1911)影响,成为无政府主义者。1923年关东大地震时,与妻子伊藤野枝(1895—1923)及侄儿一起被宪兵大尉甘粕正彦(1891—1945)杀害。
④ [日]佐佐木英昭:《"新女性"的到来》,名古屋大学出版会1994年版,第106页。

年坚持坐禅的体验所得。她说:"如果我没有踏上禅的道路,大概会写出更加不同的发刊辞。"① 平塚雷鸟作为女性解放运动的旗手,曾经有过被片面传说化的时期,那是一种偏颇。当今对我们来说重要的是,要对同一时期形成的有关雷鸟形象的评论进行全方位、多角度的考察。

与以上形成不同见解的是新感觉派②作家片冈铁兵(1894—1944)的评论。片冈的《摩登女郎之研究——青鞜社的女性与自然主义》(《嫩草》1926年7月号)一文虽然给予青鞜女性一些正面评价,但他的评论似乎以当时随意炒作式的报道为前提,依据当时社会上的评论和印象而写就。片冈评论道:"她们的女性解放呼声,强烈地刺激了日本女性的耳膜,令人难以忘记","以她们为先驱,妇女的自觉渐渐对广大女性产生影响"。但转而又捕风捉影地说,她们"出入酒吧,豪饮鸡尾酒("五色酒"),结伙进入吉原花柳巷、登楼游乐等等,极尽奇行怪举"。对此他评论说,这是"为了要求与男性拥有同等权利,就故意地努力做出与男性同样的行为",并断言她们"只是以离奇古怪的行为炫耀其'新'而已,不能说真正属于'新'生活"。片冈铁兵的评论虽有偏颇之处,但也反映了当时人们对《青鞜》的认识和接受程度。

生田花世(西崎花世,1888—1970)作为青鞜社一员(1913年10月入社),在刊载片冈铁兵文章的《嫩草》上,以《为青鞜社而辩》一文针对片冈铁兵的评论以及新闻界的报道表示出遗憾和愤慨。她说:"我对日本新闻出版界的不负责任

生田花世(1888—1970)

---

① [日]平塚雷鸟:《女性原本是太阳》,大月书店1971年版,第335页。

② 新感觉派——大正末年至昭和初期的文学流派之一。一批崭露头角的作家以1924年创刊的同人杂志《文艺时代》为阵地从事创作,其文学思潮、文学形式也被称为新感觉派。大正、昭和时期的评论家、记者千叶龟雄(1878—1935)最先关注到他们的语言感觉特征和表现技巧。代表人物有:横光利一(1898—1947)、川端康成(1899—1972)、中河与一(1897—1994)、片冈铁兵、今东光(1898—1977)等。

感到遗憾,那些报刊记者是想迎合读者的低级趣味。"① 青鞜女性在艺术上的认真拼搏,"有着真实的内容",她们"试图向哲学、美学、文学、近代戏剧以及诗歌、美术、音乐方面寻找培养个性道路的志向",② 但是,生田花世没有阐明《青鞜》究竟想创作出什么样的艺术,留下了一点不足。

1961 年 10 月,从事德国文学研究的教育学家子安美知子(1933—)的论文《〈青鞜〉的成立——以平塚雷鸟为中心》(《国语与国文学》第 38 卷第 10 号),为《青鞜》研究开拓了新境界。平塚雷鸟的发刊辞《女性原本是太阳》往往被认为是"先觉者的女性宣言",子安美知子却认为雷鸟在写作之初,并不含有"妇女解放思想",她从《青鞜》的成立追溯雷鸟的精神形成过程,通过分析尼采主义、易卜生的作品,从中找出雷鸟自我确立的轨迹。

在出版界,明治文献出版社于 1969 年出版了最早的《青鞜》翻印版,在《青鞜》长期沉寂后使人们再次领略到它的全貌。之后,1980 年由龙溪书舍再次翻印。接着,1983 年不二出版也发行翻印版,1985—1986 年不二出版继续刊发了《青鞜女性》丛书全 20 卷。这些翻印版和丛书发行数量有限且价格不菲,一般读者很难看到。从 1987 年起,由人文书院出版发行了《〈青鞜〉集锦》(小林登美枝编)之后,人们才能够比较容易地看到翻印版的《青鞜》杂志。1987 年和 2003 年 4 月,岩波文库出版了《平塚雷鸟评论集》(小林登美枝、米田佐代子编)以及《青鞜女性解放论集》(堀场清子编)。80 年代以后,在新一期女性主义潮流涌起之时,读者重新读到《青鞜》,并重新认识了其作为一项知识遗产的价值。

2. 对《青鞜》的文学意义及文学史意义的评价

在此方面,作家兼文艺评论家加藤朝鸟(1886—1938)和出版史研究家、文献学家冈野他家夫(1901—1989)的评论具有一定意义。加藤朝鸟曾在 1924 年 2 月的《妇人公论》上发表《一叶之后的女性文学》,文中提出了一些看法,这些论点在《青鞜》重见天日后又被多次提出,

---

① 转引自[日]尾形明子《生田花世——爱与文学》,http://www.jksk.jp/j/key/200308.htm。

② 同上。

显示出其透视问题的代表性。比如：①《青鞜》的出发点是培养和产生天才女性作家，结果却走向了女性解放运动；②自然主义文学对《青鞜》的影响；③以易卜生为代表的近代西洋戏剧的演出，引起《青鞜》的思想波澜；④《青鞜》逐步转向对女性问题的探讨，因而创作不出优秀的文学作品，等等。加藤朝鸟是《青鞜》创刊之初最早的成员之一加藤绿（高仲菊子，1988—1922）的丈夫，他与《青鞜》有着近距离的接触，对青鞜社中的其他女性也有一定程度的了解，或与她们有所交往，因此，他没有轻率地全盘接受或认可当时媒体对《青鞜》的责难、揶揄和攻击，也没有听信那些不负责任的报道。

冈野他家夫（1901—1989）于1952年3月在《国语与国文学》（第29卷第3号）上刊文《〈青鞜〉的作家》。他指出，"从青鞜社成员中走出来的作为女性文化精英而后其声名被称赞者如今也为数不少"。冈野试图从"文学角度"对《青鞜》产生的影响作出积极评价。在冈野作此评价之前，《青鞜》往往被理解为"时代思潮产生的一种现象"。冈野他家夫还指出，《青鞜》之所以没有得到积极而慎重的评价，理由在于，其一，要将杂志凑齐进行全面通读还存在困难；其二，研究女性文学并不受欢迎。对女性作家或女性文学进行研究往往被当做非主流或边缘性课题，这一状况在当今的日本近现代文学研究领域中迹象犹存。

与冈野的看法截然相反的是文艺评论家、日本近代文学研究家板垣直子（1896—1977）的观点，她认为，"《青鞜》前后跨越六个年头的时间，几乎没有出现从那里起步而得到认可的女性作家"①；尽管《青鞜》一直都在刊载小说、短歌这样的文学作品，但是，"这份杂志也由于很快转变为非文学性杂志，因而在此没有培养出一个女作家"。② 板垣直子完全不认可《青鞜》曾经的文学贡献。两相比较，笔者认为冈野的见解和审度较为允当。

1956年，纯文学作家草部和子（1929— ）撰写了《青鞜》（《文学》，1956年6月号）一文；高田瑞惠、远藤祐（文艺评论家）、中村完（语言学教授）编辑了《〈青鞜〉细目》（《成城文艺》1956年第7号），

---

① [日] 板垣直子：《平塚雷鸟与青鞜派的文学运动》，载《明治大正文学研究》(15)，1955年版。

② [日] 板垣直子：《明治·大正·昭和的女性文学》，樱枫社1968年版。

肯定了《青鞜》的文学价值。尤其是草部和子在文中追述了《青鞜》各卷的情况，依次归纳其特色：第一卷，以文学作品为中心；第二卷，逐渐显示出作为文学杂志的充实性；第三卷，成员们开始关注社会妇女问题；第四卷，小说中有关妇女解放问题的内容逐渐增多；第五卷，将妇女问题有意识地小说化，等等。这些归纳可以说延伸了前述冈野他家夫从文学角度对《青鞜》展开评价的方法。草部和子还指出，斋贺琴的《战祸》[①]可作为反战小说加以评价；作为《青鞜》土生土长的元老级作家有荒木郁子（1890—1943）、木内锭子（1887—1919）、杉本正生（1890—1939）、加藤绿；青鞜社的存在可以作为一支文学流派进行评价，等等。草部和子对《青鞜》的这些评价和认识在当今重新关注《青鞜》的文学价值时，具有较高的参考价值。

3. 女性史研究家井手文子对《青鞜》研究的贡献

1961年10月，井手文子（1920—1999）的著作《青鞜——女性原本是太阳》由弘文堂出版发行，这是日本学界最早对《青鞜》进行系统研究的成果。井手文子以这部论著为《青鞜》研究作出了划时代的贡献，从此，对《青鞜》的评价一改此前的嘲讽不屑而变得积极、客观。在该书中，井手以"近代的自我确立"作为解读《青鞜》的关键词，其著作的章节构成本身即显示出其评价《青鞜》的基本立场。第一章"平塚明子与《青鞜》"；第二章"女性的自我主张与悲哀感"；第三章"爱与性的自由"；第四章"新女性"；第五章"新的旗手"；第六章"野枝的转变"。其后，井手文子在1975年对此著进行了修订，将书名改为《〈青鞜〉之女性》，由海燕书房出版。1979年，井手文子又出版了《自由，就是我自己——评传伊藤野枝》（筑摩书房），1987年出版了《平塚雷鸟——近代与神话》（新潮社）。在这些著作中，井手文子高度评价了青鞜社及女性的价值，为《青鞜》研究带来了活力。

4. 对《青鞜》的全方位研究

20世纪70年代前后，随着日本妇女解放浪潮的涌起，《青鞜》研究也具备了多种视角并向更多领域延伸。

首先，对青鞜人物的研究和关注对象从平塚雷鸟扩大到了整个青鞜女性，尤其是那些曾经活跃于"青鞜旗下"的女性，如尾竹红吉（富本一

---

① 《战祸》在《青鞜》刊出时分类为"感想"而非"小说"。译文请参看附录F2。

枝)、原阿佐绪(ASAO)、伊藤野枝、长沼智惠子(高村智惠)、生田花世(西崎花世)、山田和歌等,成为人们深入研讨的对象。通过《青鞜》原刊的翻印出版(明治文献1969年版)、《伊藤野枝全集》(上、下,学艺书林1970年版)的出版、小林登美枝《平塚雷鸟——爱与反叛的青春》(大月书店1977年版)等著作的刊发,使《青鞜》研究进入划时代的阶段。到70年代中期,以中山惠子《青鞜社的名古屋成员》①为代表的对东京以外的地方成员所做的发掘性研究也受到学界关注。

堀场清子主办的诗刊《伊修塔尔》②分别在1989年第10期和1991年第12期这两期中编辑了"青鞜特集",其中记录了《青鞜》的忠实读者池山静的一段逸话。池山静的儿子池山錞一在题为《活在〈青鞜〉中的母亲》(第12期)一文中回忆母亲对他的教导:"置身于世间的洪流是容易的,但是,切记世间的变革,倒应该说是由那些抵抗洪流的人们构筑起来的","《青鞜》是杰出的团体。你是男人,所以一定要读啊"。《青鞜》的读者中存在着如此教育儿子的母亲,正说明"青鞜女性"的经历已经成为赠与下一代的珍贵遗产,这一意义不可忽视。堀场清子认为,包括那样的读者一起都应称为"青鞜女性"。堀场希望对集结于《青鞜》的女性团体作出整体性认识,由此"青鞜"的范围扩大了,随之研究的视野和领域也拓宽了。

在对青鞜女性进行挖掘研究方面,还有从事女性史研究的插图画家池川玲子(1959—)的撰文《青鞜之月——保持白雨备忘录》(《燧》1993年第12号、1995年第13号)。"白雨"是保持研(子)(1885—1947)创作和歌时的笔名,保持研在筹划《青鞜》创刊之际,力劝犹豫不决的雷鸟下定决心,终于促成《青鞜》的创刊。在《青鞜》编辑出版事务中,保持研承担着实质性杂务,有力地支持着《青鞜》,保持研对《青鞜》作出的贡献不应被忽视。池川玲子的研究,使读者得以了解青鞜

---

① 名古屋女性史研究会:《母亲的时代——爱知女性史》,风媒社1969年版。
② 『いしゅたる』(Ishtar)——古巴比伦神话中的战争女神和地母神。最初伊修塔尔是被当作战争女神来崇拜的,由于其势力的扩大而拥有了地母神的权力。地母神与女神是同为女性的神祇,但是往往跟古老的大地崇拜有联系。相比而言,更加强调母性温柔的女神,更加强调自然界严峻的一面。伊修塔尔这个名字在西亚的语言中具有"星"的含义,这个"星"特指近东及中近东地区非常重视的金星。伊修塔尔在这些地区极受崇拜,巴比伦圣典中亦不吝赞誉之词:"世界之光"、"正义的裁判者"、"女神中的女神"、"给予力量的神"等。

人物关系的复杂纠葛。

由平塚雷鸟研读会编辑的《青鞜五十人》（私家版，1996年）是集体研究的成果，其中收集、整理了50位青鞜女性曾经参与《青鞜》的过程和生平资料，对加藤绿、杉本正生（国分正生）等详情不明的青鞜社成员则从文学角度进行了考证和研究。其中有岩田奈奈津（NANATSU）的《加藤绿小传》（《国文鹤见》1990年第25号）、《青鞜之女——加藤绿》（青弓社1993年版）、《〈青鞜〉之文学——杉本正生的情况》（《国文鹤见》1995年第30号）。还有"雷鸟研究会"的安诸靖子的《加藤绿》等文，都是值得关注的成果。

其次，有关《青鞜》的研究资料从多方不断得到充实。20世纪80年代是女性学（Women's Studies）高涨的时代，在此期间面世的研究成果和研究资料分别有：《青鞜》的再度翻印（龙溪书舍1980年版；不二出版1983年版）、《平塚雷鸟著作集》（全七卷、补卷一，大月书店1983—1984年版）、小林登美枝《平塚雷鸟》（清水书院1983年版），尾竹红吉在退出《青鞜》之后于1914年3月至8月创办出版的戏剧杂志《番红花》也发行了翻印版（不二出版1984年版），另外还有《青鞜之女性》丛书（不二出版1985—1986年版）以及小林登美枝编《〈青鞜〉集锦》（人文书院1987年版）等。

1988年（昭和六十三年）3月，堀场清子所著《青鞜时代——平塚雷鸟与新女性》（岩波书店）出版。该书收集使用了大量的相关资料，厘清了《青鞜》创刊及发展的时代背景，其关注点集中围绕在雷鸟之外的"青鞜女性"身上，使以往那些不突出的、往往被忽视了的女性也展现出生动、鲜明的形象，描绘和展现了造就"新女性"的时代景象，并刻画出一批与时代旧习相抗争的女性群像。

再次，进入90年代，《青鞜》研究从文学研究范围扩大到女性史和女性学研究领域。在文学方面，近年的研究成果中，人们对那些被搁置的、认为不成熟的文学作品经过一番细读，尝试着重新评价其价值和意义。这方面的出版物有：新·女性主义批评会编《解读〈青鞜〉》（学艺书林1998年版），米田佐代子和池田惠美子《为学习〈青鞜〉者编》（世界思想社1999年版），井手文子、堀切利高编《定本伊藤野枝全集》（全四卷，学艺书林2000年版），渡边澄子《青鞜之女·尾竹红吉传》（不二出版2001年版），尾形明子《不自欺——泡鸣与清子之爱》（筑摩书房

2001年版），雷鸟研究会编《〈青鞜〉人物事典——110人群像》（大修馆书店2001年版），饭田祐子编《〈青鞜〉之场——文学·社会性别·"新女性"》（森话社2002年版），以及佐佐木英昭《"新女性"的到来——平塚雷鸟与漱石》（名古屋大学出版会1994年版），冈野幸江的文章《"新女性"从哪里来？》（《自由人之轨迹》，武藏野书房1993年版），等等。可以说，《青鞜》的各项研究，从追溯历史时代发展到了评价《青鞜》文学作品并展开全面评论的时代。

进入1995年，相继出现了一些力作，包括黑泽亚里子《近代日本文学中"两性相克"问题》（胁田晴子等人编《社会性别日本史》下，东京大学出版会）、岩见照代《一九一一·"太阳"·雷鸟诞生》（《大正革命主义与现代》，河出书房新社）、吉川丰子《从〈青鞜〉到"大众小说"之路》（岩渊宏子等人编《女性主义批评之邀请》，学艺书林）、江种满子《女性文学之展开》（《岩波讲座日本文学史12》，1996年）。它们承接以上研究成果，论述了女性文学从《明星》[①] 至《青鞜》的延续。岩田奈奈津的《作为文学的〈青鞜〉》（不二出版2003年版）以及《青鞜文学集》（不二出版2004年版），重新昭示了女性文学的意义和青鞜文学的魅力。

另外，对《青鞜》的诗、短歌、翻译等多项文学领域里的尝试性研究也获得了一些成果。主要有：高良留美子《与谢野晶子与〈青鞜〉》（《想象》1990年第50号）、《晶子与浪漫主义——与谢野晶子与〈青鞜〉其二》（《想象》1992年第56号）、《〈青鞜〉的女性诗人——从性之惑乱走向严冬时代的预感》（《通信》1992年第38号）、铃木芙美子《〈青鞜〉之女·柴田佳代》（《东海考现》，1990年）、永井纪代子《〈青鞜〉短歌备忘录（1）—（4）》（《凤凰》[②] 1994—1997年第6号—第9号）及岩田奈奈津《〈青鞜〉的翻译作品》（《大妻女子大学大学院文学研究科论集》1996年第6号）等等。

在女性史、女性学研究领域出现的新成果则有大越爱子《近代日本

[①] 《明星》——东京新诗社的机关刊物，1900年（明治三十三年）4月创刊，主编与谢野宽（号铁干，1873—1935）。倡导浪漫主义，为短歌的革新作出了贡献。1908年发行至第100期停刊。

[②] 『ぽえにくす』（Phoenix）——凤凰，又称不死鸟。埃及神话中栖息于阿拉伯沙漠，每500—600年自积香木焚身而死，再从灰烬中重生复活的一种神鸟，是不死、复活的象征。

的社会性别》(三一书房1997年版)、米田佐代子《平塚雷鸟——近代日本的民主与社会性别》(吉川弘文馆2002年版)。在书中的"《青鞜》与'社会'的接点——以雷鸟与长江为中心"的章节,米田佐代子对生田长江(1882—1936)撤出《青鞜》的原因提出了新的见解。以往通常认为生田长江抱有旧式女性观,在《青鞜》遭到社会非议时,便想从《青鞜》的困境中逃避出来。米田对此提出质疑,认为生田长江"自'大逆事件'[①]以来,脱离了与社会问题的关联,又受到'1913年以后言论动向的刺激,开始摸索新的活动领域'"。[②] 米田的论文对雷鸟、野枝的社会关系、人际关系加以分析,在此基础上,对1915年《青鞜》由平塚雷鸟之手移交伊藤野枝的让渡问题也做出了新的解释。

在20世纪80年代的日本,《男女工作平等待遇法》的颁布(1985年)和实施(1986年)以及对所谓"女性时代"到来的宣传,似乎体现出女性得到了社会的普遍关注。但是,80年代的女性在前行中、在与社会的碰撞中,没有忘记不断审视自己,时而回望一下女性曾经的步履,在这一过程中,她们再度发现了《青鞜》。在新时期女性主义(运动)浪潮中,《青鞜》研究的再度兴起,表明《青鞜》具有被挖掘的多重价值。

《青鞜》在创刊80年后的1991年(平成三年)9月,《妇人公论》杂志举办了一场研讨会,以"'新女性'被超越了吗?"为主题,参加专题研讨会的有落合美惠子、斋藤茂男、堀场清子等专家学者。堀场清子总结了《青鞜》重新出现在人们面前的一段历程并指出,"80年间,实际上我们不能直接阅读《青鞜》",最后总结道:"80年的咒语束缚结束了,而今如何使这份遗产发挥作用、变成我们自己的东西,对于生活在现代的女性来说,正是一个最大的课题"。[③] 这也就意味着,《青鞜》的研究具有指导现代和未来女性的可能性。

---

① 1910年(明治四十三年)以一些社会主义者计划暗杀天皇为由,政府对社会主义者、无政府主义者进行了全面镇压,逮捕了很多社会主义者,其中26人以"大逆罪"被起诉,24人被判死刑,于1911年1月,包括幸德秋水、宫下太吉等12人被处死。也称"幸德事件"。

② [日]米田佐代子:《平塚雷鸟——近代日本的民主与社会性别》,吉川弘文馆2002年版,第63页。

③ 转引自[日]岩田奈奈津《作为文学的〈青鞜〉》,不二出版2003年版,第230页。

（二）中国的相关研究

目前国内日本学界对《青鞜》以及相关问题的研究成果数量有限，涉足《青鞜》历史及青鞜运动的研究者寥寥无几。张萍的《日本的婚姻与家庭》（中国妇女出版社 1984 年版）一书，大概是国内最早在著述中涉及《青鞜》和平塚雷鸟的著作。笔者通过对"中国知网（CNKI）"的检索，仅查得一篇关于《青鞜》的论文，即沈卫杰发表于《日本学论坛》2000 年第 1 期的论文《〈青鞜〉：近代日本妇女解放的先驱杂志》。另外在研究中涉及《青鞜》及平塚雷鸟的也屈指可数，如胡澎发表于《日本学刊》2002 年第 6 期的《从"贤妻良母"到"新女性"》。能够看到的相关资料则仅有蒋娟娟在《日语学习与研究》1990 年第 2 期发表的平塚雷鸟的发刊辞《女性本是太阳》译注。[①] 从以上查询结果来看，有关《青鞜》问题的研究在中国的日本研究领域中还是一项有待开发和拓展的新课题。笔者于 2002 年进入南开大学日本研究院攻读博士学位，2003 年开始关注到《青鞜》的学术价值以及对我国妇女问题研究的借鉴意义，并最终决定博士论文围绕着"《青鞜》与近代日本女性问题"进行研究。此后，在国内学界看到的有关"《青鞜》问题"研究的成果主要来自山东大学的肖霞，她的论文及著作于 2007 年以后面世，其中有《论平塚雷鸟的女性解放思想》（《山东外语教学》2007 年第 6 期），《平塚雷鸟与女性团体"青鞜社"的创立》（《山东社会科学》2007 年第 12 期），《元始，女性是太阳——评平塚雷鸟的恋爱观和女性观》（《华北电力大学学报》2008 年第 1 期），以及 2010 年 8 月参加日本文学研究会第十二届年会暨国际学术研讨会（延边大学）所提交的论文《日本"青鞜"女性解放思想及其影响》等。论文之外，肖霞还主持了日本住友财团"2006 年度亚洲日本问题研究"资助项目：全球化时代日本女性文学研究——以"青鞜社"为中心（2007.4—2008.3）；山东省社科规划重点项目：日本女性文学结社研究——以"青鞜社"为个案（2011.12—2014.12，项目编号：11BWXJ02）。作为山东省社科规划重点项目的研究成果也于 2013 年 6 月出版了专著《元始女性是太阳——"青鞜"及其女性研究》（山东人民出

---

① 这篇译注并非全文翻译，仅摘译了其中最精华的部分。本书附录中的发刊辞为全文翻译，完全没有参考蒋娟娟的译文，由笔者重新翻译，将题目译为更加口语化和加强语气的"女性原本是太阳"。

版社）。

2008年笔者以论文《青鞜与近代日本女性问题》获得博士学位，从2006年至2013年发表研究论文7篇。① 在此基础上，2012年笔者的研究课题"《青鞜》的文学空间"成功申请到国家社科基金，在一定程度上表明对《青鞜》进行研究的学术价值已得到了充分的认可。尽管如此，目前国内与此相关的文献资料还极其匮乏，即便在日本，《青鞜》及其妇女运动也曾经是一段尘封的历史，因此，有关《青鞜》的研究成果也相当有限。

作为女性杂志的研究，有一些相关的问题长期以来没有受到明显的关注，或者最近才开始受到关注，比如，田村俊子（1884—1945）是文学家幸田露伴（1867—1947）的弟子，在加入青鞜社之前已是知名女作家，她在《青鞜》上发表的作品虽然不多，② 但发表在创刊号上的短篇小说《生血》，却是女性文学史上的重要作品，也是她个人文学生涯中里程碑式的作品。值得一提的是，她在1938年12月作为《中央公论》的特派员前来中国，在北京、南京等地停留，1942年赴上海，成为日本大使馆的特约顾问，在军部的支持下，创办中文女性杂志《女声》月刊，用笔名"左俊芝"撰写戏剧、电影评论或为妇女撰写启蒙性报道。随着战局败势的迫近，《女声》的出版刊发也越来越困难，俊子为了使刊物继续发行，奔走忙碌。《女声》的详情有待展开调查和研究，并且它给当时战争中的中国女性带来了何种影响也有待研究。最近已有中国学人做了"上海时代的田村俊子"③的研究，可以说是很好的开端。笔者认为这类课题会随着包括对《青鞜》在内的诸多问题的研究而深化。

本书在吸收以上研究成果的基础上，除理清《青鞜》从创刊至停刊的历史事实外，将研究的重点放在两部分内容上，即青鞜文学和青鞜的女

---

① 这7篇论文分别是：《从〈青鞜〉的三次遭禁看日本近代女性先期的自我觉醒》（2006年）、《〈青鞜〉的创办与近代日本女性问题》（2006年）、《女性主义文学批评观照下的〈青鞜〉文学》（2010年）、《为女性而诞生的杂志——〈青鞜〉》（2010年）、《"女性原本是太阳"——平塚雷鸟"反叛"中的"女性发现"》（2012年）、《〈青鞜〉文学与〈战祸〉》（2013年）、《"青鞜女性"的就业情况及其职业观》（2013年）。

② 田村俊子发表在《青鞜》上的作品仅有三篇，即：《生血》（第一卷第1期）、《那一日》（第二卷第1期）、《差遣回来后》（第二卷第9期）。

③ 王红：《上海时代的田村俊子》，载［日］《中国女性史研究》1998年第8期。

性问题论说。文学是《青鞜》作为"女性文学杂志"的重要内容，《青鞜》中后期，杂志逐步转向对女性问题的思想性探讨，其集中表现便是三次有名的"论争"——"贞操"论争、"堕胎"论争和"废娼"论争。现在看来，主要由青鞜女性参与论争的这些问题，并非过时的、没有继续探讨价值的议题，这些问题对当今妇女依然构成身心危害和权利侵害。因而，对青鞜问题和青鞜女性解放论的研究和探讨，其学术价值和现实意义是并存的。

（三）《青鞜》对中国妇女问题研究的启示

他山之石，可以攻玉，从研究其他国家的妇女问题中可以吸取理论经验并得到有益启发，也是探索解决中国妇女问题最为现实的途径之一。同样，《青鞜》的先例能够为我们的妇女问题研究以及实现妇女问题的解决带来多方面的启示。

第一，研究《青鞜》具有学术价值，同时也具有社会价值。妇女问题，无论在中国还是在外国，都不是一个仅仅停留于学术层面的问题，更是一个历史性和社会性问题，是一个应当得到解决而至今仍未彻底解决的重大问题。这些年来，女性问题或女权问题成为学术研究的热点之一，说明在现实生活中存在着迫切需要解决的妇女问题，比如至今依然威胁着女性生存、难以杜绝的溺杀女婴、拐卖妇女和卖淫等，都是亟待解决又不易解决的重大问题。因此，在《青鞜》争论过的"废娼"等问题看似时过境迁，实则意义依然重大。

在我国，随着时代的发展与进步，特别是新中国成立以来，女性获得应有的社会地位，就法律而言，男女不平等的问题基本上得以解决，妇女和儿童受到国家有关政策、法律的保护。但尽管如此，由于近年来社会生活的急剧变化和激烈的社会竞争，女性在某些方面重新处于不利地位。性别歧视、拐卖妇女、溺杀女婴、"包二奶"、卖淫嫖娼等诸多丑恶现象，也都不同程度地存在着，甚至在一些地方还相当严重。在这种社会大背景下，尽管笔者所考察的是百年前日本的女性问题和女权运动的情况，但毫无疑问，我们可以从《青鞜》的经历中得到有益的启发。

第二，研究《青鞜》具有现实的必要性。《青鞜》在日本近代女性史上有着重要的特殊地位，如果我们要关注和研究日本女性史与日本女性问题，就不得不研究《青鞜》，而研究女性史也不能缺少对女性杂志的研究。《青鞜》作为日本近代史上第一个发出"女性解放宣言"的有着特殊身份的女性杂志，不可不对其进行研究。近年来，欧美学人尤其是美国女性学者对日本女性史、日本女性问题的研究已形成一个热门研究领域。①可见日本女性史和女性问题对欧美学界已产生吸引力。2004年，李小江在与日本社会学专家东京大学教授上野千鹤子（1948— ）的对话中指出："在中国，日本的情况不太为人所知，两国之间着眼于历史爱憎纠缠的地方很多。"上野也因此认为，中日在地理位置上很近，而在心理上却是相距甚远的国度。②显然，这说明我们需要增进对日本了解的地方还有很多，我们不能由于历史的原因，彼此之间就形成永远的隔阂。笔者以为，对日本女性史、妇女解放运动史以及妇女问题的研究，也是对日本这个国家进行总体了解的一个方面或一部分内容。对《青鞜》进行研究，不仅由于它在日本新闻出版史、日本近代女性史和妇女解放运动史中的重要地位，而且是以《青鞜》研究为进入日本女性史和女性问题研究的一个切入点，希望在此基础上不断将研究工作深入下去，将研究的视野拓展开来。

第三，对《青鞜》进行梳理和探讨能够为我们思考女性问题提供一个新的视角，从而能够认识到女性自身的特殊性并对自身问题重新审视，获得更深刻的见解，相对于西方世界来说，亦可获得不同的比较对象，扩大我们的视野。有关女权主义/女性主义的讨论和研究成果眼下可谓车载斗量，而有关日本方面的情况，无论是基础资料、文献译介还是研究成果均屈指可数。之所以造成这种状况是有其原因的。李小江在《女性？主义——文化冲突与身份认同》的序言中明确表示："事实上，feminism不仅来自西方，而且一直主要就是西方的，无论它怎样善意和怎样正在走向世界，都不可避免地带着'西方中心'和'文化霸权'的印记或色彩，使得我们'认同'的过程也可能成为'质疑'的过程，吸收和融合的时候不可能不伴随着相应的冲突——这种冲突可能是文化的，也可能是政治的；可能是历史的，也可能是现实的。"③

但是，我们不能因为feminism主要是西方的，就可以忽略了非西方的

---

① 参见［日］鹿野政直《妇女·女性·女士》，岩波书店1989年版，第53页。
② 《女性主义最前线——女性的动员与主体化》，载《现代思想：特集》，青土社2004年版（第6期，总第32卷第7号）。
③ 李小江等：《女性？主义——文化冲突与身份认同》，江苏人民出版社2000年版，（前言）第4页。

世界。既然"吸收和融合的时候不可能不伴随着相应的冲突",那么,日本的 feminism 在兴起时吸收和融合西方的 feminism 过程中所伴随的"冲突",对于我们认识自己的 feminism 应该是具有参考价值的。如果要进行广泛而深入的研究,我们只有西方一个向度的视角,显然是不充分的,将日本的女权问题放入我们的视界,能够拓展视野,帮助我们对自身的问题做更深入的思考和认识。对《青鞜》进行研究,也为我们研究中国的妇女解放运动提供了一个具体参照,有助于我们更清楚地认识自身的独特性,使我们在研究自身问题时拥有一个更广阔的视野。

最后,通过对《青鞜》的考察,可以提供和挖掘新的有待解决的课题。对于中国的《青鞜》研究者来说,有哪些课题可以考虑呢?

(1) 从细小的方面看,在《青鞜》范围内,还有很多空白点需要继续研究。比如,在《青鞜》终刊后,曾经作为青鞜社成员的女性们是如何继续生活、写作与活动的,这是值得继续追踪和探寻的课题。平塚雷鸟其后和与谢野晶子之间的"母性保护论争"、与市川房枝一起成立"新妇女协会"的活动,无疑在女性史上都是不得不作特别记录的内容。青鞜社中放射出光彩的人物不止平塚雷鸟一人,比如岩野清子(1882—1920),她日后关心儿童问题,也曾撰写过一些论文;伊藤野枝(1895—1923)走出书屋,走进劳动妇女当中,从事无产者的革命运动;神近市子(1888—1981)的自立生活和翻译成就等等,在文学方面,还有本书中没有涉及的戏剧、短歌、和歌等文学作品的情况等,不一而足。

伊藤野枝(1895—1923)

宏观地看,以《青鞜》为出发点,以女性问题为目标,可以将研究课题不断地向女性史、女性文学、女性学、民俗学等学科领域拓展。在思考女性问题时,其视界不是仅仅局限于"女性"之一点,而是在观念中将视界放宽到相关联的各个领域。从这一意义上来说,以《青鞜》为介入研究女性问题的出发点,可以由此进入到研究女性问题的广阔空间。

(2) 从女性史和女性问题角度考虑,可以比较中日两国"新女性"时期,在不同社会背景下,所谓"新女性"的"新意"是如何表现的。西方近代戏剧差不多在同一时期介绍到中日两国,易卜生(1828—1906)

的《玩偶之家》所引起的社会反响也有相似之处。《青鞜》在1912年第1期以附录形式刊载了"娜拉"专题评论；中国1915年创刊的《新青年》（创刊之初为《青年杂志》，从第二卷起更名为《新青年》）在1918年6月号（第四卷第6号）也推出了"易卜生专号"，展开一场"娜拉"评论。胡适撰写《易卜生主义》、茅盾写有《从〈娜拉〉说起》、袁振英有《易卜生传》，都大力宣扬两性平等。而且《新青年》针对女性问题，有一些文章介绍、翻译了《青鞜》同样关注过的问题。比如，关于性别问题的探讨，《新青年》登出半年的广告征集关于"女子问题"的文章，在应者寥寥的情况下，周作人翻译了与谢野晶子的《贞操论》，并在译序中称，"我确信这篇文中纯是健全的思想"（《新青年》，第四卷第5号）。关于贞操观念，鲁迅还发表了《我之节烈观》，以示响应。通过这些相关联的事项，可以挖掘出很多不同角度的课题。

（3）从女权运动方面考虑，可以比较妇女解放的要求内容是否有相同点和不同点，是否有相互影响关系。《青鞜》以及青鞜社的女性们，有着日本近代女权运动先驱的地位，平塚雷鸟是站在这一先驱行列中的领军人物，如此重要的地位，对我们来说，首先有研究的必要性；其次，她们与中国近代女权运动的先驱者们有哪些关联性和相互影响？通过对比研究可以开拓出更大、更广阔的相互对话的可能性空间。另外，在对比研究中相互借鉴对方的视角应该也是很重要的一点，而且也有必要。比如说，我们需要了解日本方面如何来研究中国的女权运动，有哪些值得我们参考和借鉴的研究视角和成果，最新的研究状况如何，等等，反之亦然。在这一点上日本似乎已经走在了我们的前面。

（4）在文学史方面，作为女性文学，也可以进行一些比较研究。《青鞜》文学自20世纪70年代以来新一轮的女性主义思潮中被重新发现、重新阅读，这本身已说明它的文学价值在今天仍有必要重新认识、重新评价，不仅可以和《青鞜》同时期的其他文学进行比较，也可以和《青鞜》前后的女性文学作对比，从而找出真正属于《青鞜》文学自身特有的东西。那些走在时代前列的青鞜女性，究竟给我们留下了什么样的精神遗产，对于中国的《青鞜》文学研究者来说，首先最重要的是阅读其文学作品，其次才能找到作品所传递给我们的信息。所以，笔者以为最基本的课题首先是要对《青鞜》的文学作品进行译介，这一点是绝对有必要的。因为尽管是文学作品，但是她们诉诸时代或超时代的愿望，也与今天妇女解放的要求有着一脉相通的地方，并不仅仅停留于文学框架之中。总之，无论是文学研究还是女性问题研究，第一步需要做的就是文本阅读，因此，其中翻译介绍是不可忽视的一个环节。还有，作为女性写作者，在以男权为中心的社会中，她们是如何使用文笔来表达自己的心声的？在书写中她们的共同特征是什么？她们共同面临的困境是什么？这些问题都值得深入探讨。

当然，可以挖掘的课题不止以上所述，比如荒木郁子当年经营的玉名馆中，曾经寄宿过一些中国革命志士。雷鸟认为，他们在某种形式下受到郁子的庇护。[①]那么，郁子与他们之间有过多深的交往？他们与《青鞜》是否有关联？女子教育家成濑仁藏（1858—1919）于1896年出版的《女子教育》一书曾对平塚明子产生过重要影响，此书在我国于1902年翻译成中文在上海出版发行。[②]这本书在多大范围内拥有读者？中国的教育家有谁读到过这本著作？对中国的女子教育问题是否产生过影响？等等。这些仅仅是笔者自然联想到的问题，从各种角度应该还有许许多多的课题有待我们研究和探讨。

---

① 参见［日］平塚雷鸟《女性原本是太阳》，大月书店1971年版，第355页；堀场清子《青鞜时代》，岩波书店1988年版，第103页。

② 参见［日］米田佐代子、池田惠美子编《为学习〈青鞜〉者编》，世界思想社1999年版，第63页。

第一章

《青鞜》创刊的社会背景

明治前期日本的近代权利观、女性观受到欧美思潮影响，在较短时期内迅速形成。以"明六社"为核心的启蒙思想家们的思想论说为日后青鞜女性的自我觉醒奠定了思想基础。在自由民权运动影响下的知识女性也自觉地对民权思想进行宣传并积极主张女性的平等权利。近代女子教育的普及与发展，对近代女性的觉醒起到思想上的催化作用，为"新女性"的诞生创造了条件。随着资本主义的发展，女性的就职范围不断扩大，大量职业妇女的产生，在客观上为女性挣脱家族制度的束缚创造了条件。青鞜女性接受过近代思想教育，有知识、有职业，因而她们才有可能提出女性思想独立、经济独立的主张与要求。明治时期的女性杂志，虽然多是对中产阶级女性进行良妻贤母主义的说教，但对促进妇女的觉醒与自觉也发挥了积极作用，并为《青鞜》的创刊打下了基础。

第一节 《青鞜》创刊前女性观的发展变化

江户时代被认为是日本女性地位跌落谷底的时期，女性在古代传统上延续下来的与男子相对较为平等的地位受到彻底颠覆，女性这颗原始的"太阳"坠落了，男尊女卑、贱视妇女的观念将女性置于男性"附属物"地位，"三从"、"七出"① 的儒家规范牢牢地束缚着女性。

---

① "三从"出自《礼记·丧服·子夏传》，指"未嫁从父，既嫁从夫，夫死从子"；"七出"出自《大戴礼·本命》："妇有七出，不顺父母去，无子去，淫去，妒去，有恶疾去，多言去，窃盗去"，是封建社会解除婚姻关系的七条理由，也可称为"七去"。男子可以以七条理由中的任何一条休妻。这种扼杀和压制女性的封建儒教伦理道德，在日本的江户时期也得到广泛的宣传和肯定，即「家に在（あ）りては父に従い、人に適（とつ）ぎては夫に従い、夫死しては子に従う」；七去の法、即ち淫乱（いんらん）・嫉妬（しっと）・不妊・舅に従順でない・多弁・盗癖・悪疾のある嫁は離縁されるべき。

有束缚就会有要求解放的呼声和运动，无论来自女性自身的还是来自男性的，明治维新的到来为旧有的女性观发生变化带来了契机。在明治初期的欧化风潮中，明六社的启蒙思想家们明确地提出了男女平权的思想，而女性自身的觉醒也在自由民权运动中显露出来。传统女性观的变迁以及近代女性先驱者的觉醒，为《青鞜》创刊和青鞜女性的自我发现以及提出男女平等、妇女解放的要求奠定了思想基础。

一 启蒙思想家的女性观

前近代的日本，随着城市与商品经济的发展，在庶民阶层中已产生男女平等观的萌芽，比如乡村医生、农民思想家安藤昌益（1703—1762）就主张说：“天定无上下而为一体。故男女亦无上下而为一人也。”① 尽管如此，历史学家家永三郎（1913—2002）认为，其男女平等观"在明治维新以前绝对是鲜有其例的见解"②。进而认为，在日本男女平等论发端于西欧思想流入的明治维新时期。事实上从明治早年起，西欧的关于男女平等关系的思想就已传入日本，但当时男女平等论还不能成为社会上的普遍认识，对这一问题的热烈讨论，是进入1874年（明治七年）即明六社的机关刊物《明六杂志》（1874年3月创刊）创刊以后的事，其首倡者为福泽谕吉（1834—1901）、中村正直（1832—1891）和森有礼（1847—1889）。

明治维新后，日本从各个方面开始进行新的国家建设，启蒙思想家们在介绍西方文明的同时，也积极致力于从根本上改造民风民俗，培养近代意义上的国民。其中，成为近代日本启蒙思想源泉的《明六杂志》，为文明开化期的启蒙起到重要的指导作用，影响了日本人思想观念的更新。《明六杂志》是日本最早的近代学术思想团体明六社的机关刊物，明六社成立于1873年（明治六年）7月，发起人是第一任文部大臣森有礼。明六社的主要精英人物还有：福泽谕吉、加藤弘之（1836—1916）、中村正直、西周（1829—1897）、西村茂树（1828—1902）、津田真道（1829—1903）等，这些人多是幕末留学于欧美的知识分子，他们在《明六杂志》

---

① 转引自［日］外崎光广《明治前期妇女解放论史》，高知市民图书馆1963年版，第3页。

② ［日］家永三郎：《日本近代思想史研究》，东京大学出版会1954年版，第27页。

上发表大量启蒙论说，如中村正直的《改造人民性质论》、《造就善良母亲说》，森有礼的《妻妾论》，西周的《国民风尚论》、《人世三宝说》，津田真道的《情欲论》等，至今也都是思想史中的名篇。

明治启蒙时期，日本女性观发生了重大转变。启蒙思想家们翻译介绍了大量欧美女子教育方面的文章，论述女子应该受教育，并强调女性应该在教育子女方面发挥作用。受西方近代思想影响，良妻贤母思想呈现出开明、进步的意义。

（一）福泽谕吉的身心俱坚女性观

福泽谕吉出生于中津藩低俸禄武士家庭，幼年丧父，由独立性很强的母亲一手抚养长大，刻苦努力学习汉文和英语。在成长过程中，福泽深感封建门阀制度对人的束缚和压制，对武士集团内部的权利不平等体会颇深，认为父亲一生碌碌无为，正是封建制度束缚的结果。1859年、1860年他两次随幕府派遣的使节团巡游美国及欧洲，将其间的见闻著成三卷本的《西洋事情》（1866—1870）出版，创下销售几十万册的纪录。福泽谕吉于1867年（庆应三年）著《西洋事情外篇》，其中写有："一夫一妻居于家，以天道名之曰一家。"1869年（明治二年）10月，福泽撰写《世界国尽附录》，其中说："轻视妇女是未开化的野蛮社会或半开化的不文明社会之风习。"继而又在第二年撰写的《中津留别之书》中写道："人伦之大本夫妇也。有夫妇而后有亲子，而后有兄弟姊妹。开辟之始天之生人，应为一男一女。经数千万年之久，其比例亦必得相同。无论男女，同为天地间之一人，不应有轻重之别。"[①] 这些言论体现了福泽的男女平等观。1876年福泽发表《劝学篇》，至1880年销售达70万册。他在开篇首句写道："天不生人上之人，亦不生人下之人，凡天生之人一律平等，不是生来就有贵贱上下之别。"[②] 批判封建伦理观念，主张人人生来平等，影响十分广泛、深远。这一思想表述是他对封建等级制度进行批判的最经典体现。在《劝学篇》的第八篇里，福泽谕吉提出了男女平等的主张，并在《日本妇女论》（1885年）、《日本男子论》（1888年）、《女大学评论·新女大学》（1899年）等论著中进一步批判了以男性为中心的家族制度和置女性于从属地位的社会现状。

---

① ［日］富田正文编：《福泽谕吉选集》（第九卷），岩波书店1981年版，第6—7页。
② ［日］福泽谕吉：《劝学篇》，旺文社1967年版，第13页。

福泽谕吉的女性观主要体现在三个方面：①阐述造就拥有健康体魄女性的必要性。福泽认为，日本女性由于身处隶属地位的结果，身体发育不良，健康状况恶劣，因此主张改良日本人的体质，培养"身心俱坚"的女子。在《日本妇女论》中，他主张男女无论在肉体上还是在精神上都应具备同等能力，并使其能力得到充分发挥，这样才能有益于社会。②主张女子的经济独立和财产所有权。福泽谕吉在《文明论概略》中的最后一章阐述了对"独立"的执着理念，其"民心改革"的思想精髓，可以凝缩表述为"一己之独立"。其独立的体现也包括夫妇各自拥有独立的财产，男女在财产权上平等。③实现男女教育、就职的平等。福泽谕吉着重强调女子教育问题，但其观点又是矛盾的，既主张女子接受教育，又在教育内容上持有保守态度。随着"文明开化"政策的实施，福译又提出了新的课程体系，开始主张以物理学为基础的各科专业知识的学习，但不讲授兵学。总之，福泽谕吉认为，不论讲授何种课程，在培养目标上都应该使女子养成强健的体魄、柔顺的品格、治家的本领。这些新颖而独特的观点，有着积极意义，为日本近代女子教育的实施提出了具体方案。但是，他还没有完全摆脱日本传统积习，依然将女子教育作为男子教育的陪衬，即使由他创办的庆应义塾（1871年，明治四年）也只招收男生而拒收女生。

（二）中村正直的教育平等女性观

中村正直身为幕府大学昌平坂学问所看门人的儿子，自幼享有神童之名，精通汉学、兰学和英语，成为昌平坂学问所的教授。1866年留学英国，两年后回国，在归国的船中，中村熟读了英国作家斯迈尔斯（Samnel Smiles, 1812—1904）的《自助论》（1859年），为书中的"自助"（Self Help）精神所打动。日本国内此时政权已由幕府更迭为明治政府，中村是幕府旧臣，随江户幕府第15代将军德川庆喜（1837—1913）闲居静冈四年。其间翻译了斯迈尔斯的《自助论》（即《西国立志篇》，1871年）以及英国哲学家、经济学家穆勒（John Stuart Mill）的《论自由》（On Liberty, 1859年）（即《自由之理》，1872年），成为明治时期的畅销书之一，给年轻人的思想带来很大影响。

中村的出身阶层比福泽谕吉更为低下，因而对封建等级制度更是痛恨，他的祖母和母亲很有教养并受人尊敬，但她们却遭受着奴隶般的驱使，因而中村将提高女性地位作为一生的追求。他下定决心兴办与男子教育同步发展的女子教育。废藩置县（1871年）后中村进京向政府进言，建议创立女子师范学校，同时设立附属幼儿园。中村还开办盲人学校，成为从事对身体残障者进行教育的第一人，而且他个人也在自家开办同人社女学校，成为女子教育的实施者。

中村正直的女性观主要体现于《造就善良母亲说》并主张男女平等的女子教育。他在《造就善良母亲说》一文中认为"只有绝好的母亲，才有绝好的子女"①，也才会有绝好的国家。造就善良的母亲关系到日本的独立、近代化的建设，也关系到近代国民的素质。因此必须男女共同接受教育，共同进步。要得到未来肩负国家建设使命的身心健康的下一代，首先必须培养"好母亲"。他说：

> 同权抑或不同权暂且不论，男女之教养应为同等。不应有二种。以人类总体而言，苟欲保有至高极净之地位，宜使男子妇人皆受同样之修养，如是应令其同等进步。纯情之妇人不可不伴随纯情之男子。盖善德之律法，无男子妇人之差别，自然应共同遵用。众多善德之中，其最主要者为爱之德。引诗人白朗宁的名言曰，真性乃爱卑智识。试看普天下之人，天赋之才智最多者，真实之爱情最深者也，亦可谓爱之深者，智之深者也，有深爱之妇人者，使其夫享福祉安乐，助成邦国有用之事业也。②

中村的《造就善良母亲说》成为将女性定位于"母亲"角色的源头之说，而且由它开始改变《女大学》③劝说女性一味服从之道，④认为在教养水准上的男女同等才是国力之源，充实女子教育将对男性有益，进而对国家有用。其实，中村的《造就善良母亲说》与其男女接受平等教育

---

① 《明六杂志》（第33号），载大久保利谦编《明治启蒙思想集》（明治文学全集3），筑摩书房1967年版，第301页。

② 同上。

③ 《女大学》是江户中期开始用于女子教育的训诫书，依据儒教观念将女子之诫总结为19条，前三条为女子教育方法，第四条之后为妇女行为规范。这里所言"大学"是指四书五经之一的《大学》。《女大学》以儒学家贝原益轩（1630—1714）所撰的教育论著《和俗童子》为蓝本所作，出版于1716年（享和二年），此后有多人顺应时世改编版本，福泽谕吉著有《新女大学》。

④ ［日］鹿野政直：《近代日本思想指南》，岩波书店1999年版，第45页。

的主张相辅相成，相互关联。

中村所提倡的男女同权论，其直接目标就是提倡教育机会平等、提高女性教养、培养良妻贤母。良好的母亲同时也应是良好的女教师，在这一意义上，中村主张男女应平等接受教育，因而创立了东京女子师范学校（1874年），为了实践其主张，他开办同人社女学校，为女子教育倾尽全力。中村创立女子师范学校，被报端称为"日本有史以来之盛事"，可见其历史性意义。入学同人社的女学生中就有山川菊荣（青山菊荣）的母亲千世，菊荣在《女人二代记》（1956年）中，对中村正直作出高度评价，认为中村所主张的女子教育"包含着想要打破封建时代文盲主义的积极意义"。① 但近畿大学教授、女性学家大越爱子指出，中村所谓的男女同权至多不过是男女相爱，女性为男性的工作而献身的内助而已②。

（三）森有礼的夫妇同等女性观

森有礼出生于萨摩藩士族家庭，1865年（庆应元年）赴英国留学，后转赴美国。1868年维新后回国任明治政府要职，1870年（明治三年）至1873年（明治六年）被派往美国担任日本驻美外交官。1875年（明治八年），在东京银座开办商法讲习所。1885年（明治十八年）成为日本首任文部大臣，旋即于1886年（明治十九年）参与制定并公布了《小学校令》、《中学校令》、《师范学校令》、《帝国大学令》等一系列教育法令，对日本近代学校制度的建立作出了重要贡献。

森有礼明确将女子教育的目标确定为"良妻贤母"，从强调母亲的作用来论及女子教育的必要性。他认为妇女对孩子来说是"天生的教员"，女子教育的目的在于将女子培养成为"良妻"和"贤母"，使其管理好家政。他曾经说："国家富强之根本在于教育，教育之根本在于女子教育。女子教育之举否关系到国家之安危。"③ 森有礼的女子教育观与先前有所不同，他以西欧近代思想为背景，以强烈的国家观为基轴，从确保培养有用人才观点出发，以推进师范教育为主要理念，提出将专业培养女子教员与推进"良妻贤母"主义加以统一。这一主张不是对过去女子教育理念的否定，而是在承袭传统路线基础上强化其国家观念。

---

① ［日］山川菊荣：《女人二代记》，平凡社1972年版，第34页。
② ［日］大越爱子：《近代日本的社会性别》，三一书房1997年版，第34页。
③ ［日］大久保利谦编：《森有礼全集》第1卷，宣文堂书店1972年版，第6页。

良妻贤母思想在维护父权家长制的基础上，首次承认女性与丈夫、与孩子相联结的存在价值，也就是女性作为妻子和母亲的价值。但是，它将女性封闭在"好妻子"、"好母亲"这一性别角色之中，把妇女的活动场所限定在家庭内，忽视了女性作为一个社会人所担负的责任和存在价值。

森有礼的《妻妾论》所论述的一夫一妻论，在当时男尊女卑风气甚浓的日本社会中，可谓领时代潮流之先，并引起男性启蒙思想家们以此展开的夫妇同权论争。《妻妾论》开篇便说：

> 夫妇之交为人伦之大本，其本立而道行，道行而国始立。人婚则权利义务生其间，不得相欺凌。何为权利，何为义务，谓其相扶相助之道也。即夫有向妻要求扶助之权利，又负扶持妻子之义务。而妻则有向夫要求扶持之权利，又负扶助夫君之义务。苟不依此理而婚交者，未可视为人之婚交也。今视我邦婚交之习俗，夫肆意使役妻，如不充其意，则任意去之，国法亦不尝律之，是以权利义务不得行其间。名虽为夫妇，其实距甚远。故余敢谓，我邦人伦之大本未立。①

森有礼将夫妻关系置于人类生活道德的中心位置，这与当时儒教伦理所强调的"人伦之大本"在于纵向的父子关系大为不同。森有礼还指出，在日本丈夫与妻子的关系就如同主人与奴隶的关系一般，他认为单方面强调妻子的贞操是不合理的，他强烈批判向来在日本被视为当然的妻妾同居制度。他的夫妇同等论，不是在"私"的层面上认可妻子的权利与丈夫对等，而是在理论上对处于国家这一"公"的领域中妻子应得到何种地位所进行的探讨。在《妻妾论》中，他呼吁妇女摆脱以往屈从于丈夫的地位，发挥作为近代家庭中妻子的作用。森有礼尤其重视和强调妇女在近代家庭中作为妻子与母亲的抚育和教育作用，因而，他极力主张女子教育的重要性。他从承担抚育国家所需人才的意义上强调妇女的社会责任。

森有礼不仅在理论上探索如何形成近代日本的性别秩序观念，而且也

---

① 《明六杂志》（第8号），载《明治文化全集》（第五卷），日本评论社1968年版，第93页。

将自己的理论付诸实践。他参考欧美的婚姻法，自行拟定了一部婚姻私法，其婚姻契约的第一条为："婚姻需适于婚姻者双方当事人同意承诺，而行婚姻必得举行相当之典礼仪式，且双方应事先商定夫妻之权利义务。"① 清楚表明婚姻以个人契约为基础，他认为婚姻最终为个人之事，这一主张具有划时代的意义。森有礼为了实践其婚姻理论，于 1875 年（明治八年）27 岁时和 19 岁的广濑阿常履行了契约结婚。广濑阿常是幕府旧臣的女儿，在开拓使女学校接受过西式教育，属于近代式的有知识且活泼开朗的女性，作为森有礼之妻被认为是最适合的人选。对森有礼来说，结婚仪式也是他的启蒙实践。

但不幸的是，这场婚姻以 11 年之后的离婚宣告结束。森有礼走在时代前列的婚姻遭到挫折，说明由他所倡导的夫妇同等论，作为一种理念所提出的一夫一妻制，是男性知识分子无视女性现实的观念性产物。森有礼虽然主张家庭内的夫妻平等合作、相敬相爱，却未主张男女在政治上的同权以及在社会上的平等。森有礼并不关心女性自身主体性权利意识的觉醒，其主张始终只是限制在由男性主导的改善女性地位的问题上。②

上述三人是明治初期主张男女同权的代表人物，他们共同主张实行一夫一妻制，即性道德的平等；振兴女子教育，即男女享有平等的教育权；推进女子经济上的独立，即财产权的平等。总之，就是要认可女性的人权。

明治初期留学归国的知识分子的启蒙思想，是以开启民智为目的的"自上而下的近代化"意识观念的展开。他们为了建设近代国家体制而致力于民众启蒙，但是，那不过是在他们维护和认同的日本近代国家框架内的启蒙而已。他们虽然主张培养民众成为近代人的必要性，但并不是以民众的主体性为基础，无论如何都没有离开统治阶层的意识，并在认可统治权力的前提下展开。在妇女问题上亦同，在明六社的知识分子中，妇女问题虽被多次提及，争论的议题涉及方面较多，如夫妇同权论、女子教育论、情欲论、废娼论等，但也仅仅是在不威胁和扰乱统治秩序的范围内，对近代化过程中如何改善妇女地位所进行的讨论。

---

① ［日］森有礼：《妻妾论》，载大久保利谦编《明治启蒙思想集》（明治文学全集 3），筑摩书房 1967 年版，第 262 页。

② 参见［日］大越爱子《近代日本的社会性别》，三一书房 1997 年版，第 27 页。

19世纪末倡导妇女解放的思想启蒙家几乎都是男性,他们首先接受了西方天赋人权、人人平等的先进思想,意识到日本旧有的男尊女卑观念以及家族制度的弊端是妨碍日本走向近代化的障碍。他们从国家和民族的立场出发,主张妇女解放,首次将国家的发展、民族的昌盛与女性联系在一起,因而有很强的国家主义色彩。尽管在付诸实践的过程中有所不足或遭受挫折,但是,森有礼的"妻妾论"、福泽谕吉所倡导的男女平等论等都在改变日本人的旧有观念,在建立与西洋同步的新思想上起到了巨大的历史作用。这些早期的思想启蒙,无疑奠定了三四十年后以"青鞜社"为代表的知识女性的思想基础,在启蒙思想影响下,"新女性"主张人格独立、经济自立,要求男女平等、妇女解放,反对不合理的男女双重标准的道德观,反对压迫女性的法律制度、家族制度及婚姻制度,也促进了她们走向自觉的自我解放、女性意识的主体性觉醒和自我发现。

二 女性自身的认识

(一) 岸田俊子其人及主张

岸田俊子(中岛湘烟)1863年(文久三年)出生于京都绸缎商家庭,号湘烟。俊子在母亲抚养下长大,父亲身边有妾,母亲与之分居。俊子自幼聪慧,1870年(明治三年)入读小学,成绩优异,进入中学以后更是才华横溢。她熟读汉文经典,精通汉学、英语、书法。由于才华出众,年仅17岁就由京都府知事推荐,在宫中任文书公职,为皇后讲读《孟子》,俊子的学识由此可见一斑。两年后,俊子厌倦了宫中的日常生活。在那里,欺压年轻人、歧视布衣出身者司空见惯,因而她辞去公职,带着母亲游历日本各地,并在自由民权运动的发源地土佐滞留,与诸多诗友交游。

1882年(明治十五年)6月,俊子参加了中岛信行[①]等人组织的立宪政党在大阪举办的演讲会,俊子以"妇女之道"为题发表演讲,成为当时女性发表演讲的第一人,因此名声大振。俊子本人也由此开始在各处发表演讲,所到之处听众云集。1883年(明治十六年)6月,俊子在德岛以"呜呼呜呼!"为题发表演讲,由于宣传"危险"思想被勒令中途解

---

① 中岛信行(1846—1899)——政治家,土佐藩士。由元老院议官成为自由党副总裁,后为帝国议会第一届议员。

散。10月俊子再次以"深闺小姐"为题发表演讲，触犯了官宪之忌，当场被抓进监牢，等待审判。一周后称病保释出狱。

1884年（明治十七年）1月，在自由民权运动领导人板垣退助（1837—1919）的邀请下，俊子与中岛信行、陆奥宗光①同船进京，以笔代舌，之后不再参加演讲活动，转而为自由党②机关刊《自由新闻》的副刊《自由灯》③撰稿。

1886年（明治十九年），24岁的俊子与中岛信行结婚，两人是自主婚姻的实践者，没有举行正式仪式，这种无视当时世俗常规的行为必然要受到非议。俊子婚后仍不断发表言论，其文笔活动一直持续到晚年。能够体现其女权思想的作品还有《山间名花》、《女子教育之一端》（1886年）、《寄望于世间丈夫》（1886年）、《望男子注意》（1886年）、《傲慢论》（1890年）等，除了使用本名外，还有中岛湘烟、中岛妆园、花妹等笔名，多数评论载于《女学杂志》。④

俊子婚后还在自家开办学塾，教授书法和汉文，被新荣女学校聘为和汉学科主任。1887年自由党被逐出首都时，俊子随丈夫移居横滨，任菲利斯女学校名誉教授，俊子的教育活动与文笔活动并举。1899年（明治三十二年）中岛信行去世，两年后的1901年，俊子也因病离开人世。

俊子主张"扩张女权"。在以"深闺小姐"为题的演讲中指出，女子被父母装进了三个闺箱中：其一，令其学习《女大学》、《女小学》⑤，授

---

① 陆奥宗光（1844—1897）——幕末・明治时期的政治家，和歌山藩士伊达宗广（千广）之子。1876年（明治十一年）由于政治罪下狱，又复出。作为第二次伊藤内阁的外交大臣，参与修改条约、甲午开战、缔结下关条约等政府事务。

② 自由党——日本最早的政党之一，1881年（明治十四年）组成，是国会期成有志公会的前身，以板垣退助为总裁，主张扩张自由民权、建立立宪政体等。1884年解散，1890年（明治二十三年），板垣再次任总裁，以大井宪太郎为中心重组自由党。1898年与进步党联合组成宪政党，1900年（明治三十三年）与政友会合并。

③ 《自由灯》——由星亨（1850—1901）出资，创刊于1884年5月，它是岸田俊子最初的文笔舞台。星亨，政党政治家，生于江户。参加自由民权运动，被投牢，为自由党领袖，第二届众议院议长，驻美公使。带领宪政党的旧自由党派参加政友会。历任邮政大臣、东京市议会议长等职。被心形刀流剑术家、恐怖分子伊庭想太郎（1851—1903）刺杀。

④ 《女学杂志》——持基督教立场的女性杂志。创刊于1885年（明治十八年），1904年废刊。第24号以后主编为岩本善治，主张女权。主要投稿人有北村透谷、星野天知、岛崎藤村等，此刊是日后《文学界》的前身。

⑤ 用于女子教育的初级教科书之一。

以圣人君子之道；其二，将其锁于深闺，置于不看不闻不言的状态中；其三，父母之命，言必从之。俊子认为应当及早打破如此空气流通不畅的闺箱，并应投身于世界这一大的闺箱中，这才是真正绝佳的闺中千金。① 俊子向女性们阐明，传统的女德教育是束缚女子的绳索，呼吁女子不能孤陋寡闻，不能唯父母之命是从，要积极投身到更广大的世界中，作为有主体意识的女性而生存。

俊子的女权思想主要还集中在她为《自由灯》撰写的两篇文章中，一篇为《怀念自由之灯而述心怀》（第1号），另一篇为《告同胞姊妹书》（1884年5月18日—6月22日，连载十次）。前者将男子专制的现状比喻为过去的夜路，希望自由之灯照耀女子前进的道路。《告同胞姊妹书》则是她诸多演讲的集大成之作，从最基本的女权主张到各种女性问题无所不及，文中尖锐的批评锋芒随处可见。比如，"如果说男子独有财产权是封建时代之必需，那么，封建制已灭亡的今天却没有得以改变，岂为不合道理？"（第16号）"爱怜之情发自有情，而权柄之欲发自无情"（第18号）②；有人说男女同权了，也免不了夫妻吵闹，对此俊子表示夫妻吵闹并非错误只在女性一方，如果男人适当地体贴，怎么会吵得起来呢？（第23号）如此等等。

俊子还强调女子在进入小学教育之前的家庭教育。在《女子教育之一端》中认为在家庭中不应有男女区别，女子因循便会萎缩，必须从孩提时培养其活泼性格。在《寄望于世间丈夫》中，俊子认为，妻子能做的事交由妻子去做，亦可交付其家中事务抑或家庭之外的应酬任务。尽管女子缺乏知识，但也未必不能发挥一家对外交往的作用，必须从改变丈夫的想法做起。如果不是重要的谈话场合，夫妻一起招待来访之客，坐席上的事宜一切都交由妻子安排，即便有不如意之处，待夫妻两人无外人之时指出便可。在《望男子注意》中也有同样的见解，强调教育妻子是丈夫的义务。夫妇相伴，无论是客人来访抑或是拜访客人，虽然同席相坐，女性却宛若席间一物，几小时不发一言，男性只顾自己交谈，女性只盼着快些结束这令人感到拘束的场面。男性有义务使席间女子加入到会话当中。

---

① ［日］村上信彦：《明治女性史·中卷前篇　女权与家》，理论社1970年版，第82页。
② ［日］岸田俊（子）：《告同胞姊妹书》，载丸冈秀子编辑、解说《日本妇女问题资料集成》第八卷·思潮（上），家庭出版社1976年版，第110页。

西洋女子也不是从来就表现出那种活跃的性格，是在男性帮助下才成为今天的样子。

婚后俊子的评论不再偏重妇女解放的原理，而是注重实际生活中提高女性地位的具体措施，对男性的专横和偏见不再一味地加以痛斥和攻击，而是主张女性地位的提高需要男性的理解与合作，在呼吁女性自身觉醒的同时，也督促男性一方的自觉。其视角转变为强调男女共生的和谐社会才是理想境界，这与当今提倡和追求的目标完全一致。

在《傲慢论》中，俊子罗列了世人挑剔女学生的种种"傲慢"之举，为女学生进行抗辩。如俊子质问道：女学生"不结如蝉如蝶的云鬓霞而是毫无做作地束发即为傲慢吗？清晰明确地回答别人的提问就是傲慢吗？遇到有疑问的事项时毫不迟疑地发问就叫傲慢吗？无所顾忌地去参加聚会即为傲慢吗？"① 等等，女学生诸如此类的仪态举止，在今天看来司空见惯，但在当时却为世人所不容，往往大受舆论指责。在俊子发表《傲慢论》的1890年，正是《教育敕语》横行天下的明治二十三年。在天皇制国家主义观念统摄下，个人自由被视为罪恶，对女性的自由和解放抱有反感态度的人始终大行其道，此时则更是对女学生大肆进行攻击和中伤，甚至主张女子接受高等教育无用论。一些报刊如《读卖新闻》、《日本新闻》等也无端制造风传，对女学生的品行说三道四。② 在这种守旧的风潮中，俊子的《傲慢论》颇能显出其现实意义和挑战精神。

从岸田俊子到中岛俊子，从自由民权运动中以政治立场呼吁人民的权利、要求设立民选议院，到以人性视点唤醒女性的自觉，教育女性要有勇气和决心打破陈腐偏见，改善女性的地位，简言之，从"民权"到"女权"，俊子一生追求的目标在思想上是贯穿一致的。

（二）清水丰子其人及主张

清水丰子（紫琴）1868年（明治元年）生于冈山县和气郡的汉学家庭，父亲不仅是国学者，而且在物理学和化学方面也有所造诣。丰子很有学养，笔名有花园、紫琴等。明治维新后，清水一家移居京都。受到岸田俊子的影响，她也巡游各地进行政论演讲。丰子与俊子相同，都

---

① ［日］村上信彦：《明治女性史·中卷前篇　女权与家》，理论社1970年版，第90页。
② 《日本新闻》以某医生的报告形式，报道女学生近来患花柳病者颇多，且病毒正在扩散。《读卖新闻》又以"女学生的品行"为题，对此进行转载，引起慌乱。

能对时代动向做出积极而大胆的判断。丰子始终坚持女权主张，为此呼吁并亲自参与实践活动。18岁时，因父命难违，嫁与辩护律师冈崎正晴为妻。然而，本非所愿的婚姻生活，并无幸福可言，三年后不幸的婚姻以离婚告终。

1890年（明治二十三年）10月，丰子参加反对帝国议会禁止妇女旁听的联名呼吁运动。后作为旁听生进入明治女学校，并为学生们批改作文，毕业后成为《女学杂志》的记者、编辑。因其文章华美而受到杂志主办人岩本善治[①]的赏识和重用，文笔写作也成为丰子的生活依靠。

1891年（明治二十四年），丰子24岁时发表处女作《破损的戒指》（《女学杂志》第246号），这篇小说可以说是丰子本人过去一段不幸婚姻的真实写照，丰子希望用自己的不幸经历告诫更多的女性不能成为家族制度下封建婚姻的牺牲品，要勇于摆脱家长制的束缚，大胆追求自己的幸福生活。

丰子在参加民权运动时，受到已有家室的自由民权运动家大井宪太郎[②]的诱惑，感情被欺骗，为其怀孕生子并为此蒙羞。被大井宪太郎诱骗是她一生的失误，然而，丰子仍以积极的态度追求人生幸福。后来丰子结识了性格奔放的农学家、帝国大学教授古在由直（1864—1934），得到他的信赖与接受，并将丰子作为具有健全人格的女性来看待。1892年（明治二十五年）两人结婚，丰子找到了终生幸福。

从1895年至1898年，是丰子从事创作的旺盛时期，共发表小说5篇，随笔22篇。1897年（明治三十年），丰子因发表于《文艺俱乐部》的作品《心鬼》在文坛获得声誉，接着又发表《当世二少女》、《水往低处流》等作品。在《移民学园》（1899年）发表之后，丰子就此封笔，放弃了创作。

清水丰子早期的女权思想体现在对女学生幸福问题的关注上。《当今女学生的觉悟如何》（《女学杂志》1890年11月第239号）是丰子评论

[①] 岩本善治（1863—1942）——记者、教育家。接手《女学杂志》的发行（第24期以后），提倡提高女性地位，在明治女学校从事基督教女子教育。其妻为翻译家若松贱子（1864—1896）。

[②] 大井宪太郎（1843—1922）——政治家、社会运动家、自由党"左派"领导人。在设立民选议院论争中批判时机尚早论。1885年（明治十八年）引发"大阪事件"入狱。1892年，组建东洋自由党，提倡保护劳动工人，扩张国权。

中最出色的作品。丰子看到当时许多女学生由于偏离现实社会甚至因此毁掉了前途,因而向那些急于结婚、梦想建立美满幸福家庭的女学生提出忠告。她在文中指出,很多女学生抱着单纯幼稚的想法,以为结婚就可以得到理想的丈夫、快乐的家庭。然而,女学生没有经历世态炎凉和艰难困苦,一旦走出校门,嫁入夫家,与感情习惯完全不同的人共居起卧,一举手一投足都被别人横目相看,时时处处都要小心翼翼试探着做。丈夫对家务事一概不顾,公婆一向偏袒自己的儿子,只道是没有管教好媳妇。肚里的委屈向娘家人诉说,母亲和姐姐就会拿出自己的境遇和祖母的经历,要你满足眼前的幸福,得不到一丝安慰。急于成婚,就如同一只孤独的小羊被驱入虎狼之群、狐狸之巷。婚家并非乐园和安逸之所,为实现梦想需要经历几多的苦难和岁月。要建造乐园,使不如意的丈夫成为理想的绅士,需要诸姊妹的忍耐和努力。

丰子在《五十步笑百步》(《女学杂志》1890年12月第243号)中,对现实中不平等的婚姻加以讽刺。有些男人自称为女权论者,希望女子权利在社会上得到伸张,然而,对自己的妻子却希望不要有所改变,保持传统的贤淑,深居简出;还有人嘴上赞成一夫一妻,而实际上却想抛离发妻,与小妾一起生活。"这样的人,如果可以称作女权家、一夫一妻的倡导者、志士民权家,那么,我日本国称得上是真正多幸而有望的国家吗?"[①] 无论是一夫一妻的主张,还是男女同权的主张,丰子的判断并不仅仅停留在观念上,而是从现实生活中得出结论,其主张与岸田俊子气脉相通。

小说《移民学园》直接以部落民[②]的社会生存问题为主题,作品在文学上也有很高成就,因而受到广泛关注并享有极高评价。小说讲述主人公清子是时运亨通的政治家今尾春卫的妻子,其美貌令周围人颇感嫉妒,人们穷追不舍地要查清她的根底。原来,清子的父亲由于和继母不和离家出走,走投无路时得救于当地部落民,并在部落里安身落居,娶妻生下清

---

① 转引自〔日〕村上信彦《明治女性史·中卷前篇 女权与家》,理论社1970年版,第140页。

② 部落民形成于江户时期,是在身份、社会地位上受到强烈歧视的一些群体,他们共同居住于某些区域内,在封建身份等级中多数属于最下层贱民身份的"秽多"。明治维新后,1871年部落民的贱民身份虽在法律上获得解放,但在经济、政治、文化方面仍旧地位低下。部落民问题并非民族歧视问题,为避免误解,现也使用"部落关系者"、"部落出身者"等称呼。部落民受歧视的现象,仍是当今日本的社会问题之一。

子。妻子不久病逝，留下遗言无论如何让孩子摆脱"秽多"①身份。于是，父亲打点财产前往东京，隐瞒身份，将女儿送进女学校。当今尾春卫前来求婚时，父亲为清子找到一个好人家作养女，再让女儿出嫁。父亲为了保护女儿一生的幸福，不暴露身份，自己销声匿迹重回部落。当清子在父亲病榻前得知自己的真实身份后，决心留在父亲身边，可是父亲为了女儿的幸福下了一生的赌注，痛下狠心坚决让女儿回到东京。不久，今尾春卫也得知了真相，不得不辞去大臣职位，他对妻子的爱没有改变。他放弃了所有财产，立志于教育事业，在北海道建立学校，命名为"移民学园"，从各地收养被部落民（新平民）抛弃的孩子，决心尽父母之责将他们培养为一代新人。

从明治到大正、昭和，部落民的悲剧并不少见，男女任何一方一旦暴露了部落民出身，无论恋爱还是结婚，瞬间就会遭到被拆散、被破坏的厄运。即便已婚，得到对方理解，在社会压力下，幸福也会被踏得粉碎，甚至被逼上死路。为了生存，部落民往往忍辱负重，为了能够让无罪无辜的孩子立足于世，只要有一丝希望能为孩子开出幸福之路，哪怕背井离乡，断绝与孩子的亲情，历尽千辛万苦，父母亲也心甘情愿为儿女作出牺牲。世人对部落民抱有歧视，却能口称道德和秩序。"移民学园"所描述的父女悲剧就是立足于现实而挖掘的题材，作品最后给读者留下一个理想结局，这也是作者对未来社会的美好期待。

丰子对女性问题的关注不仅立足于女性生存的现实，而且其目光也关注到社会最底层女性的生存状态。《移民学园》比岛崎藤村②的《破戒》（1906）③更早地提出部落民的人权问题，这部作品的成功在于它拥有广阔的社会视野。

丰子放下文学创作后，仍不断参加社会实践活动。1933年（昭和八

---

① "秽多"——贱民的身份之一，含侮辱歧视之意。在江户幕府体制下，与"非人"一起身份固定在士农工商以下，居住地和职业都受到限制，多数从事皮革业。1871年（明治四年）依据太政官布告编入平民籍，世人称之为"新平民"，社会歧视一直延续至今，没有彻底根绝。

② 岛崎藤村（1872—1943）——诗人、作家。生于长野县，毕业于明治学院。诗集《若菜集》展示出浪漫主义诗风。其后以小说《破戒》确立了作家的地位。《春》、《家》、《新生》等自传性作品是自然主义文学的代表作。其他还有一些童话作品。

③ 《破戒》是日本自然主义文学的先驱之作。作品描写了部落民出身的小学教师濑川丑松经历内心痛苦挣扎，最终下定决心向世人坦白自己部落民的身份，打破了父亲让自己坚守一生的告诫，勇敢地与周围的世俗偏见进行斗争。

年），丰子因脑溢血去世。从清水丰子到古在丰子，从参与民权运动实践到文学创作活动，无论是不幸的第一次婚姻生活还是幸福的第二次婚姻生活，她一贯主张和追求的是女性权利的获得和自身能力最大限度的发挥，丰子集社会运动家与艺术家于一身，社会问题、妇女问题始终没有离开她的生活。

（三）与谢野晶子其人及主张

与谢野晶子1878年（明治十一年）生于大阪府堺市老字号商家骏河屋，原名凤晶（子），父亲凤宗七是骏河屋的第二代主人。凤家为中等程度的商家，家庭经济稳定，父亲是藏书家，喜好学问，重视子女教育。晶子成长期间，正是在自由民权运动被镇压以后儒教道德教育体系重新回潮的时期，晶子出生后的第二年（1879年），政府制定了男女分学的教育令，其后，在女子教育中推行良妻贤母主义。1888年（明治二十一年），晶子小学毕业，进入新创建的堺女学校，并于1894年（明治二十七年）毕业。

晶子具有良好的天赋，9岁便开始阅读《源氏物语》、《荣华物语》等古典文学名著，父亲所藏图书为她提供了自学的便利，她还可以随意购买自己需要的书籍，其文学知识主要依靠自学所得。

1900年（明治三十三年）晶子加入是年4月创刊的短歌杂志《明星》，不久与《明星》主办人与谢野宽（铁干，1873—1935）恋爱、结婚。1901年（明治三十四年），晶子23岁时出版第一本短歌集《乱发》，"以我的语言咏唱我的思想"，大胆赞美爱情，倡导自由恋爱，否定了以禁欲和忍从为最高美德的女性道德，对人性加以肯定。《乱发》使晶子一举成为明治三十年代浪漫主义的中心人物。1904年（明治三十七年）日俄战争之际，晶子在《明星》上发表厌战诗[①]《君莫死》，被御用学者指责为"乱臣"、"贼子"，认为她宣传藐视国家观念的危险思想。此后晶子写作和出版了大量的歌集、诗集和评论集。

1912年5月，晶子追随丈夫前往欧洲，欧洲之旅不仅开阔了晶子的视野，也使其思想发生变化。一年多后回国的晶子，其关注问题的重心从

[①] 评论界长期以来多数意见认为《君莫死》为一首反战长诗。但是，根据与谢野晶子针对大町桂月（1869—1925）的指责而写的反驳文《启封之信》，晶子本人的意图并没有表现反战，只是在客观上带来反战效应而已。本书依据《朝日新闻》1982年5月19日所刊入江春行（1927年生，日本近代文学研究者）的文章《与谢野晶子的当今意义》中所持见解，采用"厌战诗"的说法。

艺术转向思想与实际生活。1913年（大正二年），她连续出版小说《走向光明》、诗歌集《从夏至秋》、童话集《八个夜晚》及三卷本《新译荣华物语》。晶子思想活跃，作为歌人、社会评论家活跃于文坛和论坛，而且在家庭中也能够最大限度地实现自我。

晶子对妇女问题的思考始于1911年1月在综合杂志《太阳》发表《妇女与思想》。晶子反复强调，女性首先要学会思考，养成读书习惯，提高智力，造就自己成为文明社会的妇女模范，这样才能获得解放并度过自己所追求的人生，妇女应该参与文明社会的建设，并与男性共同创造平等和谐的理想生活。①

明治末期的晶子力图将自己的见解与实际经验相统一，对事物做出敏锐的判断并践行自己的思想。她向女同胞提出："我们如何进行自我教育才能从这种悲惨的境遇中挣脱出来？可以追随男子吗？能够具备将来要求男女平等生活的资格吗？"（《杂记帐》）晶子为了向女性说明自我教育的必要，在努力自学的经验基础上，批判女子学校的教育内容和教育指导方针，其评论具有相当的现实性。进入大正时期，晶子已成为女界先锋人物。

1915年1月起，《太阳》设专栏"妇女界评论"连载晶子的评论，晶子以自由与人道主义为思想核心，对社会问题、妇女问题进行广泛考察。1916年2月，评论文章《抵制偏重母性》成为历时一年之久的"母性保护论争"的前奏。晶子否定向国家要求母性保护的主张，她说："我认为妇女由于生殖奉献而依靠男人，这是奴隶道德，出于同一理由，我们也必须拒绝寄食于国家。"②此文引起平塚雷鸟的关注，便以《关于母性主张致与谢野晶子氏》（《文章世界》1916年5月号）一文进行反驳。1918年3月，《妇人公论》刊出晶子的文章《女子的彻底独立》，再次引起雷鸟的注意，5月，雷鸟又在《妇人公论》上发表反论《主张母性保护是依赖主义吗？——致与谢野晶子氏》。此后，山川菊荣、山田和歌也加入这场围绕着妇女经济独立与母性保护的论争。晶子分别发表《平塚与我的论争》（《太阳》1918年6月号）、《答平塚、山川、山田三女士》（《太阳》1918年11月号）做出回应。这场论争的参与者都是在《青鞜》

---

① ［日］与谢野晶子：《妇女与思想》，载鹿野政直、香内信子编《与谢野晶子评论集》，岩波书店1985年版，第54—61页。

② ［日］与谢野晶子：《平塚与我的论争》，载鹿野政直、香内信子编《与谢野晶子评论集》，岩波书店1985年版，第200页。

以及《青鞜》周边活跃的女性人物，在日本近代女性史上，"母性保护论争"是迄今未曾有过的女性间展开的一场严肃而认真的论争，具有划时代的重要意义。

　　晶子的男女平等思想主要体现于其男女教育平等和男女共生的观念。她认为，原本男女在人格上并没有优劣之分，如果说有，那是由于良妻贤母主义的女子教育培养出了适于成为男性附属物的顺从、牺牲、退缩、寄生的女性道德，将女子造就为劣者、弱者。晶子严厉批判体制上对女性的"造就"，她从教育、就业等方面阐述自己的男女平等论。晶子认为教育的根本精神应该是，无论在家庭、学校、社会等方面对男女都施以平等教育，而不是依据性别施以有偏差的教育。女子教育与男子教育的共同目的，在于培养健全的人格。家庭与学校应采用男女共学制，同时女子自身要有独立自学的觉悟和努力。① 晶子还强调，社会是由男女共同组成，因而，男女应对一切事务承担连带责任，其责任必须公平分担。男人立于社会、女人立于家庭这种角色分担的固有观念是错误的，育婴等劳动也要平等负担，只有母性一人承担，反而是对父性的剥夺。对男女双方而言，将男性中心社会改造为男女能够平等发展的社会，这才是共同期待的社会。②

　　1921年，晶子与教育家西村伊作（1884—1963）、画家和美术评论家石井柏亭（1882—1958）等共同创建文化学院。通过办学，晶子将多年形成的自由主义教育理念在具体的教育活动中加以贯彻。其基本教育理念便是："所谓教育就是彻底促进人类个性正常的自主发展"。文化学院目的在于培养学生"健全的人格"，促进学生个人的"创造能力"。③

　　从1911年（明治四十四年）至1934年（昭和九年），晶子出版了多达15册（近七百篇）的评论、随笔集，其中多半出版于大正时期。自明治末年到大正民主运动高涨时期，晶子以激进的热情不断呼吁女性的自我觉醒、自我教育和自我创造，其女性解放论，尤其是关于男女平等的主张，至今仍具很高的思想价值。

---

① ［日］与谢野晶子：《女子与高等教育》（1918年），载《定本与谢野晶子全集》第17卷"评论·感想集"四，讲谈社1980年版，第592—593页。

② ［日］与谢野晶子：《莫如保护父性》（1919年），载《定本与谢野晶子全集》第17卷"评论·感想集"四，讲谈社1980年版，第473页。

③ ［日］与谢野晶子：《关于文化学院的创建》（1921年），载鹿野政直、香内信子编《与谢野晶子评论集》，岩波书店1985年版，第329页。

晶子的丈夫与谢野宽于1935年（昭和十年）62岁时去世，巧合的是，晶子也正好在62岁时（1942年，昭和十七年）离世。在封建制度束缚、压制妇女的巨大社会矛盾里，晶子以公民的独立立场，从《乱发》到各种妇女、社会问题的评论，走在了妇女解放征程的前列，她在《青鞜》创刊号上的卷首诗《山动之日来临》，以及为第一届全日本妇女选举大会所写的《妇选之歌》，至今依然是女性走向解放路途的勉励之词，从大正时代一直活跃到现代的女性作家、评论家、诗人、歌人几乎都读过晶子的这些诗，显示其作品拥有持久的生命力。晶子将女性的人性解放当作一生的追求，不仅在诗歌的殿堂，在女性史上也打造了一颗"黄金之钉"①。作为一种理念，晶子一贯持有对整体人格的思考。通过生活经验、大量读书获得了对人类社会的认识、构想，并在此基础上提出现实性的主张。她坚信人类之爱能够创造无限的力量。

以上三位女性，展示了明治至大正时期先进知识女性的男女平等思想观念以及男女平等施教的教育思想。通过她们的生活经历和思想观念的阐述，尤其是在女权主张方面，可以看到她们的一些共同之处。第一，她们都受过良好的教育，不仅自身具有较高的学养，也重视全体女性的公共教育和自我教育，并向社会呼吁以培养健全的人格为目的，施行男女平等教育。第二，她们不畏封建道德的束缚，大胆追求个人恋爱与婚姻幸福，而且呼吁妇女姊妹打破封建家族制度束缚，追求理想人生，在社会生活中也要充分实现自身的价值。第三，她们关注实际生活，注重实践活动，强调女性与男性在社会中的共同发展。

丰子与俊子的相似点，晶子与丰子的相通之处，说明近代以来女性向社会所诉求的目标是贯穿一致的，她们大胆的追求是对女性应有权利的正当伸张。近代女性在民权运动中觉醒，从"民权"的主张中觉悟到"女权"的重要性，女权意识的自觉是女性主体意识的发现，这可以说是历史性突破。因为只有在此基础上，女性才有可能提出思想独立、人格独立以及经济独立的要求。近代以来形成的女性观可以概括为"独立自主的女性观"。与谢野晶子的女性论被誉为"在明治以来历史上最为璀璨辉煌

---

① "黄金之钉"出自与谢野晶子的第十八歌集《草之梦》（大正十一年），原歌为「劫初より作りいとなむ殿堂にわれも黄金の钉一つ打つ」（在人类从遥远过去建造起的艺术殿堂中，我也想打造一枚小小的黄金之钉。）

的杰作"①，她的主张不再停留于对男性一味地指责和攻击，而是将女性问题提高到社会和国家的层面上进行探讨。如何提高女性地位和提升女性的意识，与"女权"的获得相关联，她认为女性问题的解决最终需要女性自身进行自我锻炼和自我教育。在晶子的女性"自立论"中不难看到明治启蒙思想以来"一己之独立，一国之独立"②的思想，晶子从启蒙思想走出，迈向女性的自我发展，进而追求男女的共同发展，最终实现男女共生的社会。此后青鞜女性也正是在女性谋求独立思想、自立生存的延长线上继续奋斗，她们也如同之前的女性先驱一样，在时代的风浪和挫折中不断践行自己的思想，使女性问题真正成为被人们普遍关注的社会问题，青鞜运动在大正民主运动中形成一朵对社会具有一定冲击力的浪花。

三 西方思想的传入对女性观的影响

平塚雷鸟在《自传》中说到《青鞜》创刊的 1911 年（明治四十四年）前后，在日本思想界，欧洲近代思想大量涌入，这一时期被认为是一个翻译的时代、模仿的时代。

明治初年，在"文明开化"的风潮中，涌入一股西洋文化的洪流，思想文化界呈现出十分活跃的景象，不仅翻译出版了许多西方思想文化著作，而且许多宣传西方文明的社会活动家和启蒙思想家也撰写出版了大量介绍英国功利主义、法国天赋人权观念等自由民主思想以及西方国家政治制度、经济组织、法律知识的书籍。在这一时期，外来文化的传入对传统思想观念的变化所起的作用非同小可。

在这一背景下，西方国家有关妇女解放与女子教育方面的文献也被译介到了日本。关于妇女解放论的翻译文献，有 1877 年（明治十年）政治家尾崎行雄（1858—1954）摘译的斯宾塞（Herbert Spencer）的《权理提纲》（*Social Statics*）。此译著由"天"与"地"两卷组成，"天"卷中收录了原著第 16 章 *The Rights of Women*，以"女子之权理"为题，另一译名为"男女同权论"。"地"卷于第二年出版。

1878 年（明治十一年），铃木义宗（1849—?）将阿莫斯（Amos）的

---

① [日] 中川八洋：《向与谢野晶子学习——成为幸福女性与拒绝社会性别》，图表社 2005 年版，第 82 页。

② [日] 福泽谕吉：《劝学篇》，旺文社 1967 年版，第 37 页。

Difference of Sex 翻译为《妇女法律论》出版；深间内基（1847—1901）将穆勒的 *The Subjection of Women* 前半部分翻译为《男女同权论》出版。

1881 年（明治十四年），翻译家井上勤（1850—1928）又将斯宾塞的 *Social Statics* 第 16 章翻译出版，题为《女权真论》；地理学家、翻译家松岛刚（1854—1930）则将此书全译出版，书名为《社会平权论》；明治初期出版政治评论杂志《草莽杂志》的自主社社长栗原亮一（1855—1911）在这一年编译出版了《泰西名家政治论纂》，其中录有英国妇女参政权运动的著名斗士福赛特（Millicent Fawcett）的文章《论妇女参政权》。

以上是这一时期翻译出版的有关女权论的主要西方文献，这些文献在社会上造成很大影响。如斯宾塞的《社会平权论》非常受欢迎，据说该书未及出版，民权论者已涌向书肆，订购者甚多，土佐的立志社①汇集了数十、数百份订购电报，连装订都跟不上。译者松岛刚说，"约好的稿费为 25 日圆，最后涨到了 2500 日圆"。② 可见此书之畅销。

尾崎行雄摘译而成的《权理提纲》的"女子之权理"一章中说："既言万人同权，虽为女子妇人在此之内自不待言，且女子亦有识别善恶是非之心智，故同权之论无男女之别，勿需说适应与否，明也。"他将当时的见解分为三类，"女子全无权理为一，虽有之不与男子同为二，谓男女同权为三"。③ 最后得出结论说："谁言女子之权理不如男子之权理，余辈不能见其所以也。第一论不足取，第二论亦如此。余辈不得已只能认可第三论，即男女同权论。"④

此译著还论证男女能力没有优劣之分，说："女子之智力决非劣于男子也。唯研磨与否之差而已。若身为女子，得与男子同一地位，使其得研磨智力之便，岂能出于男子之下？"即便在能力上男女之间存在优劣，也不能对男女同权的理论造成任何障碍。因为，"第一，权理依从男女两性

---

① 立志社——1874 年以板垣退助为中心在土佐结成的政治团体，在自由民权运动中起到中心领导作用。

② ［日］外崎光广：《明治前期妇女解放论史》，高知市立市民图书馆，1963 年，第 19 页。

③ 转引自［日］外崎光广《明治前期妇女解放论史》，高知市立市民图书馆，1963 年，第 20 页。

④ 同上。

智力之差而定量，一者为多一者为少时，则男子与男子间之权理亦必须依同规而定。第二，女子之身以其智力有出于男子之上者，此等女子较男子必须有多量之权理。第三，分与男女定量之权理外，如何量人智又可极量权理之标准乎？此到底吾人之不能为所也"。① 至此，以男女间能力上的优劣为根据的不同权论才被打破。

尾崎行雄最早翻译出版《权理提纲》，译文平易，以自然法的思想为基础宣传自由、平等理念，被当时的妇女解放论者频繁引用。明治初期对西方妇女解放思想文论的翻译出版，至少在知识界改变和更新了日本前近代儒教思想一统天下，将男尊女卑视为天理的旧观念，新的女性观在西方思想观念的影响下呈现出来。

由以上对西方文献的翻译介绍可以看到，明治初期以"权理"一词来表述西方"Right"一词的概念。这一时期在西方文献译著的影响下，人们对平等权利的要求明确而强烈，在女权方面的要求则主要体现为男女同权、智力教育的平等以及妇女参政权的要求。

正如对西方近代文明的摄取是日本近代化过程中不可或缺的重要内容一样，在青鞜女性自我觉醒与自我成长的步履中，也同样留下吸取西方近代思想文化的足迹，平塚雷鸟对瑞典思想家爱伦·凯（Ellen Key）② 思想理论的学习和借鉴，伊藤野枝受到激进的无政府主义革命家埃玛·戈德曼（Emma Goldman）③ 激荡人生感染，等等，这一部分内容显然不能从青鞜女性的整体形象中剥离。平塚雷鸟等人对西方近代思想理论的自觉认识和接受，使我们清楚地看到，青鞜女性通过积极学习和消化，进一步加深对自我的重新认识，她们不仅仅停留在西方理论言说的漫游中，而是把学习到的思想理论结合到自己的实际生活中，她们在获得一种理论的同时，也获得了一种观察和思考问题的社会视角。

---

① 转引自［日］外崎光广《明治前期妇女解放论史》，高知市立市民图书馆，1963年，第21页。

② 爱伦·凯（1849—1926）——瑞典女性思想家，近代妇女运动先驱者。一生为社会改造、妇女地位的提高和保护儿童权利而献身。著有《儿童的世纪》（1900年）、《妇女运动》（1909年）、《恋爱与结婚》（1911年）等。

③ 埃玛·戈德曼（1869—1940）——俄裔美国无政府主义者，她是20世纪早期非常活跃的激进派，不但是女权运动的支持者，也是男女平等的倡导者。

第二节 明治·大正时期的女子教育及职业女性的出现

接受教育、提高自身素质是女性能够获得主体意识觉醒的一个前提条件，女性能够获得就业机会、拥有职业是女性走向经济独立的必要条件。明治·大正时期女子教育事业的发展，培养出具备国家理念与认知能力的"近代女性"；随着产业革命的发展，女性的劳动越来越多地被社会所需要，更多地拥有了社会价值，因而女性走出家庭，投入到就业大军中，日益培养出经济独立意识。从时间段来看，青鞜女性所受的教育，是在欧化风潮退去之后随之而来的国家主义观念和封建遗制的家族制度所要求的良妻贤母主义教育。但是，经过明治初期以来启蒙思想的熏陶和自由民权运动的洗礼，《青鞜》的知识女性在明治末年和大正初期已开始突破家族制度的束缚，她们不满足于仅仅将自己定位于"良妻"与"贤母"的角色，试图追求自身作为生活主体的存在意义，自我解放和独立生存成为女性自身的内在自觉和现实要求。

一 明治·大正时期的女子教育

明治初期，明治政府在建立近代国家的过程中清醒地认识到教育的重要性，因而教育也成为一项重要事业，1871年（明治四年）政府设置了负责教育行政的文部省。在培养人才的整体教育构想中，也在探索如何摆正女子教育的位置。

日本近代女子教育主要通过三种路径发展起来：公立（官立）、私立和教会学校。从时间顺序上说，教会学校是最早创立的一批近代女子教育机构，也是为日本近代女子教育作出很大贡献的一支力量。1873年（明治六年）2月，明治政府撤销基督教传教禁令。[1] 教会在传播教义、增加教徒的同时，对明治时期日本教育、医疗救济事业特别是女子教育的发展

---

[1] 据说基督教在日本的传播最早由耶稣会教士西班牙人弗朗西斯·沙忽略始于1549年，50年之间信徒发展至45万人。基督教徒的大量增加对佛教净土真宗、一向宗的发展形成阻碍，引起佛教徒的起义。另外，成为信徒的大名领主也在增加，对政权统治也产生威胁，因此丰臣秀吉和德川家康都对基督教抱有强烈的戒心。1614年，德川幕府下令在全国禁止基督教，同时也禁止基督教书籍的传入，直至1873年明治政府解除基督教禁令，基督教才得以重新在日本公开传布。

起到重要推动作用。在女子教育方面,传教士们起初以家塾的形式办教育,之后创建教会学校。1870年(明治三年)创设的菲利斯和英女学校、1871年(明治四年)创办的共立女学校、1874年(明治七年)创办的青山学院等,都是知名的教会学校。一批借助教会与传教士的力量,以日本人为主创人建立起来以及日本基督教信仰者独立创办的一批学校,前者如泽山保罗在大阪创设的梅花女学校、新岛襄(1843—1890)于京都创立的同志社,后者1876年(明治九年)开设的樱井女学校、由木村熊二(1845—1927)为第一任校长的明治女学校。明治女学校以培养新女性为目标,确立独立的教育方针。从这所学校毕业的杰出人物有教育家兼社会活动家羽仁元子(MOTOKO)①、相马黑光②、清水紫琴等。至1877年(明治十年),已建立14所教会女学校。③ 明治十年至二十年以后,教会女学校进一步增多,如立教女学院(1878年)、东洋英和女学校(1884年)、普连土女学校(1887年)、香兰女学校(1887年)都是这一时期建立的,以上教会女学校均属于新教派系的学校。天主教派系的女学校则稍晚出现,较有影响者有:女子法英学校(1889年,现为白百合学园)、横滨红兰女学院(1900年,后为横滨双叶学园)、双叶高等女学校(1909年)、圣心女学校(1908年,现为圣心女子大学)等。教会女学校不仅教授外语,还承担着传播欧美文化的使命,对于"确立女性人格的近代精神"④ 大有帮助。

参加到《青鞜》中的女性,接受过教会学校教育的有神近市子(活水女学校)、濑沼夏叶(尼古拉女子教会学校)等人,她们在《青鞜》中的活动,不仅在思想方面有着更多的近代气息,而且也翻译了一些西方著作、文献。教会学校在日本近代女子教育领域所起到的先驱作用已是公认的事实。

私立女校也承担了近代女子教育的任务。近代私立女校相当一部分是

---

① 羽仁元子(1873—1957)——教育家。作为日本最早的女性记者就职于《报知新闻》,后与丈夫羽仁吉一共同创办杂志《妇女之友》。1921年(大正十年),创建自由学园,有意识地实施规避文部省令的女子教育。

② 相马黑光(1876—1959)——散文家。毕业于明治女学校,与丈夫相马爱藏共同创建新宿中村屋,援助众多的艺术家。

③ [日]村上信彦:《明治女性史》(上卷),理论社1970年版,第333页。

④ [日]平塚益德:《以人物为中心的女子教育史》,帝国地方行政学会1964年版,第18页。

在江户时代民间私塾（寺子屋①）教育基础上发展起来的，私塾在江户中期以后至幕末期间在民间得到普及，女童进入私塾学习也成为普遍现象。明治维新以后，许多私塾直接由政府接管，有的改编为公立小学校，有的发展成女校，如1875年（明治八年）开设的迹见女学校便是在原先私塾的基础上创建的，至今仍在为女子教育发挥作用。

明治以后，公立女学校迅速发展。1872年（明治五年）8月20日，明治政府颁布了将全日本划分为众多学区的《学制》，提倡全民皆学，以期达到"邑无不学之户，家无不学之人"。在学制上，小学分为下等小学和上等小学，各为4年，中学也分为下等中学和上等中学，各为3年。并明确提出"人世之道无男女之差，男子已有学，女子不可无学"，②强调女子必须接受与男子相同的教育，其"国民皆学"的立场基于男女平等观，体现出早期女子教育观念的进步性。由此开始在全国设立小学校，不论男女皆施以义务教育。最早的公立女学校有文部省于1872年（明治五年）开设的东京女学校；开拓使厅也于1872年设立开拓女学校（1876年停办）。1910年（明治四十三年）女学校已达193所，《青鞜》创刊的1911年（明治四十四年）有250所，1912年（明治四十五年）为299所，1913年（大正二年）增加到330所，呈快速上升趋势。

然而，《学制》在实施之际，形式上贯彻男女平等的精神，而实际上据统计，1882年（明治十五年）全国小学校入学人数为3004037人（占学龄儿童的50.7%），其中女子小学生为92000多人，仅占全体小学生数的3%。③说明在《学制》普及过程中，女子教育进步缓慢。究其原因有三：第一，社会对待女子教育认识不足，认为女子没有必要受教育；第二，在一般农户和工商业者家庭里，女子必须从事家务和帮助打理家业；第三，不少人认为对女子来说，在家庭里从祖母、母亲那里学到的烹饪、裁剪、礼仪礼貌等比起在学校里获得的学问更为重要。④在家庭生活压力

---

① 江户时期传授读写算等初级教育的民间私塾，在"寺子屋"接受教育的学生称作"寺子"。

② ［日］三井为友编辑、解说：《日本妇女问题资料集成》第四卷·教育，家庭出版1976年版，第144页。

③ ［日］玉城肇：《日本教育发达史》，三一书房1956年版，第26页。

④ 参见［日］布川清司《近代日本女性伦理思想的脉流》，大月书店2000年版，第105页。

和旧观念的影响下，女子教育的推进存在各种各样的阻力。但尽管如此，经过政府与民间的努力，女子的小学就学率至日俄战争期间已高达90%，与男子入学率已相差无几。①

当时小学阶段无论男女皆施与义务教育，但在实际上，无论学童就学率还是更高阶段的教育都体现出明显的男女差距。如1873年（明治六年），男女学龄儿童的就学率分别是39.9%和15.1%；1879年（明治十二年）分别为58.2%和22.6%，② 当男童入学率已接近六成时，女童入学率还不及三成，其间的差距是显而易见的。在中等教育阶段，公立与私立的男子中学在1877年（明治十年）已有389所，而女子中学包括外国语学校在内，1878年（明治十一年）仅有15所。③ 这种极端的差距，反映出国家的教育观，即女性有必要掌握读、写、算、裁缝知识与技能，但没有必要接受更高阶段的教育，因为知识的积累容易带来女性的觉悟。

1899（明治三十二）年，政府颁布了最早的有关女子教育的法令——《高等女学校令》（高等女学校相当于现在的初中），设立中学程度的女子教育机构成为各府县的义务。这项法令决定了官方女子教育走向，即认定女子中学成为与男子中学同等的正规学校。在女子教育目的的表述中常见的词句是"使其养成良妻贤母之素养"，可见"良妻贤母"才是国家所期待的女性形象。为了将女子培养成"良妻贤母"，在中学阶段对女学生实施了有别于男学生的教育。首先，普通中学是五年学制，而女子学校为四年；学习的课程也有很大差异，与男子中学相同的课程只有历史、地理、图画、体操。普通中学课程中的国语及汉文、博物、物理等，在女子学校中简化为国语和理科，中学每周有7课时的外语必修课，在女子学校里每周只有3课时的外语选修课，而家务、裁缝、音乐课程只在女子学校设置。修身课在中学为每周1课时，女子中学却是每周2课时。这表明在女子教育方针中，女德教育更加优先于知识能力的培养。所谓德育一言以蔽之，就是培养"良妻贤母"。《高等女学校令》的颁布，标志着培养"良妻贤母"已是国家公认的女子教育理念。

公立中等教育机构分为高等女学校和师范学校。最早的公立高等女学

---

① 综合女性史研究会：《日本女性的历史文化与思想》，角川书店1993年版，第198页。
② 日本文部省：《学制百年史》，帝国地方行政学会1972年版，第195页。
③ 同上书，第217页。

校是1882年（明治十五年）成立的东京女子师范学校附属高等女学校，1875年（明治八年）建有女子师范学校（后发展为御茶水女子大学），之后有1888年（明治二十一年）建立的东京府立第一高等女学校，至1903年（明治三十六年），公立高等女学校在全国纷纷建立。公立高等女学校以培养"良妻贤母"为教育目标，贯彻国家的女子教育理念，而师范学校则以培养小学教员为方针。尽管高等女学校的教育目标是培养良妻贤母，但在事实上也扩大了女性的学习机会，而且高等女学校的教育也成为女性从事更多领域职业活动的有利条件。

由于《高等女学校令》的颁布，使得女学生的人数迅速增加。在平塚明（雷鸟）出生的1886年（明治十九年），全国只有7所女子学校，女学生人数只有898人。[1] 甲午战争后，人们进一步认识到女子教育的重要性，高等女学校在1894年（明治二十七年）只有14所，1900年（明治三十三年）有52所，学生11984人；1903年有100所，学生31918人；到明治末年的1910年高等女学校发展到193所，学生数增至56239人，实现了飞跃性发展。[2]

在女学生人数开始上升之际，也出现了女子专门学校和女子大学。1900年（明治三十三年），津田梅子[3]开办女子英学塾（后为津田塾大学），吉冈弥生[4]创建东京女医学校，横井玉子[5]创建女子美术学校。1901年（明治三十四年），成濑仁藏（1858—1919）创立日本女子大学校（后为日本女子大学），尽管该校仍标榜良妻贤母主义，但首先以"将女性作为人和作为国民进行教育"为前提，提出了全新的女子教育理念。但必须指出，当时能够进入"女子大学"者屈指可数。

---

[1] ［日］堀场清子：《青鞜时代》，岩波书店1988年版，第13页。

[2] 日本文部省：《学制百年史》，帝国地方行政学会1972年版，第363页。

[3] 津田梅子（1864—1929）——教育家。1871年作为日本最早的女子留学生随岩仓使节团渡美，回国后先后任华族女校、女子高等师范学校教授，创立女子英学塾，终身致力于专业的女子教育。

[4] 吉冈弥生（1871—1959）——日本女医界的领先人物。创立东京女医学校、至诚医院，为东京女子医科大学首席校长。

[5] 横井玉子（1855—1903）——明治时期教育家。生于熊本，从1885年起先后在筑地的海岸女学校、新荣女学校担任教员和事务管理员，教授礼仪、裁剪等课程。1889年，新荣女学校与樱井女学校合并成为女子学院，玉子继续担任礼仪、裁剪、西洋画、烹饪等课程。1900年8月创立女子美术学校，为近代女子教育作出了贡献。

据说当年平塚明（子）由于读了成濑仁藏的著作《女子教育》（1896年2月），受到成濑女子教育思想影响，于是力争进入日本女子大学校就读。① 成濑的女子教育思想，即首先"将女子作为'人'进行教育"，其次是"将女子作为'女性'进行教育"，再次是"将女子作为'国民'进行教育"（单引号为笔者所加），而且这三个基本方针建立在男女平等的思想基础上，成濑强调其先后次序不可更换。日后平塚雷鸟创办和主持《青鞜》，支撑《青鞜》初期阶段的主要是从日本女子大学校毕业的同窗好友，据说可以确定的人数有30人。② 在《青鞜》最初的五名发起人中，4人都是日本女子大学校的毕业生，其他人至少也都受过女子高小程度以上的教育。从这里也可窥见聚集于《青鞜》的接受过近代教育的女性所拥有的知识水平和认知能力。这一点是《青鞜》依靠女性自身力量得以成立、发展，并能在众多女性杂志中独树一帜，保持刊物鲜明个性的非常重要的因素，在我们认识《青鞜》的过程中不可忽视。

在大正时期，女子学校的教育再次遇到较大逆转，即良妻贤母主义思想③被提升到"国家"层面上，女子必须领会《教育敕语》的宗旨，强化"国家"观念，为此，必须对女子施以符合家族制度的、培养"良妻贤母"的教育。

明治·大正时期的女子教育，良妻贤母主义思想占据着主导地位，甚至可以说，日本近代女子教育理念始终贯穿的就是"良妻"、"贤母"的教育观。但是，这一思想观念也随着欧化风潮的起落和国粹主义思想的复活而有所变迁，作为一种体制思想，其思想内容随着社会状况的变化而变化，其词语的内涵也在随着国家形势的需要而演变。大体上，前期为家族主义良妻贤母论，后期为国家主义良妻贤母论。

---

① ［日］平塚雷鸟：《女性原本是太阳》，大月书店1971年版，第132页。
② ［日］堀场清子：《青鞜时代》，岩波书店1988年版，第20页。
③ 小山静子《良妻贤母之规范》（劲草书房1991年版）一书的序言中，对"良妻贤母思想"和"良妻贤母主义思想"的用词、意义进行了辨析。即，良妻贤母思想分为日本式与欧美式，或儒教型与市民型。日本式或儒教型的良妻贤母思想，被认为是战前日本的占有绝对优势的女性观。良妻贤母主义思想则被限定使用于天皇制国家的女子教育规范上（第1页）。而小山认为，良妻贤母思想与近代国民国家的形成以及"近代家族"的确立完成不可分割，不是将其作为战前日本特殊的女性规范，而是作为"近代"思想来把握，它与战后的日本社会和欧美的近代国家中所期待的女性形象有着共同点和连贯性，这样才能达到对良妻贤母思想拥有最丰富的理解（第7页）。

家族主义良妻贤母论的女子教育目的在于使女子学习掌握将来成为妻子、母亲时有用的知识和技能，这样的女子教育，更多的是为了丈夫、为了孩子而接受教育。这一教育的结果是，由于强调"良妻"与"贤母"的培养，使教育的效果只限于狭小的家庭范围，统治者因此担心这样会忽视女性对于国家应该发挥的作用。在甲午战争、日俄战争中，日本的政治家们认识到女性对于国家所具有的重要性，由此而主张以往限于家庭内的良妻贤母主义教育不够充分，而必须是国家体制内的良妻贤母主义。

国家主义良妻贤母论的教育在于使女子教育为国家发挥作用，将女子教育看作基本国策。这一观念在甲午战争、日俄战争后更加得到强化。如最早创立日本私立女子学校（三轮田女学校，现为三轮田学园）的教育家三轮田真佐子（1843—1927）说，日本的女子"不可不接受国家主义教育，……我国四周悉海，我们的将来卓立于此，不可不使威德照耀宇内。因而，不可不给女子传授适于未来海国、军国儿童之母亲的思想"[①]。1914年（大正三年），当时任学习院女学部教师的马上孝太郎（1873—1945）也说："应该加强女子的日本国民观念，即要使她们拥有我们是日本的女子这一觉悟。……我相信，作为生养下一代国民的女子之第一觉悟即在于此。"[②]

通过上述可以看出，从明治到大正，女子教育方针始终不离"良妻贤母"主义，但是，不可忽视其间从家族主义向国家主义的转变，从为了"家"到为了"国"的变化中，尽管女性作为国民一员受到认可，但女性仍被当作手段纳入近代国家框架中，而女性个人的生存幸福与社会价值没有在公共领域受到关注和认可。然而，经过明治初期以来的启蒙思想和自由民权运动的影响，受过教育的女性开始形成自我意识，要求摆脱长期以来在家族制度下的从属地位，追求个人幸福和自由独立成为觉醒了的女性的内在需求并日益增长。这一内在的解放要求与所谓的家族利益、国家利益之间存在着明显的矛盾与冲突。当矛盾与冲突激化呈现于社会表面时，便为"新女性"的诞生创造了条件。

有人指出，近代女子教育无论是家政教育还是教养课程，非但不彻底，还培养了女子强烈的虚荣心和狂妄。其实问题也可以从另一角度理

---

① ［日］三轮田真佐子：《女子教育要言》，载三井为友编辑、解说《日本妇女问题资料集成　第四卷·教育》，家庭出版1976年版，第306页。

② ［日］马上孝太郎：《少女之教育》，载三井为友编辑、解说《日本妇女问题资料集成　第四卷·教育》，家庭出版1976年版，第435页。

解，即向来不学无识的女子一旦获得知识，便拥有了自信。女子教育是她们开始走向自觉的基石，如果没有这块基石，"新女性"也难以诞生。

二 "女子职业热之勃兴"

明治维新以后，为了加速国家建设，新政权采取一系列扶植资本主义的措施，在"殖产兴业、富国强兵"政策下，兴起产业革命。经过甲午战争、日俄战争，日本从中获得巨大利益，极大地推动了资本主义发展。

日本的产业革命是从以纺织业为中心的轻工业部门开始的，以1882年大阪纺织公司的兴办成功为契机，在19世纪80年代中期，掀起了一股设立纺织工厂的浪潮。1887年（明治二十年）至1893年（明治二十六年），棉纺设备由8.4万锭增至47.5万锭，增长了5倍多。棉纱产量由121.3万贯增至1066.7万贯，增长了8倍。纱锭从1893年（明治二十六年）的38万枚增加到1903年（明治三十六年）的129万枚，增长了2.5倍，同期棉纱产量增加了近3倍。职工人数也由1886年（明治十九年）的1877人猛增到35151人，扩大了近8倍。除棉纺以外的其他轻工业，诸如缫丝、织物、造纸、陶瓷、玻璃、火柴、饮食和杂货等行业也取得了不同程度的发展。1886年（明治十九年），上述8个行业的工厂数和职工数已分别达到769家和55734人。[①]

纺织工业突飞猛进的发展，使得产业界对女性劳动力的需求也大量增加，尤其是缫丝、织布、纺纱三大部门，女工占总劳力的三分之一强，其他如印刷、火柴、香烟、陶器等工厂也大量使用女工，其原因很简单，就是女工工资低廉，1889年（明治二十二年）纺织女工的工资只及同行业男工的48.1%，1900年（明治三十三年）也不过为62.8%。1894年（明治三十七年），女工在工人总数中所占比例已高达62.7%，1900年（明治三十三年）前后，在纺织行业，女工所占比例高达80%。日本企业还大量雇用童工，尤其是纺织业的女童工。产业革命使很多女性进入产业工人的行列，这是产业革命带给女性的最大变化，以缫丝、纺织为主的女性劳动人口，据说1911年（明治四十四年）约有50万，占工厂劳动者总数的六成半，她们的劳动成为产业革命的一部分。

工业化的发展还催生了新的女性职业，诸如护士、电话接线员等职业

---

① 唐有东：《利润与私有制经济问题》，中国财政经济出版社2004年版，第268、269页。

需求增加，使女性有了走出家庭的机会。女性职业的兴起并非出自女性自身的要求，而是来自国家和社会的需求。随着医学的发达，对病人的看护改变了以往由家人或相识者陪护的习惯，改由具备医学知识和有经验积累的专业人员，甚至需要专家的护理。电话接线员也是由电话这一文明利器的产生而出现的新职业；女教师也同样是在国家需要这一重要条件下产生，这些女性职业的共同特点在于女性社会劳动的价值低廉。

原本在家族制度下的女性劳动几乎都是无偿的，无论劳动强度大小、劳动量多少，其劳动都是为了一家之需，不曾换算为个人价值，尽管家庭副业偶尔也有得到报酬的情况，但这也是以无偿劳动为前提的。在女性劳动不具有社会价值的观念影响下，女性劳动没有得到相应的评价，由此，女性职业在社会上形成之始，便以低廉的工资估价其劳动价值。

1910年（明治四十三年）6月，在《东洋时论》第一卷第2号刊出一篇题为《女子职业热之勃兴》的评论文章，其中说：日本最近几年来一个最显著的现象是兴起了女子就业热，其影响深广，涉及的范围包括家庭、教育、劳动等问题，预计它定会引起一场根本性的社会变革。文章指出，女性就业"几乎达到男性比例的一成"，随着经济发展和女子教育的壮大，女子就业热是无法阻止的。文章得出结论说，女子就业热的兴起使女性已然不再是隐埋在男性身后的附属物，她们与男子同样是活跃于社会表层的一个要素。① 这篇评论认识到"经济发展"和"女子教育的壮大"是女子就业热兴起的原因，就职是女性进入社会、取得自由的基础，即女性获得经济独立的基础。

这篇评论准确地认识到女子就业的兴起对女性获得独立生活、步入社会所具有的现实意义。从这篇评论还可以了解到当时女性的就职情况。除了缫丝、纺织等工厂有大量女工外，其他行业中也有很多"中产阶级以下的女性"，铁道部门2440人，邮政储蓄管理局793人，电话接线员仅东京就有1300多人，全国多达3000人以上，日本银行314人，其他有劝业银行、公司、百货店等部门的职业女性，还有女教师约34000人及护士、助产人员，总计超过了五六万人。② 在此前后，女性的职业问题屡屡被报

---

① 《女子职业热之勃兴》，载丸冈秀子编辑、解说《日本妇女问题资料集成 第八卷·思潮（上）》，家庭出版1976年版，第323页。

② 同上书，第323页。

刊所报道。以"女性"、"职业"、"劳动"为关键词检索"明治的《读卖新闻》"数据库，有关"女性与职业"的报道有193条。20世纪初期，政府部门、国有企业等也积极聘用女性，这从当时的报纸标题可见一斑："邮递省通过考试聘用女职员28人"（《读卖新闻》1900年9月15日）；"东京电话局接线员日夜值班皆为女子，工作条件、诸设备有所改良"（《读卖新闻》1901年5月12日）；"铁道劳动局换用女子为售票员，从新桥车站试用，如果评价良好，将扩大到全线"（《读卖新闻》1903年11月7日）；"女性速记员增加，手的灵巧性和记忆力超过男性"（《读卖新闻》1906年12月23日）。[①] 明治时期女性职业虽然有限，但各种报道表明，其职业类别、领域在不断扩大。

《妇女世界》是创刊于1906年（明治三十九年）的女性月刊，1910年1月号的附录中有专题为"明治妇女多棱镜"的报道，除了报道女学生、淑女小姐、养儿育女的家庭主妇以外，还集中报道了女工、女佣、女医生、女教师、女电话接线员等明治末期活跃于社会的"职业女性"。

但在另一方面，1898年（明治三十一年）明治政府制定并实施的民法，确立了以父权家长制为基础的"家"制度，在此制度下，女性被迫接受良妻贤母主义教育。一般情况下，初中（高等女学校）毕业后，必须接受所谓的"新娘研修"（学家务、插花、茶道等），即婚前培训，以成为一名合格的"好媳妇"。听从父母之命、媒妁之言，嫁人从夫，成为良妻贤母，这就是当时女性被安排的人生道路。即便是接受过专业教育的女子大学生，也并非为了日后让她们从事某种职业而接受教育。在女学生中，作为毕业生受到欢送并不令人羡慕，更加受欢迎的却是因为出嫁而退学离校的人。在这样的时代里，女性要拥有一份职业，能够获得经济上的独立，依靠自己的力量独立生活仍旧相当困难。

从以上情况可以看到，明治末年女性就职的社会氛围，一方面是"女子职业热"的兴起，一方面却是意识层面的落后。在明治时期，人们还是以特殊的眼光来看待女性职业，女性就职是为了贴补家用，出于经济理由而已，与女性的个体意愿、追求男女平等的女性解放并无直接关联。但进入大正时期，时代意识开始转变，女性就职逐渐作为女性生存的一种

---

① 《声援"职业妇女"的明治报纸》，载 http：www.yomiuri.co.jp/yomidas/meiji/meiji32r.htm。

新型方式受到认可，女性职业范围也在不断扩大，过去一些被视为特殊而鲜有女性涉足的职业，也向女性敞开大门。虽说女性就职不等同于女性解放，但是，产业革命给女性生活带来的重大变化就是职业妇女的增加，当时女性所面临的最大课题便是从家族制度的束缚中解放出来，因而妇女就业为此带来了重大契机。女性职业的普及和增加所带来的历史性结果就是弱化了家族制度和家长的权威，从而减弱了对走出家门的女性的束缚力和影响力。

近代女子教育迅速普及，女子就业热方兴未艾，而《青鞜》正是诞生在这样一个时代里。虽说是良妻贤母主义占据主导地位的时代，社会的、职业的壁垒依然坚厚，但接受过近代教育的女性的自我觉醒程度也在不断提高。直到20世纪20年代，在"良妻贤母"的框架内，女性就职终于被认为是对"国家"有益的事情，不过，只有在对家务、育儿不造成妨碍，且这一职业不损害"女人味儿"的前提下，女性就业才得到社会的认可与接受。

三 青鞜女性的就业情况

"青鞜女性"最早的一批成员大部分是平塚雷鸟的同窗校友，毕业于日本女子大学校（当时女子的最高教育学府），以后陆续加入的成员也都出生于都市或乡村中等阶层的家庭，接受过大学或至少中等程度的正规学校教育，因而在不少人眼里青鞜社是一些全然不知生活艰辛的小姐们的聚合。其实，不仅在当时，即使在当今依然有人抱着这种看法。但是，我们通过阅读《青鞜》小说，可以从中看到各种职业的女性人物，如教师、打字员、办事员、画家、医生、护士等，尽管这些人物所涉及的范围有限，但也反映了当时女性所从事的主要职业。[①] 在现实中，青鞜社成员也都努力从事着自己的工作，并非完全体会不到生活的艰辛。

"青鞜女性"不全是东京出身的小姐闺秀，不少人初中（高等女学校）毕业后，或由地方进京就职，或是为了继续求学而进京，毕业后便

---

① 在《青鞜》第一卷、第二卷的小说中，与女性涉足的职业相关的作品有：物集和子《七夕之夜》(1-1)、尾岛菊子《某夜》(1-2)、上田君子《初秋》(1-3)、木内锭子《他人之子》(2-2)、物集和子《阿叶》(2-3)、神崎恒子《打字员》(2-4)、木内锭子《老师》(2-9)、神近市子《一封信》(2-9)、加藤筹子《重子》(2-9)、水野仙子《女医生的故事》(2-9)、加藤绿《冰囊》(2-11)、小林哥津《麻醉剂》。

参加工作。发起人之一的保持研子（1885—1947）从日本女子大学校毕业后，为了能够独立生活，欲在东京寻找工作，她与平塚明的姐姐平塚孝是同级好友，就暂时寄宿在平塚家里。《青鞜》创刊后，她一边在幕后为《青鞜》尽力，一边在茅崎疗养院工作。尾岛菊子（小寺菊子，1879—1956）在父亲去世后，为了母亲和弟妹们的生活，不断地变换着各种职业，从事过的工作有办事员、打字员、杂志记者等，并在这样的生活境遇里，开始创作少女小说；和歌诗人三岛葭子（1886—1927）由于生病中途退学，在小学校做临时教员的同时，向《女子文坛》投稿；从事俄罗斯文学译介的濑沼夏叶（1875—1915），依照母亲的遗言，入读东京的尼古拉女子神学校，毕业后留校任教；加藤绿（高仲菊子，1888—1922）在母亲去世的17岁时带着弟妹进京，在叔父的照应下开了一家杂货店，担起母亲的职责照顾弟妹；神崎恒子（平井恒子，1890—1975）从日本女子大学校毕业后成为三越和服店职员，并担任《三越时报》的编辑工作。

当然，不是只有那些地方出身的女性才不得已去就职、找工作，肩负着生活的重担。所谓东京的"闺秀"们，也不是只知道享清闲的小姐。荒木郁子（1890—1943）身为旅馆老板的女儿，在父亲去世后17岁就担负起经营旅馆的重任，照顾母亲及弟妹的生活；国木田治子（1879—1962）是一位士族的女儿，17岁时父亲去世，成为一家之主。在丈夫国木田独步[①]病逝后，就职于三越百货，并依靠教授花道维持生计，独自抚养三个孩子；《青鞜》发起人之一的中野初子（1886—1983）从日本女子大学校毕业后，从事杂志《小学生》的编辑工作。她认为女人不能自立生活而向男人要钱，那样就会没有任何说话的权利，后来又担任《二六新闻》报社妇女家庭栏目的记者，其间也为《少女之友》投稿，在《青鞜》时期，她还担任护士协会机关刊物的编辑。

由此可见，不能简单地将"青鞜女性"概括为一群"全然不知生活艰辛的小姐们的聚合"，她们不但在生活的艰辛中经受磨炼，往往还要背负着持家的重任。日俄战争后，资本主义经济急速发展，在这种社会状况

---

① 国木田独步（1871—1908）——诗人、小说家。名哲夫，1906年（明治三十九年）的短篇集《命运》得到了世人的高度评价，成为自然主义文学的先驱。作品另有《武藏野》、《牛肉与马铃薯》、《酒中日记》，以及日记《不欺之记》等。

下，一旦家道没落，或是失去了作为经济支柱的父亲，很多人就被逼到了必须自立生活的境地，尤其是作为家里长女的处境更为窘迫。尾岛菊子、加藤绿、西崎花世（生田花世）等人，都承担着养家糊口的生活重担，为此苦苦地奋斗。在以男性长子为继承人的制度下，女性被置于经济上依赖男性生活的地位。但是，当应该继承家业的长子尚且年幼，没有独立生存能力，不能承担一家生活重任时，长女便被推到了一家之主的位置，担负起持家的责任。

资本主义的发展，开拓了女性的职业范围，除了教师、护士、助产士之外，还有电话接线员、事务员、店员、打字员等。伴随着妇女就业机会的增多，进入大正时期以后，"职业妇女"这一词汇也随之诞生。从以上青鞜女性们的经历来看，她们从事着不同的工作，当然也是"职业妇女"。在资本主义发展过程中，她们谋求经济独立，寻找生存之路，或为"家"作出自我牺牲，或依然为"家"所束缚。

四　青鞜女性的职业观

平塚明在女子大学校三年级时曾利用暑假时间，到女子商业学校学习速记，目的是以速记为生存手段，希望毕业后能够作为一个独立的人，尽可能从事自己想做的事情，[①] 即将来她要成为一个自食其力的人。学会速记后，也曾接手过几次速记的工作，并且受到速记老师的青睐，希望她能在速记工作上投入更多的精力。然而，平塚明的志向并不在于速记工作的成就，速记只是一种用来维持自己独立生活的技能而已。后来当她得知速记会影响到翻译工作的耐心，于是速记的兼职工作便不了了之了。

曾经抱着自食其力的愿望，并且亲身实践过速记工作的平塚明，在经历了"盐原事件"后，又是如何认识女性就业与女性解放问题的呢？

1911年，她在《青鞜》创刊号的发刊辞《女性原本是太阳》中有如下表述：

>　　自由解放！关于女性的自由解放的呼声是很久以前就在我们耳边回荡的。可是那又如何？我在想所谓的自由、解放的意思是

[①]　[日] 平塚雷鸟：《女性原本是太阳》，大月书店1971年版，第180页。

不是被严重误解了呢？当然单说女性解放问题，其实其中又包含很多问题。然而，脱离外界的压迫拘束，接受所谓的高等教育，能够广泛就职于各行各业，获得参政权，从家庭这个小天地，从父母丈夫等保护者手中脱离出来过所谓的独立生活，为什么这就叫做我们女性的自由解放呢？自然这些也许能为达到真正的自由解放境界提供境遇与机会。然而到底只是权宜之计，是手段，不是目的，不是理想。①

也就是说，在《青鞜》创刊时期的平塚雷鸟已经不再认为接受高等教育、获得参政权、经济独立是女性获得自由解放的必要条件，她将女性解放的途径放在女性潜在才能的发挥上，放在施展才能的"精神集中力"上，她说：

那么我所祈愿的真正的自由解放又是什么呢？不言而喻，是让那些潜在的天才，伟大的潜在能力十二分地发挥出来。如此必须把那些妨害发展的东西都消除掉。那是外界的压迫么？还是知识的不足呢？不，这些也不是完全没有，然而主要的还是我们自己，天才的所有者，天才所寄身的官殿——我们自己。②

当年的平塚明通过某种职业获得经济独立从而达到妇女解放的观念，转变到日后作为《青鞜》领军人物并走向追求内心的自由解放，有关这一转变的缘由，雷鸟在1914年《青鞜》第四卷第2期上的《关于独立致双亲》一文中有所表述。她说从女子大学校毕业，当时自己觉得如果不选择自我谋生之道就会有所不甘，所以也曾寻找过职业，然而，自己并没有认为仅仅为了生存而工作这本身对于人生有多么大的、根本性的价值，"我害怕为了生存的工作和为了达成自我内在的生活而从事的工作之间的矛盾，因而一直磨磨蹭蹭地赖在父母的家里。但是，无论情愿与否，与《青鞜》发刊的同时，可谓形成了我的社会地位，自此我的思想、主张和

---

① [日]平塚雷鸟：《女性原本是太阳——写于〈青鞜〉发刊之际》，载《青鞜》创刊号，龙溪书舍1980年影印版，第47页。

② 同上书，第49页。

我现今的实际生活之间的矛盾、不相符都让我难以堪受"。① 雷鸟认为，将面向社会公开自己的思想与生活作为"工作"，就不能允许思想与实际生活的背离，因而她选择了离开父母的庇护，与自己相爱的人去过独立的生活。

对平塚雷鸟来说，在寻求女性独立解放的过程中，女性就职归根结底仅是获取生活的手段而已，经济独立必须与思想独立保持一致，女性真正的彻底解放必须有女性自身内在的思想解放作保证。

与平塚雷鸟思想观念形成相互补充的是青鞜社元老级成员岩野清子（1882—1920）的主张。岩野清子原姓远藤，生于东京，年幼丧母，因某种缘由继承了祖母的户籍，成为远藤家的户主，实际上她与父亲两人一起生活。由于父亲的工作不顺利，清子从事过教员、记者、家教等工作以维持生计。对清子来说，生存就是工作，它意味着"女性之独立"。明治三十年代，清子与平民社的女性们一起参与了旨在为取消将女性排除在政治之外的治安警察法第五条②的修改运动，此时，清子已拥有相当明确的"妇女问题"意识。加入青鞜社后，她在《青鞜》第三卷第1期的"附录"上发表《作为人男女是平等的》，在文中她强调男女本质上的平等。同一期号刊出的《思想独立与经济上的独立》（第三卷第3号）一文，也充分体现出清子的思想和行动。她说："我们觉悟到妇女也享有思想的自由与独立，懂得各要去创造自己的人生而生活。"③ 清子与雷鸟同样强调思想与生活的统一与一致，她说："为了实践自己的思想，必须在各方面坚定自己独立自主的立场。……一直以来，妇女由于思想与生活的不一致而不得不遭受来自经济方面的压迫，一旦发生了思想独立受到阻碍的情

---

① ［日］平塚雷鸟：《关于独立致双亲》，载《青鞜》第四卷第2期，龙溪书舍1980年影印版，第105、106页。

② 治安警察法——继1880年（明治十三年）制定的集会条例以来，为了限制市民、劳动者集会、结社等政治活动，于1900年（明治三十三年）制定和颁布的法律，其间某些条款虽有修改或删除，因其阻碍了劳动者的正当权利，于1945年在占领军命令下被废除。其中治安警察法第五条规定妇女和未成年者不得参与和组织政治集会及结社活动，侵害和无视妇女的正当权利，自1907年2月菅野须贺（SUGA）（1881—1911）等社会主义女性向国会提出请愿，要求修改治安警察法第五条以来，不断有女性团体发起请愿运动，直至1922年新妇女协会的请愿才获得成功。

③ ［日］岩野清子：《思想独立与经济上的独立》，载《青鞜》第三卷第3号，龙溪书舍1980年影印版，附录第5页。

况，妇女也没有作为个人独立生活下去的准备，除了依靠男子或父母外别无他法。"① 但是，与雷鸟不同的是，清子更加强调经济上的独立是获得思想独立的必要条件。

> 常言说，"人生并非只依靠面包而活"，但是反过来，我想说"人生并非只靠思想而活"。我认为既然思想就是生活，那么作为妇女，在认可思想独立的同时，也必须具备获取生存所必需的面包的能力，即在经济上独立的能力，也必须树立起坚守思想独立的权威。……所以，我希望妇女们具备自己一个人也能活下去的觉悟，具备能够在经济上获得独立的觉悟。如此才能真正具备作为一个独立的个人的资格，具备作为真正的妇女的资格与权威。②

清子在同一期的"编辑室寄语"中语气更为强烈地问道："如果女人因为被男人养活而抬不起头来，那么，被雇用的人就不能拥有作为个人的权利和主张吗？"她还写道："我们并不因为来自生活方面的压迫而扭曲思想。"

另一位"青鞜女性"的佼佼者上野叶子（1886—1927）的评论文章至今也是备受赞许的。上野叶子生于岐阜县，作过临时教员，她不顾母亲的反对，入读东京女子高等师范学校，毕业后在福井高等女子学校任职。尽管已经与海军军官结婚，但她仍旧继续工作。叶子常常随丈夫工作地点的转换而不断迁居，但她从没有放弃过自己热爱的教育工作，每每就地任教，在讲台上向女学生传授她严肃认真的生活态度。叶子为《青鞜》撰写的文章，逻辑性强、结构严谨。在第二卷第10期刊载的《从进化方面看男女》中写道，虽然现状是"女性职业还没有开放很多"，③ 女性也同样"需要大量的职业，以谋求自营自立的生活之道"，并且主张："总之，希望多一个女人抱有'不成为男人累赘'的决心，如果不时常保持独自谋生的信念，那将仍是'被男人养活'，因此而存有自卑的想法是不应该

---

① ［日］岩野清子：《思想独立与经济上的独立》，载《青鞜》第三卷第3号，龙溪书舍1980年影印版，附录第5—6页。

② 同上书，附录第6—7页。

③ ［日］堀场清子编：《〈青鞜〉女性解放论集》，岩波书店1991年版，第184页。

的。"① "现今正缺乏女性职业，女性的工资低廉。但是，如果全世界的女性，拥有这种决心站立起来，就会赢得相当多的工作。"② 叶子在结婚、生子之后仍旧继续工作，她看到周围很多主妇们由于没有收入而陷入悲哀。

以上仅仅选取了几位"青鞜女性"代表人物针对女性职业发表的言论，展现出她们在艰难生活中的坚定主张——女性之独立，并以极大的勇气开辟自己的生存之路。"青鞜女性"无论个人的境况如何不同，她们手中的笔墨写出的都是她们自己的生活、自己的思想和人生追求，并引导着妇女走向解放。"青鞜女性"的"自立论"正是明治启蒙思想以来"独立"精神的延续和体现，她们从启蒙思想走出，在女性谋求独立思想、自立生存的延长线上，通过就业，迈向女性的自我实现与自我发展。

第三节 新闻出版业的发展和《青鞜》的创刊

明治时期是日本近代报纸杂志的诞生与大发展时期。明治初期整个社会处于动荡之中，人们关注时局变化，各种观点和主张争相传播，于是一批代表不同观点的新闻出版物应运而生，制度的更革维新也为日本近代报刊的产生创造了极为有利的条件。明治政府于1869年（明治二年）制定了日本历史上第一个成文的新闻法规《报纸印行条例》，旨在鼓励兴办报纸。1885年（明治十八年）以后，随着妇女启蒙运动的高涨，面向妇女的杂志相继出现。近代报业的发展和妇女杂志的出现为《青鞜》的创刊准备了客观条件。

一 近代报纸杂志的发展

日本近代报纸杂志是在本土已有的"读卖瓦版"③和欧美近代报纸杂志的影响下产生的。"杂志"两字的意思原先并不专指定期刊物，而是指记载各类杂事的刊物。最早将欧美的"magazine"译作"杂志"来使用

---

① [日]堀场清子编：《〈青鞜〉女性解放论集》，岩波书店1991年版，第186页。
② 同上书，第187页。
③ 江户时期，将社会重要事件印刷在一枚黏土烧制的瓦版上，销售者行走在街头一边读一边卖，起到今日报纸的作用。江户时期用于报道紧急事件，实际上多为木版。

的，据说是柳河春三①的《西洋杂志》（1867年10月—1869年9月）。②早期外国杂志输入最多的是荷兰语杂志，幕末的学者们由此获得来自西欧的新知识。早先翻译的国外杂志有《官版　玉石志林》③。1868年（明治元年）存在的杂志除了《西洋杂志》外，还有《俳家新闻》、《讽家新闻》、《明治月刊》，但在这一阶段报纸与杂志的区别不是很明确，这是近代新闻史上常有的现象。

明治政府成立后，倡导改变社会文化和风俗习惯，也认识到报纸杂志在启蒙智慧方面的重要作用，采取促进报纸杂志出版发行的方针。初期政府发行了几十种评介文明开化的书籍，并且在文明开化方针指导下，出版了大批报纸、杂志。《横滨每日新闻》（1870年）、《东京日日新闻》（1872年）、《邮便报知新闻》、《日新真事志》、《朝野新闻》（1874年）、《读卖新闻》、《朝日新闻》（大阪，1879年）等先后出版发行。这些报刊大量介绍欧美资本主义文明制度，报道时事消息，主张新闻自由，批评政府政策。报刊的出版发行使人们的衣、食、住、风俗、习惯发生了变化，也改变了信息传播环境。明治初期发行的报纸杂志，虽然其内容在今天看来显得稚嫩，但在有关宗教、教育、学术（医学）方面起到了相应的启蒙作用。

另一方面，至1873年（明治六年）左右，时政评论杂志的出现和发展值得关注，当时最具影响力的杂志就是前文提及的《明六杂志》（1874年3月发行）。《明六杂志》虽以启蒙为目的，但同时也是一份政治评论杂志，具体而言，其评论的问题涉及自然科学、社会科学、文学、宗教等各领域，从内容上看，可以说它是综合杂志的先驱。同时期与《明六杂志》旨趣相似的杂志还有《共存杂志》（1875年2月）、《洋洋社谈》（1875年3月）、《同人社杂志》（1876年7月）、翻译杂志《万国丛话》（1875年6月）、《民间杂志》（1874年2月）、《家庭丛谈》（1876年9月）等。这些杂志都富有启蒙性，是站在开明的中立立场的评论杂志，多数撰稿人从学术理论视角引导和培养读者具备批评现实制度的眼光与洞察力。

---

① 柳河春三（1832—1870）——本名西村辰助，最早从事翻译国外报纸的中心人物，组织"会译社"，1867年发行《西洋杂志》、1868年发行《中外新闻》等，为近代报刊文化产生和输入发挥了重要作用。

② ［日］西田长寿：《明治时期的报纸与杂志》，至文堂1961年版，第33页。

③ 由幕府发行之故，冠以"官版"二字。

同时期也出版发行直接以政治批评为目的的杂志，其中较著名的有《评论新闻》（1875 年 3 月）、《湖海新报》（1876 年 3 月）、《草莽杂志》（1876 年 3 月）等。1878 年（明治十一年）后是自由民权运动言论激战时期，促进了政论杂志的创刊发行，1877 年（明治十年）以后的政论杂志也显得颇为活跃，代表性杂志有：《近事评论》（1876 年 6 月）、《广益问答新闻》（1876 年 11 月）、《舆论新志》（1877 年 9 月）、《嘤鸣杂志》（1879 年 10 月）、《爱国志林》（1880 年 3 月）、《东京舆论新志》（1880 年 11 月）、《国友杂志》（1881 年 8 月）等。《爱国志林》（后更名《爱国新志》）由自由民权运动理论家植木枝盛（1857—1892）编辑，爱国社发行，是当时民权家的必读杂志，影响力波及全国。

政论杂志之外，还有以经济评论为主的杂志，比如《东京经济杂志》（1879 年 1 月）、《东海经济新报》（1880 年 8 月）等。《东京经济杂志》由 1877 年（明治十年）创刊的《银行杂志》和 1878 年（明治十一年）11 月创刊的《理财新报》合并而成，一直发行到 1923 年（大正十二年）关东大地震为止。《东海经济新报》由政治家犬养毅（1855—1932）创办，为日本最早主张贸易保护主义的经济杂志，但发行时间很短，至 1882 年（明治十五年）10 月发行到第 76 期停刊。与富国强兵政策相呼应，这一类的经济杂志以及各产业团体出版的会报、各府县出版的劝业杂志、劝业年报等，为助成殖产兴业发挥了积极作用。

《七一杂志》（后为《福音新报》）和《六合杂志》（1877 年 10 月）是与宗教有关的杂志。这两种杂志由于对社会主义的推介和甲午战争以后对日本社会主义运动的影响而为人所知。

早期与文学相关的杂志以通俗小说[①]为主，是承接先前文艺传统并向新时期文艺发展的一种过渡，这些过渡性杂志有《绘新闻日本地》（1874 年 6 月）、《团团珍闻》（1877 年）、《鲁义珍报》（1878 年 11 月）、《同乐丛谈》（1879 年 12 月）等等。这些杂志在坪内逍遥[②]等人发起的文学改

---

① 江户时期的通俗小说称为"戏作"，江户中期以后主要在江户发展起来的一种俗文学，尤其是小说类作品。

② 坪内逍遥（1859—1935）——小说家、剧作家和评论家，早稻田大学教授。1885 年（明治十八年）发表文学论《小说神髓》及其文学理论的实践作品《当世书生气质》，成为文学改良运动的中心人物。1891 年，创刊《早稻田文学》，其后致力于戏剧界和剧作文学改良，研究、翻译莎士比亚的文学，并且从事舞剧创作。

良运动之前已经销声匿迹。接着通俗小说之后出现的是戏剧方面的杂志，1878 年（明治十一年）有《剧场新报》、《剧场珍报》（大阪）、《市霸威新闻》三种。1879 年，《歌舞伎新报》创刊，此刊一直保持着较强的生命力，发行二十多年，即使在明治二十年代的戏剧改良运动中也没有停刊，是戏剧杂志中仅存的硕果。

随着自由民权运动的兴起，以爱国社①为代表，在全国各地纷纷出现从事政治运动、研究社会思想的社团，如嘤鸣社、东洋议政会、山形县的特振会、熊本的相爱社、福冈的共爱会等，不计其数。这些社团为了宣传自己的主张展开政谈集会活动，并出版发行各自的机关刊物，如嘤鸣社有《嘤鸣杂志》，立志社有《土阳杂志》等。这样，政治社团与政论报纸杂志极为密切地结合起来，使这一具有政党机关刊物性质的刊物得以兴盛。在新闻史上，自 1881 年（明治十四年）10 月前后至 1885 年（明治十八年）春这段时间被称作"政党机关报刊时期"。

1885 年（明治十八年）以后，日本资本主义完成了原始积累过程，保证了确立和巩固资本主义制度的前提条件，为各个领域带来了新局面，报纸和杂志也同样呈现出新的姿态。单看综合杂志的情况，德富苏峰②的《国民之友》（1887 年 2 月—1897 年 8 月）、由政教社③同人创办的《日本人》（1888 年 4 月 3 日创刊），是明治二十年代综合杂志的代表。《国民之友》以自由主义立场评论政治、经济问题，对社会问题、劳动问题也发表进步观点，并积极介绍欧美社会主义思想和运动，在文学、史学方面也为新领域的开拓作出了很大贡献。《日本人》强调保存日本传统固有的真、善、美，否定一味无批判地模仿外国文化，主张以四民平等为基础的国家主义。其他综合杂志还有《日本大家论集》（1887 年）、《日本之时事》（1888 年）、《庚寅杂志》（1890 年）等。

---

① 爱国社——1875 年（明治八年）以立志社为中心，集结全国各地的自由民权社团，在日本成立的最早的全国性政党组织，不久解体，于 1878 年重建，1880 年以此为主体成立了国会促成同盟。

② 德富苏峰（1863—1957）——记者、作家，原名猪一郎。1887 年（明治二十年）成立民友社，发行《国民之友》、《国民新闻》，提倡平民主义。甲午战争以后，成为帝国主义的鼓吹者。著作有《吉田松阴》、《近世日本国民史》等。

③ 政教社——国粹主义者的思想团体。1888 年（明治二十一年）由杉浦重刚、三宅雪岭、志贺重昂、井上圆了等同人组建，创刊杂志《日本人》（后改为《日本及日本人》）。

二 《青鞜》前后的妇女杂志

从 1885 年（明治十八年）、1886 年（明治十九年）期间开始，与妇女启蒙运动高涨相呼应，各种面向妇女的杂志相继出现，其中既有社团组织或学校的机关刊物，也有营利性杂志。《女学新志》创刊于 1884 年 6 月，是日本最早为女性服务的杂志，第二年 7 月由《女学新志》分离出《女学杂志》，后者成为最有名的女性杂志。《女学杂志》的办刊目标在于以基督教立场提高女性教养、改善其社会地位。其版面的文学色彩逐渐强化，至 1893 年（明治二十六年）后，尽管先前的风采尽失，但作为女性杂志并未过时，一直发行至 1904 年（明治三十七年）2 月。《以良都女》（1887—1891 年）以宣讲妇女职分、美德为目的，主张良妻贤母主义，较之于对妇女的启蒙作用而言，这份杂志在文学界发挥的作用更大。《日本女学》（1887 年）是面向年轻女性的素质教养杂志，《贵女之友》（1887 年）则面向主妇。此外，《妇女卫生杂志》是大日本妇女卫生会的机关杂志，《妇女教会杂志》（1888 年）是出自佛教立场的启蒙杂志，《妇女教育杂志》则宣传儒教主义女性观。在此期间创刊的女性杂志还有《女新闻》、《日本新妇人》（1888 年）、《文明之母》（1888 年）、《女权》（1891 年）、《女鉴》（1891 年）等。1892 年（明治二十五年），德富苏峰又创刊《家庭杂志》。

这一时期的女性杂志，对促进妇女的觉醒和自觉发挥了作用，但是，多数为面向贵族和中产阶级进行良妻贤母主义的说教，提倡以夫唱妇随的形式为国家主义服务。

通过以上对日本近代报纸杂志和女性杂志发展的论述，可以看到，至《青鞜》以前的所谓女性杂志，主要是以女性读者为对象，或是对女性进行启蒙教育，或是以商业营利为目的，而且创刊人或经营者皆为男性。而《青鞜》的创刊，在近代史上最先以清一色女性为全部阵容出场，因而，它既在新闻报刊史上，也在女性史上留下了一项特殊的记录。

中日甲午战争在日本资本主义发展史上有着十分重要的作用。战后日本从中国榨取的大量赔款，不仅大大改变了日本的财政状况，而且进一步促进了资本主义工业的发展。经过 1905 年日俄战争之后，日本经济也全面走向资本主义垄断大生产时期，大资产阶级经济势力的迅速膨胀和战后日本经济的大发展，无疑为明治末年和大正初期新闻出版业的繁荣奠定了坚实的物质基础。《青鞜》的诞生不仅有早先杂志报业的发展基础，而且在日俄战争后资本主义经济大发展的条件下，已然具备了物质基础的保障。

20世纪初期，日本明治后期到大正前期是近代新闻出版业的确立时期，杂志的出版向大量生产的时代过渡，即新闻出版走向企业化。这一时期种类繁多的出版物大量问世，女性杂志的种类也很多，按照创刊的时间顺序排列，主要有如下刊物：1901年（明治三十四年）《女学世界》、《女性》；1902年（明治三十五年）《妇女界》；1903年（明治三十六年）《家庭之友》（后为《妇女之友》，1908年）；1905年（明治三十八年）《女子文坛》；1906年（明治三十九年）《妇女世界》、《妇女杂志》、《女子文艺》；1907年（明治四十年）《妇女之花》、《妇女俱乐部》、《世界妇女》；1910年（明治四十三年）《妇女画报》，等等。这些杂志的内容，一是传达都市家庭主妇的生活技能及情报信息，这一点也成为当今多数妇女杂志的原型；再就是与文学兴趣相结合的内容，《女学世界》、《女子文坛》的文稿来自全国各地的年轻女性。以平塚雷鸟为首的青鞜社一群知识女性，也同样阅读这一类妇女杂志。除此之外，还有《六合杂志》(1877年)、《太阳》(1895年)、《妇女问题》，等等。

《青鞜》创刊于1911年（明治四十四年）9月，其创刊前后，女性杂志的出版发行已具备了成熟的物质条件和社会环境。《青鞜》在这样的时代环境中诞生，一方面是女性自身自觉成长的反映，另一方面也是时代发展的趋势和需要。大量女性杂志的创刊发行已经表明这一时代的趋势与需要，《青鞜》自然不能隔绝于同时代的一批妇女杂志。《青鞜》的特殊性在于它的编辑出版性质不同于其他商业运作的妇女杂志，它在以往面向女性、主要以妇女为读者对象的出版物的发展基础上提出"只依靠女性、只为女性服务"的方针。当时，雷鸟的诸篇论文，以及其他同人在各期刊载的评论、随想、创作、诗歌等，表现出新时代女性旺盛的精神状态。

以下简要介绍《青鞜》前后出现的妇女杂志。

河井醉茗（1874—1965）编辑的《女子文坛》创刊于日俄战争时的1905年（明治三十八年）1月。这份刊物以低价位获取读者，投稿者来自全国各地，志愿投稿者都是订阅者，所以杂志的经营格外轻松，一直持续发行到1913年（大正二年）8月。在这份刊物上活跃而后继续从事文笔活动的知名女性投稿人有若山喜志子、今井邦子、西崎花世（生田花世）、三岛茂子、渡濑淳子等，其中也有不少人加入了青鞜社。

《妇女世界》创刊于1906年，这份杂志最早由大众小说作家村井弦斋（1864—1927）编辑，此刊面向家庭提供实用信息并具有对妇女进行启蒙的进步性，执笔者群体中有与谢野晶子、德田秋声（1871—1943）等一流作家。该刊当时广受欢迎，最高发行量超过30万册。

从明治末期到大正时期，诸多女性杂志接二连三创刊，大多依存于资本主义企业。《妇女之友》创刊于1908年（明治四十一年），由教育家羽仁吉一（1880—1955）、羽仁元子（MOTOKO，1873—1957）夫妇创建的妇女之友社出版，该杂志的编辑权直接由元子掌管。因此有人认为，《妇女之友》更像是元子主张的宣传品而不是商品。《妇女之友》即便是报道家庭信息的内容都具有明显的个人气息，这是此刊与一般女性杂志稍显不同之处，并且带有基督教精神与自由主义的特色，赢得了一批忠实读者。

《妇女界》创刊于1910年（明治四十三年），与《主妇之友》、《女性俱乐部》同为同文馆经营发行，其发行量曾达几十万册。当时担任编辑的都河龙（1879—？）接手与此刊相关的所有业务，到1913年（大正二年）刊物完全成为个人经营的杂志。都河龙以他非同一般的编辑能力和坚实可靠的经营方针，很快在女性杂志阵营里唱响一隅。《妇女界》的特色就是重点编辑文艺内容，其读者对象多为接受过女校教育的中产阶级未婚女性。到1913年（大正二年）《妇女界》一度创下发行量达40万册的业绩。

《新妇女》于1911年（明治四十四年）由至诚堂出版，第二年转由博文馆以《淑女画报》为刊名继续出版。这份杂志连续发行十多年，1923年（大正十二年）9月由于关东大地震的影响而最终停刊。

《中央公论》在1913年（大正二年）7月发行临时增刊"女性问题号"特集，对个人主义的女性自觉和解放问题进行广泛的议论和考察。策划这一特集计划的岛中雄作（1887—1949）体察到时代动向，于1916年（大正五年）1月从《中央公论》独立，创办了《妇人公论》。这份杂志大体上以未婚知识女性为读者对象，虽然没有达到其后出版的《主妇之友》或《妇女俱乐部》的普及程度，但在知识水准方面明显超出其他女性杂志。

1914年（大正三年）由石川武美（1887—1961）创刊《主妇之友》，作为主编兼社长，石川以其独特的编辑政策和经营方针，很快获得成功，读者数量稳步增加，夺得女性杂志界的王座。《主妇之友》着眼于家庭，刊载实用信息，所有内容均以小学毕业程度的女性为标准，读者层是教育程度最低的女性。从昭和初年起，《主妇之友》与讲谈社的《妇女俱乐部》一起平分秋色，在第二次世界大战期间，其发行量也占据着女性杂志第一的位置，一度达到100万册以上。

从明治中期发展到大正、昭和初期，资本主义企业下的女性杂志，首先考虑的是刊物是否盈利，而不是女性普遍的社会幸福、精神慰藉、文化使命等。如果将初期的《妇人公论》另当别论，其他任何一种女性杂志都不能算作时代的先锋，充其量也只不过与时代同步，因此，它们多数并不具有对女性觉悟进行指导的意义。不能简单地将《青鞜》与同时期的其他女性杂志归于同类，原因即在于此。

以上论述表明，明治早期的资本主义发展，为新闻出版业的产生提供了社会、物质与思想条件，而甲午、日俄两次战争后，日本的资本主义经济更是快速发展，日本跻身于强国之列，为新闻出版事业的发展奠定了坚实的物质基础，继而为女性杂志的诞生和大量发行营造了出版环境；以明六社为代表的启蒙思想家对男女同权、夫妇同权和对女子施以同等教育等言说，西方人权、自由平等思想和观念的译介，为女性自身的觉醒和女性意识的发现奠定了思想理论基础；明治早期女子教育的发展和明治末期女子高等教育的起步以及教会女子学校对女子教育的贡献，提高了女性的知识水平和认识能力；随着资本主义的快速发展，女性的劳动能力与价值具有更多的社会意义，女性开始从家庭走向社会，参加工作的女性越来越多，尤其是接受过高等教育的女性，寻求自立生活的意向更加明确与坚定，女子就职领域的扩大，为女性寻求经济独立创造了实现的可能。可以说，《青鞜》诞生在如此客观环境和社会背景下，有着一定的必然性。

第二章

《青鞜》与平塚雷鸟

提到《青鞜》,必然要言及平塚雷鸟(平塚明、平塚明子),而谈论平塚雷鸟,人们也必然将其与《青鞜》联系在一起,可以说,平塚雷鸟与《青鞜》的关系难以分割。平塚雷鸟作为女性解放运动先驱者的地位已确立于日本近代女性史,任何一部日本女性史或日本女性解放运动史都为平塚雷鸟和《青鞜》写下过浓重的一笔。平塚雷鸟的生涯中曾伴随《青鞜》的诞生与消逝,无论《青鞜》在今天人们的心目中有怎样的地位与评价,都不能否认平塚雷鸟与《青鞜》的存在是一种历史使命的体现。

第一节 平塚雷鸟与"盐原事件"

一场惊动整个社会视听的"事件"被媒体称作"煤烟事件"(1908年),并借此大肆炒作,迄今为止,这场事件在人们的印象或一些记录文字当中依然被当作"殉情自杀"事件。然而,随着近年来对《青鞜》和青鞜人物全方位研究及探讨的深入,对"殉情自杀"的旧有认识也渐渐产生变化。平塚雷鸟本人在《自传》中将此称为"盐原事件",她从来不认为自己与作家森田草平(1881—1949)的出走行为是"殉情";同时,雷鸟坚持一贯的主张,即森田草平以"事件"为背景创作的小说《煤烟》中所刻画的那位女主角"朋子"与现实生活中的"明子"完全是两个人,森田没有真正地认识过平塚明子。那么,究竟该如何理解这场"事件"?理解这场"事件"对进一步理解明子及《青鞜》有何意义?

一 幼年期的平塚明及"西洋"体验

平塚雷鸟生于1886年(明治十九年)2月10日,本名平塚明,也通称为平塚明子。父亲平塚定二郎出身士族,维新时进京苦学德语,成为政府中的高级官员,最高官职做到会计检察院副院长。1887年(明治二十年)5月,为了调查研究欧美各国会计检察院法,平塚定二郎随会计检察院院长渡边升子爵巡游欧美一年有半,回国后又亲自参与了1889年(明治二十二年)颁布的"大日本帝国宪法"的起草工作,出版过《德语入门》、《德语文法阶梯》(上、下篇)、《会计法述义》等著作,以及《德国汇兑法》、《国家论》、《财政原论》、《农药经济论》、《商工经济论》(三册)等译著。① 母亲光泽是世代居住江户的田安家族御典医饭岛芳庵的女儿。光泽在定二郎巡游欧美期间,在樱井女塾(后为女子学院)学习英语,为了符合行文明开化之先的家庭主妇身份,也为了符合作为巡游欧美政府官员妻子的身份,光泽听从丈夫意见,重新接受洋式教育。除了英文之外,还在共立女子职业学校学习西式裁剪、编织和刺绣等技能。平塚明的姐姐生于孝明天皇祭日,取名为"孝",随姐姐之后,父母便给她取名为"明"。

雷鸟的《自传》中记载的最早记忆是1889年(明治二十二年)2月11日雷鸟三岁生日的第二天,在纪元节②东京街头,她在祖母的背上看到人们因大日本帝国宪法颁布而喧闹的情景。③ 这一宪法的制定和颁布,对祖母来说有着异于常人的欣喜和自豪,因为她唯一的儿子定二郎直接参与了宪法草案的起草工作。

雷鸟早年在东京麹町区(现在的千代田区)家中过着平稳的生活,少女时期的明子,"集家人宠爱于一身"④。1890年(明治二十三年)春,明子进入富士见小学校附属富士见幼儿园。她从幼小时候起就很内向、害羞,但内心里却藏着不服输的性格,她曾经说,"只要是争输赢的游戏全都喜欢"⑤。《自传》中记录在幼儿园期间,她和相差一岁的姐姐总是穿着配套的洋装,看起来像双胞胎,作为当时高级官吏家庭的女儿,享有得天

---

① [日]平塚雷鸟:《女性原本是太阳》,大月书店1971年版,第25页。
② 1872年(明治五年)定2月11日为神武天皇即位之日,为日本四大节日之一,第二次世界大战后取消,但在1966年又以"建国纪念日"为名重新恢复,并于翌年实施。
③ [日]平塚雷鸟:《女性原本是太阳》,大月书店1971年版,第3—6页。
④ 同上书,第7页。
⑤ [日]小林登美枝、米田佐代子编:《平塚雷鸟评论集》,岩波书店1987年版,第328页。

独厚的自由与关爱,可在父母的心情中总是透露出这样一种想法和抱有一丝遗憾:"如果明子是男孩的话……"①

这里要特别指出幼小时西洋式家庭生活氛围对明子产生的影响。明子在记事时,母亲光泽穿着洋装去一桥的女子学校读英语,在一半装修为洋式建筑的家中,摆放着西式家具,书架上排满了德语书籍。②父亲在明子不到两岁时,游历欧美一年半,回国时带回了各种各样的西洋玩物和洋装。定二郎还学到了欧美人的家庭休闲方式,在假日里带着一家人出游,冬天在有暖炉的书房里,给年幼的女儿讲格林童话和伊索寓言。③

明子在这样的家庭环境中,极其"自然"地接触到"西洋世界",这对明子的自我形成产生很大影响,尽管这一"西洋体验"徒具表面性,但它在某种程度上与整个日本近代化的情形极为相似。当"欧化风潮"过去,"国粹思想"重新回潮时,平塚家的洋式客厅重新改铺和式榻榻米,贴着各种外国名画的隔扇门也换成日本风格的图案,母亲和孩子们从发型到服装全部改回日本式,镶框的半裸体西洋美人半身像也被撤去,取而代之的则是1890年(明治二十三年)颁布的《教育敕语》的横匾。④父亲所代表的日本"近代",其本质无非是"文明开化"国策下诱导出的"崇洋"之举,当国粹主义思潮与甲午战争时期高涨起来的国家主义相结合,又为举国一致的排外主义体制推波助澜。幼小的明子所接触的"西洋"实质,最终引导出的却是自由民权运动的败退和绝对主义的天皇制。但是,当这一外在的"西洋世界"——洋装、洋娃娃、童话、寓言等,在潜移默化中植入明子幼小的内心世界时,它所催生出的却是"自我意识"的萌芽,这同父亲的与国家民族的那种表面形式的"近代",在精神实质上有着完全不同的意义,它为明子后来的"女性发现"创造了可能条件。

日本自上而下的近代化政策所蕴含的矛盾,体现在明子身上正是随着她的成长,开始对"父亲的近代"显露出的反叛。

---

① [日]平塚雷鸟:《女性原本是太阳》,大月书店1971年版,第75页。
② 同上书,第29页。
③ 同上书,第33、37、110页。
④ 同上书,第80页。

二　反叛中的"女性发现"

随着明子的成长，当她开始对周遭事物作出自己的是非判断时，父亲的官僚气息使她从内心生出反感与抗拒，父女之间的冲突也不断升级。御茶水高等女学校时代，是明子反抗性格表现得最为明显的时期。1898年（明治三十一年），明治民法颁布实施，国粹主义一统天下，在教育领域，良妻贤母主义教育大行其道。这一年，12岁的明子进入御茶水女学校。此校是文部省直属的彻底执行良妻贤母主义教育的公立女子学校，尽管明子对良妻贤母主义教育深怀不满，但却在这里被动地接受了彻底立足于国家主义之上的良妻贤母主义教育。然而，优裕的生活与开放的环境已造就了明子的反抗性格。明子在就学期间时常做出无所畏惧的反抗行动，比如对修身课公然表示抵触，有时在上修身课的中途便若无其事地走出教室回家去了。① 这种明目张胆的旷课行为，在当时如若没有相当的胆量，作为官立女学校的学生是绝对办不到的。16岁这一年的暑假，明子一心向往着去攀登富士山，但这一计划遭到父亲的坚决反对，父亲说："那种地方不是女人和小孩子的去处。"② 父亲的反对使明子遭受到严重打击，整个暑假她都在闷闷不乐中度过。作为一个女孩子，行为和意志上所受到的限制不仅来自社会、学校，更让她不能接受的是，一直对自己宠爱有加的父亲也开始严厉管束自己。其实，明子与父亲间的冲突，进一步用放大的眼光来看，则体现出国家体制对女性社会地位与正当权利的剥夺，对女性人格的否认与抹煞。《教育敕语》（1890年）重新确立了天皇至高无上的绝对地位和封建家族制度，与《教育敕语》同年颁布的《集会及政社法》（明治二十三年法律第53号）③、1898年（明治三十一年）

---

① ［日］平塚雷鸟：《女性原本是太阳》，大月书店1971年版，第96—97页。

② 同上书，第120页。明子的父亲之所以反对其登山，是由于传统风俗认为女性污秽，进入"灵山"或深山名寺会妨碍僧人修行，因而禁止女性进山，称作"女人禁制"。明治时期"文明开化"后解禁，女子可自由登山，但事实上，纪州高野山和其他一些"灵山"仍禁止女性登山，认为女性会亵渎了山上的神圣。

③ 其中第四条第一款规定："现役及有关召集中的预备后备之陆海军军人、警察官、国立公立私立学校的教员、学生、未成年者以及女子，不得参加政谈集会。"第二十五条又规定："现役及有关召集中的预备后备之陆海军军人、警察官、国立公立私立学校的教员、学生、未成年者、女子以及未获公民权之男子，不得加入政社（组织）。"女子被排除在政治活动领域之外。

实施的《明治民法》① 以及1900年颁布的《治安警察法》（明治三十三年法律第36号）②，都不断地将女性从一切社会领域和政治活动中排挤出去，在这种时代氛围中，女性在社会及政治不平等中还要进一步受到封建家族制度的压迫。后来，平塚雷鸟在其《自传》中说："这样的时代氛围，毫无疑问也反映在父亲对于女子教育的态度上了。"③ 亲身参与过《大日本帝国宪法》起草工作的父亲，他所认同的无非是帝国宪法所确立的天皇制专制主义和封建家族制度而已。随着平塚明"自我意识"的逐渐膨胀，尤其在教育问题上，父女之间的冲突愈演愈烈，家庭内的冲突越发使明子感到女性在家族制度中的从属地位阻碍着女性天性才智的发挥与自我个性的伸张。因而，明子与父亲的冲突，不是简单的家庭内部家长与其子女间的矛盾冲撞，其实质正反映出封建家族制度的不合理与女性追求自我价值实现之间的矛盾。

在读御茶水高等女学校期间，为了证明女子也同样能够做到男人之所为，明子与班里好友组成"海盗帮"，摆出一副豪杰气概以反抗所谓的"女人味"，拒绝视女子为"弱小"的定俗常见，张扬自己的个性。显然，在这些"反叛"行为中，明子拒绝认同女子为"弱小"的世俗观念，主动丢弃"女人味"，哪怕成为"海盗"，也要张扬女子并非不如男的不屈服精神。这些伙伴中的市原次惠、小林郁，日后都是《青鞜》的协助者。在《青鞜》创刊近十年后，雷鸟在《女性同盟》（1920年）创刊号题为《针对社会改造的妇女使命》的发刊辞中，回忆了青鞜运动，并清晰地揭

---

① 根据第788条和第746条规定"户主及家族称户主家之姓氏"；"妻子依婚姻而入夫家"，即所谓的夫妇同姓制度，使妻随夫姓，使得妇女丧失了独立人格。第877条规定，母亲只能在"父不明时、死亡时、离家时或不能行使亲权时"才能行使亲权，使得横向的夫妇关系从属于纵向的父子关系，以便维护传统家族制度，婚姻的意义仅仅在于作为延续家系的手段。《明治民法》还维护男尊女卑的原则，视妇女为法律无能力者；在离婚权上也是男女不平等的，第813条规定，妻子与他人通奸可以成为丈夫提出离婚的理由，而妻子只有在丈夫犯奸淫罪并被判刑的情况下，才能提出离婚。《明治民法》带来的男女不平等还体现在对女性单方面的贞操要求，而男性则在事实上不受婚姻外性关系的限制。参见李卓《家族制度与日本的近代化》，天津人民出版社1997年版，第49—51页。

② 在第五条规定中，女子与没有行为能力的未成年人以及被剥夺公民权或公民权暂时被剥夺者等同列"不得加入政治社团"。《治安警察法》以法律手段强制性地剥夺了女子加入政治社团的权利。

③ ［日］平塚雷鸟：《女性原本是太阳》，大月书店1971年版，第81页。

示出"拒绝女性"的深层意义,她说:"对女性本身的直接拒绝,是通过脱离女性的作为,想要享受自由阳光下的独自生活,以至出现一种焦虑,这也是情有可原的。"①"拒绝女性"的实质,是对男性中心社会"为了他们的方便而制定的道德、习惯、法律及其他一切制度"②的拒绝,是对女性"仅仅因为是女性的理由"而受到"有形无形的忽视和屈辱"③,"其价值得不到任何认可,其人格得不到任何尊敬"④的从属地位的拒绝,而不是对自身作为女性应享有的平等权利的拒绝。

在进入日本女子大学校后,明子反叛心理的主观意识进一步增强。进入御茶水女学校是听从了父亲的安排,而进入日本女子大学校继续求学,则是全然不顾父亲的反对,坚持依从自己的心愿选择的理想学校。明子与父亲的冲突在继续,也就意味着她作为具有自我独立意识的女性,在争取和维护选择理想的"近代"教育的权利,进而言之,明子的个人意愿与国家体制下强制要求女性接受良妻贤母主义教育之间存在着对立与矛盾。

日本女子大学校创立于1901年(明治三十四年),创建者是献身于女子教育的教育家成濑仁藏(1858—1919)。他在留美期间,认识和体验到女子教育的重要性,立志于创立女子大学。成濑仁藏于1894年(明治二十七年)回国,1896年2月出版著作《女子教育》,书中论述了女子教育的三个基本理念,即:"将女子作为人进行教育","将女子作为女性进行教育","将女子作为国民进行教育"。成濑校长的思想言论在当时给学生带来很大影响,甚至被称为"成濑宗"。明子志愿进入日本女子大学校就读正是受到成濑《女子教育》的影响,而最吸引明子的应该是其教育理念中的第一条"将女子作为人进行教育"。

但入学后不久,明子的期望落空了。无论是成濑校长的"实践伦理"课程,还是校园里整齐划一的集体生活,都使她感到失望。学校虽然以"自学、自习"为原则,但是,学生们却不太学习。女子大学的生活压抑,抹杀着一贯"忠实于自我"的明子,她开始对成濑校长的教育思想产生怀疑。

成濑最初创立女子教育的首要方针是"将女子作为人进行教育",但日

---

① [日]平塚雷鸟:《针对社会改造的妇女之使命》,载《女性同盟》创刊号,1920年10月,第5页。

② 同上。

③ 同上。

④ 同上。

俄战争爆发后，日本国内国家主义倾向日益明显，使得成濑更加强调"作为国民"的教育。成濑校长标榜的所谓新式教育理念，除去表象，原来也只不过是换上新装的"良妻贤母主义"而已。明子对此更加感到失望，同时在明子心中，成濑思想论说中的实证主义和实用主义也让她反感。①

明子所关心的并非日俄战争引起的社会混乱，而是如何实现自我价值，她要寻求到一种永恒的理念。"神是什么？我是什么？真理是什么？人应该怎样活着？"——对真理和自由灵魂的强烈追求，驱使着明子开始踏上自我寻求和探索的征程。她如饥似渴地阅读宗教、伦理、哲学等各方面的书籍，其中也有被学校禁止的尼采、托尔斯泰的书，这些都是她寻求"人生为何"这一生存答案的途径。然而，明子强烈的求知欲、求道之心和追求灵魂自由的举动，却使她成了校园内备受关注的异端分子，受到干涉和批评。神圣的"自我"遭到压迫，受到冒犯，这是明子最厌恶的事，这样更加激起了她的叛逆情绪。

这一时期，明子尝试了多种探索途径，但是，基督教神的观念仍旧使她感到迷惘，西方哲学带给她的也还是彷徨，经历了许多的困惑与曲折，偶然的一次机会，明子通过同窗好友木村政子（1885—1958）的介绍接触到禅，从此禅修在明子确立自我的道路上以及其后的人生中产生了不同寻常的意义。日后她在《自传》中谈及《青鞜》发刊辞的意义时也指出："如果没有踏上禅的道路，我可能会写出完全不同的发刊辞。"② 因此，在雷鸟的发刊辞中为什么会闪现出一些禅语式的表述也就不难理解了。

1906年（明治三十九年）平塚明从女子大学校毕业，这一年夏天通过坐禅修行，获得"见真本性"（大彻大悟），禅师封给她的法名为"慧熏"。之后她在身心两方面豁然开朗，曾经内向与孤独的她，曾经将精神世界紧锁于自我内部的她，在行动上开始表现出一种无所阻碍、无所畏惧，坦然展现自我的姿态。她在《自传》中描述"见真本性"后的喜悦："这对我来说，正如获得了第二次生命，再次转世。这一次的重生，是我依靠自己的努力，通过内观，从意识的最深层诞生出的自我，这才是真正的自我。"③ 明子和木村政子两人无所顾忌地漫步在东京的大街小巷，看

---

① ［日］平塚雷鸟：《女性原本是太阳》，大月书店1971年版，第153页。
② 同上书，第335页。
③ 同上书，第187页。

戏剧、听说书，她们让自己的身心得到充分的自由和满足，每天都充满着生命活力。在继续坐禅修行的同时，明子也去女子英学塾（现为津田塾大学）和二松学舍学习英语和汉文，出入图书馆，利用在女子大学校时学到的速记技能找到一些工作，希望自己获得独立生活的能力。

1907年（明治四十年），为了提高英文水平，明子从女子英学塾转到成美女子英语学校，想继续完成自己在日本女子大学校期间没能实现的学习英文专业的愿望。当时，翻译家、评论家生田长江①于1907年6月在成美女子学校主持成立了一个文学研究会——"闺秀文学会"（也称"金叶会"），正如文学会的名称所标榜的那样，这是面向年轻女子举办的讲座式的研究会，其目的在于"应时代趋势所需，平易简明地讲述国内外的文学，培养普通妇女对文学的兴趣与修养，兼而培养女性文学作者"。②为文学会授课的讲师由文坛名家与谢野晶子、户川秋骨（1870—1939）、平田秃木（1873—1943）、马场孤蝶（1869—1940）、相马御风（1883—1950）、生田长江、森田草平等人组成。此时明子的兴趣，也由抽象的、理论性的哲学、宗教开始转向文学，探索文学中描写的人们在现实社会中的生活与矛盾，她欣然参加了这个文学会。从此，明子接触和阅读了大量文学作品，借助英文阅读了屠格涅夫、莫泊桑的小说，也翻译了屠格涅夫、爱伦坡的散文诗等。在闺秀文学会中，最让明子感到羡慕并激起她在学识上竞争欲望的，就是比她年小却又才华横溢的青山菊荣（山川菊荣，1890—1980）。两人在文学会中共同携手，制作了一份会员内部的传阅杂志。不料，这份杂志竟然引发了一场轰动整个社会视听的大"事件"——"煤烟事件（盐原事件）"，杂志也由于"事件"的缘故而没能继续下去，这也许多少有些"命运"的成分。回首往事时，雷鸟认为责任一半在自己身上。日后的"青鞜社"在某种程度上其实也是闺秀文学会的延续，生田长江多次鼓励和劝说明子创办女性刊物，这也许是想继续那份传阅杂志未完成的使命。雷鸟在《自传》中推测，当时生田长江的鼓励和建议，意在通过创办女性刊物，集合起掺杂于男性作家中完全处于

---

① 生田长江（1882—1936）——评论家、翻译家，原名弘治。毕业于东京大学。翻译作品有尼采的《查拉图斯特拉如是说》、邓南遮的《死之胜利》等。也是有名的演说家，还创作有戏剧作品。

② [日]佐佐木英昭：《"新女性"的到来》，名古屋大学出版会，1994年版，第22页；新·女性主义批评之会编：《解读〈青鞜〉》，学艺书林1998年版，第516页。

孤立状态的女性作家，以增加女性文学（闺秀文学）的气势。①

所谓"命运"般的"事件"，就是由明子在传阅杂志上的处女作《爱的末日》所带来的结果，也可以说是明子在闺秀文学会与作家森田草平"命运"般的相遇。森田草平是大文豪夏目漱石的弟子，毕业于东京帝国大学文学系，也是生田长江的好友，生田长江邀请他到闺秀文学会讲授希腊古典戏剧。明子与森田草平（当时已有家室）之间能够引发出一场"事件"，对生田长江来说是始料未及的，其实这也是明子本人意料之外的事情。但是，从另一方面也可以说，这起事件是平塚明的"叛逆"行为从家庭走向学校，再由学校走向社会的最高升级。

山川菊荣（1890—1980）

三 "盐原事件（煤烟事件）"

1908年（明治四十一年）1月中下旬，明子在生田长江的建议下，完成了内部传阅杂志的编辑，其中也编入了自己生平中的第一篇小说《爱的末日》。这篇小说描写女主人公"H"从女子大学毕业，结束了一场恋爱，决心过独立生活，一人踏上旅途，将赴信州成为一名女校教师。青山菊荣（山川菊荣）曾经将小说的题目记作"末日颂"，她根据自己的记忆，在《思想》杂志上介绍并且评论道，"雷鸟以女性的感觉描写了当时男性作家还没有把握到的具有近代的、个性化的女性类型"，令人感到眼前豁然开朗。② 雷鸟在《自传》中说，如果这份传阅杂志顺利发展下去的话，也许能够办成像《青鞜》那样的女性文学刊物，但是却由于一个意想不到的事件毁了这份杂志。③ 小说女主人公"H"的行动，在现实中

---

① ［日］平塚雷鸟：《女性原本是太阳》，大月书店1971年版，第290页。

② ［日］山川菊荣：《〈青鞜〉前后及新妇女协会》，载山川菊荣《日本妇女运动小史》，大和书房1979年版，第103页。

③ ［日］平塚雷鸟：《我走过的路》，新评论社1955年版，第61页。

得到演绎，这就是被称为"殉情自杀"的"盐原事件"。

　　森田草平读过小说后给明子写了一封长信，对其创作加以评论，由此两人开始书信往来，时而一起散步。其间，森田不断地向明子提及意大利唯美主义作家、诗人邓南遮（Gabriele D'Annunzio）① 的作品《死之胜利》，作品中男主人公为实现永久的占有而杀死了可疑的爱人。当时沉醉于邓南遮作品的森田多次向明子表示，"人在死去的瞬间是最美的。我是艺术家、是诗人、是美的使者。我要杀了你，而且我想冷静地看到你最美丽的瞬间……"② 对此，明子常常以梦幻般的"禅的话语"相对应，"在信中我们各自幻想着，互相描绘着各自的梦想，说着自己才能听懂的话……但是，这就如同两条并行的铁轨一般永远也不会交汇到一起"。③

　　当森田草平第一次约明子出来见面时，便谎称生田长江找他们两人商量编辑下期传阅杂志之事。明子欣然前往，可途中当明子察知自己是被诓骗出门时，愤怒之情油然而生。明子一眼就看穿了森田的真实意图，接着她被森田的举止诱发出一种好奇心并产生以恶作剧的方式加以还击的念头，她要像观看戏剧一般一探究竟：看看这个男人到底想做什么？如何来做？于是，她立刻决定一路奉陪，与其一决高低。这一天，明子一路跟着森田行走在东京街头、乡间小道，毫无目的地漫步而行。傍晚在一家西餐店的餐桌上，森田的话题依然是《死之胜利》。此后在书信中或两人见面时，森田不断地在《死之胜利》的话题中转圈。之后他又对明子说："我想我会杀了你，因为除了杀掉你之外，我没有其他可以爱你的办法。我要杀了你，但我不要死。我是艺术家、是作家，我必须看清自己在杀了你之后的心理是如何变化的。所以我打算能逃就逃……"④ 森田草平一副作秀的模样，从邓南遮的《死之胜利》又转向陀思妥耶夫斯基的《罪与罚》。由此可见，森田与明子的交往并非出自一片"痴情"，而是基于一种冲动性的"野心"，就是通过对名家作品的戏剧式模拟来获得自己的作品，从

---

① 邓南遮（1863—1938）——意大利19世纪下半叶著名诗人、剧作家，唯美主义作家代表。作品以感官表现和英雄主义为基调。第一次世界大战前后参加爱国主义运动，晚年成为民族主义者，拥护法西斯主义。《死之胜利》是他在1894年创作的长篇小说。中译本于1932年10月由上海光华书局出版。

② ［日］平塚雷鸟：《我走过的路》，新评论社1955年版，第63页。

③ 同上书，第62—63页。

④ ［日］平塚雷鸟：《女性原本是太阳》，大月书店1971年版，第226页。

而跻身于举世瞩目的作家行列。

明子当时是否洞穿了森田草平的企图，不得而知，然而，他们在交往过程中，各自沉醉于自己的世界却是明白无误的。明子与森田进行的对话，是"禅的话语"的自我演绎，无所谓生也无所谓死，因而，为了"贯彻自我终生之体系"①，她表示可以完成森田的心愿，与他一同去"赴死"。但是，森田急于"了结心愿"的迫切心情却是明子没有料到的，森田也许是被内心强烈的创作欲的驱使所致。

1908年3月21日，明子一大早前往两人约好见面的海禅寺②，森田带着一张苍白的面孔来到明子眼前，他一言不发立刻带着明子离开寺院，却进了一家出售枪支的店铺，在店前等候的明子很快看见森田铁青着一张脸走出店铺，完全像换了一个人似的，此时明子心里"咯噔"了一下，这才知道他准备"动手"了。可是店里只出售枪支，不出售子弹。明子说："要手枪的话我父亲的书房里就有，应该也有子弹。我回去拿。"③ 于是，两人约好晚上重新见面的时间和地点，明子先回家取手枪。这一日恰巧是春分，明子回到家里沉着有序地处理了手头的各项事情后，还帮母亲做好了春分时节的牡丹饼，伺机从衣柜里拿出了母亲陪嫁时的匕首，她改变想法不准备用父亲的手枪而是用母亲的匕首来完成这次行动。

晚上，明子在离开家门前留下一纸遗书，带着平日自己随身携带的短刀和母亲的匕首，另外还有一包森田曾经写给她的书信，因为森田说要在杀死她之前将两人交往时的书信全部烧掉。

是夜，天空挂着一轮圆月，明子踏着月光，带着前去冒险的紧张心情一路疾行。森田此时喝着酒在昏暗的瓦斯灯下等待明子的到来。当晚两人从东京的田端坐上开往东北方向的末班列车，一路上森田满脸不安的神情，倒是明子一瞬间抛开一切，显得一身轻松。23日清晨两人来到冰天雪地的尾头岭，当地人告诉他们进山的道路已被深雪覆盖，继续前行非常危险。然而，两人毫无顾忌地继续走向深山。前一夜明子将携带在身的匕首和包内森田的所有书信一并交给森田，可是第二日黄昏，当森田体力不支再也不能继续前行，当他将两人的书信拿出来准备一起烧毁时，明子看

---

① ［日］平塚雷鸟：《女性原本是太阳》，大月书店1971年版，第231页。
② 位于东京的浅草，属于临济宗妙心寺派的禅宗寺院，建于1624年（宽永元年）。
③ ［日］平塚雷鸟：《女性原本是太阳》，大月书店1971年版，第229页。

到森田带来的自己曾经写给他的信件仅有三分之一的分量,而森田却口称明子的书信全部在此并匆忙划着火柴烧掉了。接着,他对明子说:"我是没出息的人,做不出杀人之事,我以为如果是你就能下手,可还是不行。"① 说完拿出明子交给他的匕首突然用力扔向溪谷。在这一瞬间,明子被一种挫折感和气愤所袭击,对此不知所措。

曾经放言要在萨哈林的冰牢里独自度过残生,要凝视自己直至生命尽头的"艺术家"哪里去了呢?此刻起明子的态度为之一变,她不再跟随其后,而是拉起瘫坐在雪地里的森田,继续走向山巅。当森田再次无力前行时,明子不得不守护在他身边度过一夜,否则他一定会被冻死。当明镜般的圆月高高挂在透明的夜空时,在"被月光照得耀眼夺目的冰峰群山的大背景"下,明子看着"一生都不能忘记的至圣、至美之物",体味和明白了"自己为什么拼命跑到这里的一种满足感"。②

24日天亮,两人被警察找到。很快此事便被媒体大肆炒作,"禅学小姐"③ 和"文人学士"的"殉情自杀"事件传遍了大街小巷。媒体对事件恶意的歪曲报道和社会上风言风语的恶语中伤并没有给明子带来多大影响和打击,然而,所谓的"善后"却令明子十分惊诧。

"事件"之后,森田没有回到自己家中而是直接被送到他的老师夏目漱石家里,夏目漱石令其闭门思过。几日后,夏目漱石和生田长江来到平塚家,准备以"大人"的方式来解决此事。他们提出的方案就是,责令森田草平到平塚府上谢罪,随后再择机令森田向平塚家求婚。

明子听完他们的解决方案后,颇感意外,就连当今的名人文豪对此事的理解也无非如同市井小民一般,只要一提到男女之间的问题,所有一切就是用结婚来了断,他们所谓的"善后解决",就是世俗通行的程序而已。惊诧之余,明子断然拒绝了他们的方案,言辞中带着坚定:"结婚,太荒唐了。我并无此意,就是森田先生也是如此。"④

然而,"事件"并没有就此了结。不几日,夏目漱石的一纸书信寄到了明子父亲的手中,信中言辞郑重有礼,却恳请平塚家答应允许森田以此

---

① [日] 平塚雷鸟:《女性原本是太阳》,大月书店1971年版,第236页。
② [日] 平塚雷鸟:《我走过的路》,新评论社1955年版,第68页。
③ 所谓的"煤烟事件"后,"禅学小姐"是由《万朝报》报道的词句,当时的报章纷纷引用。
④ [日] 平塚雷鸟:《女性原本是太阳》,大月书店1971年版,第243页。

事件为背景创作小说，因为事件后森田失去了在中学校里教授英语的工作，生活没有出路，作为作家，森田唯一的出路就是写作。这一要求对平塚家来说简直就是雪上加霜，原本媒体掀起的风浪还没有平息，再以小说问世，迎合社会视听之需，这样的话，平塚家就只有名誉扫地了，这岂能轻易应承？但是，前去夏目漱石家回绝的母亲光泽反而被夏目漱石坚持的话语阻回，漱石说："如今这个男人写作是唯一的活路，活着是人类被给予的最后的权利。"①

这样，在夏目漱石的推荐下，森田以"事件"为背景创作的小说《煤烟》于1909年1月1日至5月16日，在《东京朝日新闻》上连载。小说在当时反响极大，森田借助这部小说跻身于名作家之列，由此这起事件也被称为"煤烟事件"。

当明子读到《煤烟》时才知道，自己写给森田的书信其中有一半都被用到小说中了，只是在某些词句上稍加润色而已。森田并没有遵守将两人书信全部烧毁的约定，不仅如此，森田的背信行为此后接连发生。小说《煤烟》连载结束后，森田曾在生田长江的陪同下亲自登门向平塚家致谢，并保证今后不再以此事件为题材进行创作。然而，就在两年后，森田就公然违背诺言，再度创作了《煤烟》的续篇《自叙传》，仍在《东京朝日新闻》上连载（1911年4月27日至7月1日）。自始至终，森田都是在利用明子来完成自己的作品。

至今这场"事件"在人们的印象或一些文字记录当中，似乎依然难以消除"殉情自杀"的记忆。但是，依据平塚明离家出走前的一纸遗书来判断，显然不是"恋爱"所致。她说："我们决非因恋情、因他人所犯而死，而是为了贯彻自我，为了完成自我之体系，踏上孤独之旅途。"②因此，与其说是"恋爱"之"激情"，不如说是"求道"之"冲动"，并非"殉情"之举，而是"殉道"之举——她的自我之道。

---

① ［日］森田草平：《漱石先生与我》下卷（《森田草平选集》第四卷），理论社1956年版。转引自堀场清子《青鞜时代》，岩波书店1988年版，第33页。

② ［日］宫本百合子：《妇女与文学》，载青空文库：http://www.aozora.gr.jp/cards/000311/files/2927-9212.html. 不过，平塚雷鸟在离开"事件"63年后出版的自传中所记录的遗书词句稍有不同。"我贯彻自我终生之体系，依从自我之道而倒下，并非他人所犯"（《女性原本是太阳》，第231页）。依此记述，将"盐原事件"看作平塚明强烈的"求道"之举，未必不合理。对平塚明来说，出走盐原，与其说是"殉情"，不如说是"殉道"。

那么，她的"自我之道"是什么呢？明子从中学到大学期间，她的一系列反叛举止想要展现一种怎样的"自我"呢？她的反叛举止除了来自她早已形成的叛逆性格外，我们看到的就是她与忠实于天皇制的父亲、实施良妻贤母主义教育的学校，以及将女性统摄于封建家族制度秩序中的"传统"之间的对立与矛盾。这些矛盾产生的根本就在于明子身为一名女性之故：因为是女子，不能去攀登一心向往的富士山；因为是女子，必须接受父亲和学校强制实施的良妻贤母主义教育；因为是女子，即便接受过大学教育，将来的生活也是从夫改姓，成为他人的"良妻贤母"，如此而已。但是，明子并不打算走上这条预定的轨道。因而，明子最初的反叛也就体现于她的"性别抹煞"中，她希望自己能够攀登富士山，不受"女人禁制"的束缚；她组建"海盗帮"，丢弃女人味的气质；反对良妻贤母主义的教化，努力获得独立生存的能力，从而摆脱女性成为男性附属物的地位。明子一系列"性别抹煞"的举动，正反映出她成长过程中"性别意识"的觉醒和发现。换言之，她的反叛举止，正是她的"女性发现"，她在否定体制框架内的"女性"的同时，必须在自我内部寻找"新的女性"。走向哲学、走向宗教，进而走向文学，这些都是明子在"寻找女性"旅途中一步一步的探索。应该说，平塚明从成长期的一系列反叛行为到青春期的轰动整个社会的舍生忘死之举，反映出的就是她"性别意识"的觉醒过程。起初扮演男性角色的"性别抹煞"行为，是意欲在男性的"版图"内寻找到女性的一块栖息地，然而，此举是行不通的，她意识到女性不能"无性别"地存在于社会，她必须作为"女性"而生，而自己决不选择既存体制所限定的"良妻贤母"的生存之道，在"性别挫折"中，平塚明发现了"女性"。

四 "出轨"行为的社会影响

"煤烟事件"以及"事件"所带来的风波，不仅对平塚明的一生有着无法取代的重大意义，而且给当时的社会也带来了一股强大的冲击波，同时凸显出一层社会意义。毫无疑问，原本属于私人层面的一场"事件"，经过媒体的渲染和世俗的议论，转化为社会层面的"事件"，一方面冲击了女子教育领域；另一方面也使人们意识到了"新女性"的来临。

首先是"事件"对女子教育界的冲击。实际上，在1908年（明治四十一年）这一年里，除了"盐原事件"外，接二连三发生了一系列的

"事件"，使得整个女子教育界面临一场危机，良妻贤母主义教育理念受到挑战。1月1日的《时事新报》报道了日本首次"选美大赛"的结果。小仓市市长末广直方16岁的女儿弘子（HIROKO）在本人并不知晓的情况下，通过照片被选为首次美女音乐会头等奖，报纸上将此结果轰轰烈烈地报道了一番。虽然选考的是"良家女子"，且本人并不知晓，但还是遭到校方处分，弘子被学习院女子部勒令退学。① 原本"选美大赛"是《时事新报》的独家策划，学习院为此大动干戈，报社一方认为弘子是无辜的，继而在《时事新报》上对学习院的做法加以反驳，并要求学习院撤回对弘子的退学处分。除了《时事新报》之外，社会上也有相当一部分人认为校方处置不当，但校方依然坚持给弘子以退学处分。

同年9月15日，名列日本第一的女演员川上贞奴，自筹资金开办帝国女演员培训学校（第二年成为帝国剧场附属技艺学校）。第一批被招收的年轻女学员共15人，她们多数是高等女学校的毕业生或受过各类教育的女学生。这使当时对演员抱有鄙视态度的人们感到意外和吃惊。学员中有名的森律子是律师森肇的女儿、迹见高等女学校的毕业生。当森律子流着泪向校长迹见花蹊（1840—1926）表明决心要将一生献给艺术之神时，花蹊等学校当局却"愤慨着且冷笑且谩骂"②，毫不留情地将她的名字从校友会当中除去。

1908年，由平塚明子、末广弘子、森律子这三名年轻的"良家"女性引起的事件，一举占据了社会上的明星之座。在传统社会中，拥有明星之座的是花柳界的女性，"良家"女性则隐没在"深闺"中，不可抛头露面。这些与社会世俗观念相违逆的"出轨"行为，一方面体现着个人在"近代"社会中追求自我价值的意识所发挥的作用；另一方面预示和反映的正是社会将面临一场无法阻止的变动。明子在探索自我确立的过程中，除了在"海盗侠客"式的男性轨道上寻找路径外，同时也在寻求迈出"深闺"以后的女性涉足社会的途径。

《时事新报》的记者曾向社会表明策划"选美大赛"的举措，目的在于向世界展示日本的实际情况，是作为国际交流的一个环节而实施的。③可见，在"选美大赛"策划中反映出《时事新报》社一种新的女性观念，

---

① ［日］堀场清子：《青鞜时代》，岩波书店1988年版，第37页。
② 同上书，第38页。
③ ［日］竹中一男：《近代日本的道程》，载http：//www.geocities.jp/kazuo714/kapitel1.htm。

即女性不是仅仅作为"良妻贤母"的教育对象,也是展现国家风貌的一个方面。这种新意识的出现,无疑是在推动社会对良妻贤母主义教育提出异议和反省,并使这种新观念、新意识浮出社会表面。

与此新观念的动向相反,女子教育领域的权威人物却依然坚持保守态度,她们也意识到女子教育的"危机",为此召集女子教育家举办座谈会。最早创立日本私立女子学校的教育家三轮田真佐子(1843—1927)、实践女学校的创立者下田歌子(1854—1936)等女子教育家的代表人物言辞激烈,认为所谓教育,是"为了除去不健全的思想",她们批评明子"因厌世而采取自杀等行为,使周围的人为之担心","一个识文断字的女子,演出如此愚蠢之举,难道不是教育上的一大罪人吗?"①

尽管女子教育家们依然坚持良妻贤母主义的教育立场,但是,透过一系列"事件"的风波可以看到,这些"事件"在给女子教育带来冲击的同时,也孕育着重新审度教育理念的可能性,当然,在新观念还没有完全深入人心的现实中,这种可能性还极其脆弱。同时,从一系列"事件"的结果来看,社会对于违逆"常规"的女子,即便是"良家"女性,无论是自主"出轨"者还是无辜者,其处置都是冷酷无情的。以上三女子,不是被学校开除,就是被校友会除名,或者就是被新闻媒体炒作,成为报端利用的"材料"。这预示着女性走出"深闺"并非坦途,要得到社会的普遍认同,必定要走上一条曲折而艰难的道路。

第二节 《青鞜》的诞生与发展历程

在《青鞜》创刊过程中,生田长江起到了积极的推动作用。闺秀文学会停止活动后,生田长江进一步鼓励平塚明子创办杂志,从某种意义上说,生田长江希望继续通过《青鞜》来延续和实现他创办闺秀文学会的目标。《青鞜》同时具有青鞜社机关刊物的性质,青鞜社女性试图通过文学手段探寻女性自身的真正价值和人生出路。随着《青鞜》的面世,"平塚雷鸟"这个在发刊辞中使用的笔名也同时诞生,并且两者始终紧密地连在了一起。平塚雷鸟的发刊辞"女性原本是太阳"这一宣言犹如对明治时代终结的宣告,预示着女性将进入一个新的历史时期。然而,《青

---

① [日]堀场清子:《青鞜时代》,岩波书店1988年版,第39页。

鞜》初期"阳光灿烂"的日子转瞬即逝，不到一年的时间，《青鞜》便在"新女性"的责难声中，如同风雨飘摇中的一叶小舟，不得不驶向新的征程，踏上从女性文学杂志走向探讨妇女问题的思想杂志的道路。

一　青鞜社的成立与《青鞜》创刊

经过"盐原事件"后，1908年夏天，平塚明来到了信州，为的是远离家庭，回避世俗的喧嚣，找到一个独自进行思考的僻静之处。在信州的日子里，她静静地读书、思索、翻译爱伦坡诗文，陶醉在自然的静谧中，疲惫的身心得以休养。《青鞜》创刊后所发表的爱伦坡作品，都是在隐居信州期间翻译完成的。

这一年的12月中旬，明子回到东京。不久，再度开始修禅生活，同时努力学习英文。在信州翻译爱伦坡作品时，她深感英语能力的不足，于是去正则英语学校继续求学。

"在此期间的生活围绕着坐禅、英语、图书馆三根柱子打转，时而也去拜访马场孤蝶[①]、生田长江。盐原事件后，闺秀文学会半途而废，不知什么缘由，马场先生的家里成了聚会场所。"[②] 明子来访时，生田长江不断劝说她创办一份女子刊物。此时明子无意于此事，因而并没有放在心上，偶尔有一次向寄宿在家里的姐姐的好友保持研（1885—1947）提起，不料研子对此却大有兴趣，她满腔热情地力劝明子创办这份刊物，并表示自己会全力以赴协助她做好事务性工作。在保持研（子）的热心鼓动下，明子终于下定决心创办一份女性自己的杂志。

在得到明子母亲的资金援助后，她们两人首先着手草拟创刊宗旨及结社章程。两人于1911年5月29日带着写好的旨意书和章程草案拜访了生田长江，一是征询生田长江对草案的意见，二是商讨杂志的名称。明子所草拟的章程第一条中"为促进女子觉醒"的词句，在生田长江的建议下，日后正式发表在《青鞜》创刊号上的表述则是"力图发展女性文学"。在商议刊名时，生田长江突然想到了"Bluestocking"。明子当时第一次听到这个词，听过生田长江的说明后，明子又查阅了百科全书，弄清了这个词

[①] 马场孤蝶（1869—1940）——文学家，从事英国文学研究。高知藩士之子，政治家、思想家马场辰猪之弟，明治学院在校期间，与岛崎藤村、北村透谷一起为《文学界》的同人。著有《明治文坛的人们》。

[②] ［日］平塚雷鸟：《女性原本是太阳》，大月书店1971年版，第278页。

的起源。

原来，在18世纪中期，英国的蒙特鸠夫人（Mrs. Elizabeth Montague，1720—1800，英国屈指可数的资本家夫人）常在伦敦自家豪宅中举办沙龙聚会，参加沙龙的女性与男子一起热烈地讨论艺术、科学等话题。当时女性普遍穿黑色长袜，而参加这一沙龙聚会的女性却特意穿上蓝色长袜，这种标新立异的举止，在一般人们看来失去了女人应有的举止行为，因而将她们称为Bluestocking，语义里带有一种嘲笑的意味。生田长江认为，在当时的情况下，明子她们如果试图有所作为，一定会被世人说三道四，索性自己抢先一步，以这种带有讽刺意味的词汇来为刊物命名。①

明治二十年代的日本，曾将Bluestocking译作"蓝袜党"。明子她们与生田长江商量后，决定使用"青鞜"两字。有人说，森鸥外（1862—1922）曾将Stocking译作"鞜"字，那么以"青鞜"来给刊物命名，就如同是森鸥外命名的一样。雷鸟认为这是一个误会。她们用"青鞜"两字为自己的刊物命名，体现了她们在"Bluestocking"这一词汇翻译上独特的创意，更重要的意图则在于先发制人，以这种带有讽刺、嘲笑意味的词汇自我标榜，领一时之风气。

关于Bluestocking的起源和对这一起源的考证，芝加哥大学教授田中久子于1965年发表的论文《关于〈青鞜〉与欧洲的Bluestocking》，为我们展示了Bluestocking在历史上的全貌，此处毋庸赘言。但是有一点需要指出，据说最初Bluestocking这一词汇被使用于英国沙龙时，多带有幽默、诙谐之意，并非一开始就具有讽刺、嘲笑的意味。

明子与保持研子两人的第二步工作是召集和邀请志同道合者入社，并在生田长江的建议下，分头亲自登门邀请社会名流夫人或知名女作家作为杂志的后援，为杂志和社团助阵。保持研子首先邀请到两位好友——中野初子（1886—1983）和木内锭子（1887—1919），这两人都是文学家幸田露伴②的弟子。明子则邀请到了小学时的同学物集芳子的妹妹物集和子

---

① ［日］平塚雷鸟：《我走过的路》，新评论社1955年版，第84页。
② 幸田露伴（1867—1947）——小说家，文化勋章获得者，别号蜗牛庵。1889年（明治二十二年）发表《风流佛》，属于带有理想主义倾向的拟古典派，与文学家尾崎红叶并称，在文学史创造了"红露时代"。其小说还有《五重塔》、《连环计》等。另有史传《命运》、《赖朝》，戏剧《名和长年》，长篇诗集《出庐》等作品。

(1888—1979)，这姐妹两人是大文豪夏目漱石的弟子，父亲为国学博士物集高见（1847—1928）。于是，五人作为杂志的发起人，于6月1日会合召开了发起人会，"青鞜社"便正式成立。社团和杂志的发起人都是二十几岁的年轻女性，社团成员大都是无名的年轻女子，她们向往和喜爱文学并立志成为作家。此后陆续加入者当中也有少数人如田村俊子（1884—1945）、水野仙子（1888—1919）、尾岛菊子（1879—1956）等，她们在加入《青鞜》前已立足文坛，有一定的知名度。

青鞜社成立后，决定《青鞜》杂志将于当年9月发刊，其间发起人每天奔走于拜访后援人、交涉印刷事宜、征集广告等各项事务。入社的回执及稿件纷纷寄至青鞜社事务所，至7月末，《青鞜》前三期的征用稿件已排定。

1911年（明治四十四年）9月1日，《青鞜》——这份在日本近代女性史上具有特殊意义的杂志终于诞生了。

二 青鞜社成员

《青鞜》同时也是青鞜社的机关刊物。青鞜社是由清一色女性自发组成的民间社团，青鞜社女性以《青鞜》为阵地，抒发情感、发表作品、展露才华、批评社会现象，大有领时代风气之先的气势。青鞜社的成员，主要由受过近代教育的知识女性组成。最初集结于青鞜社的女性有30人之多。其中，保持研子、中野初子（师从幸田露伴）、木内锭子（师从幸田露伴）、平塚明子、物集和子（师从二叶亭四迷、夏目漱石），五位发起人中，除了物集和子毕业于跡见女学校之外，其余四人都是日本女子大学校的毕业生。

《青鞜》刚创刊时，该团体有正式成员18人，她们是：岩野清子（其夫岩野泡鸣，小说家、诗人）、茅野雅子（其夫茅野萧萧，"明星派"歌人）、大村嘉代子（KAYOKO，师从冈本绮堂，小说家、剧作家）、加藤绿（师从德田秋声，作家；其夫加藤朝鸟，翻译家、文艺评论家）、田原祐子（1888—1945）、上田君子（1886—1971）、山本龙子（1884—1958）、荒木郁子（1890—1943）、水野仙子（1888—1919，师从田山花袋，私小说代表作家）、户泽初子、尾岛菊子（小寺菊子，1884—1956，师从德田秋声）、大竹雅子（青木雅子，1890—1922）、神崎恒子（平井恒子，1890—1975，师从夏目漱石）、田村俊子（1884—1945，师从幸田露伴，文学大家；其夫田村松鱼，作家）、野上八重子①（野上弥生子，1885—1985，师从夏目漱石；其夫野上丰一郎，英国文学专家、能乐研究家，其后为法政大学校长）、阿久根俊子（细川俊子，1888—1927）、佐久间时子（1886—?）以及杉本正生（国分正生，1890—1930）。

青鞜社成员

（右起）平塚雷鸟、保持研子、荒木郁子、中野初子、岩野清子、小林哥津

《青鞜》杂志还有后援赞助者7人，她们是：长谷川时雨（1879—1941，师从坪内逍遥，小说家、评论家、翻译家及剧作家）、冈田八千代（1883—1962，其兄小山内熏，剧作家、演员及评论家；其夫冈田三郎助，画家、东京美术学校教授）、加藤筹子（1883—1956，其夫小栗风叶，作家）、与谢野晶子（1878—1942，其夫与谢野宽，著名歌人）、国木田治子（1879—1962，其夫国木田独步，当时已故的作家）、小金井喜美子（1870—1956，其兄森鸥外，大文豪）以及森茂子（1880—1936，其夫森鸥外）。不论正式成员，还是后援赞助者，其共同特点是出身富有家庭，有较高层次的教育背景，多数人的丈夫或老师都是社会名流。

《青鞜》的创刊获得了"超过预期的反响"②，申请加入青鞜社的信件纷至沓来。成员每月都有所增加。从创刊到第二年陆续入社的成员有：

---

① 《青鞜》创刊后的第二期十月号的"编辑室寄语"中表明野上八重子由于不得已的缘由暂时退社。不过，野上的文稿此后一直也在《青鞜》上刊发。载平塚雷鸟《女性原本是太阳》，大月书店1971年版，第326页。

② [日] 平塚雷鸟：《女性原本是太阳》，大月书店1971年版，第327页。

1911年12月：冈本佳代子（KAYOKO）、永安初子、冈清子、小矶由子（YOSHIKO）、多贺巳都子、原田琴子；

1912年1月：江木荣、尾竹一枝（红吉）、河野千岁；

2月：濑沼夏叶；

3月：三岛葭子、桥爪初子、安田皋月（原田皋月）、山田秀子；

4月：松尾丰子、木村幸子；

5月：伊藤澄江、早川八重子；

6月：畠山敏子；

7月：藤井夏、小笠原贞、北原末；

8月：小室常、野村香女、神近市子、人见直；

10月：中津江天流、冈田幸（YUKI）、片野珠、三岛塔、高木意静、伊藤野枝。

但从1912年7月起，由于发生了涉及青鞜社成员的"五色酒（鸡尾酒）"和"吉原登楼"事件（后文详述），被新闻媒体炒得沸沸扬扬，青鞜社成员被称作"新女性"，责难和斥骂声铺天盖地，导致社内部分成员的思想发生动摇，曾经以青鞜社成员为自豪的一些人开始退出，甚至申辩"我不是新女性"，害怕别人给她们贴上"新女性"的标签。有些成员在学校、父兄的逼迫下不得不退出青鞜社，而且退出的多数为家在东京的成员，即使没有退社的一些成员也提出要求，希望不要在杂志上刊出姓名。正是由于世人对青鞜社的不理解和责骂，反而更加唤起了一部分思想坚定的青鞜女性内心深处的自我意识。为了将《青鞜》和青鞜社从社会的误解中解救出来，并对内部成员进行调整，在雷鸟的主持下，于1913年10月青鞜社对章程进行了修改，已入社的成员被要求重新申请，《青鞜》也很快转向对妇女问题的研究与探讨。从女性文学杂志开始走向妇女问题思想杂志，《青鞜》进入第二个发展阶段。

在青鞜社面临疾风暴雨时，尽管不断有要求退社者，但顶着社会压力，继续要求入社者也不在少数。加藤绿（1888—1922）、小笠原贞（1887—1988）、伊藤野枝（1895—1923）、西崎花世（生田花世，1888—1970）等新锐成员，都是在《青鞜》陷入危难时加入阵营的，为《青鞜》增添了活力。

根据堀场清子的统计，青鞜社成员前后一共有87人。初创时的《青鞜》，成员以日本女子大学校的同窗好友为主要力量，在该校学籍簿上能够得到确认的同窗加入者大约有 30 人①，后来，情况发生了变化。雷鸟本人曾总结道：

> 在创刊当初，《青鞜》成员中由于女子大学校的关系而受邀加入者，几乎都无所作为，有些人不知何时没了踪影。与此相比，后来入社的成员各自有着强烈的个性，让人觉得她们正是为了自己才走向《青鞜》，拥有忠实于自我内部的冲动。毕业于女子大学校的那些接受过大学教育的人们，有着某些被压抑了的东西，难以自由地表达自我。接受了大学教育的女性，反而难以使自身焕发新的活力，这说明当时的女子高等教育有多么不彻底。反倒是那些毕业于女子学校的青鞜成员，她们更加追求思想解放、感情自由、经济独立、尊重个性等境界。②

堀场清子还在她所编辑的《〈青鞜〉女性解放论集》"解说"一文中说："有那么多孤立散存于全国各处的女性，她们克服各自的困难，参加到《青鞜》中来，我的心被这一事实深深打动了。"③

三 《青鞜》创刊号

《青鞜》的面世，其反响出人意料，这是雷鸟以及青鞜社成员都不曾设想过的结果。雷鸟的发刊辞《女性原本是太阳》和与谢野晶子的卷首诗《漫言碎语》（即《山动之日来临》），给当时正处于自我觉醒、追求社会解放的年轻女性带来极大的鼓舞和感动，为《青鞜》赢得了近代日本"女性解放运动先驱"的地位，《青鞜》也借助于创刊号上这两篇"女性解放宣言"，使今天的人们依然将它留在记忆中。

《青鞜》创刊号的目录内容如下：④

| 封面画 | 长沼智惠子 | （封面） |
| 漫言碎语（诗） | 与谢野晶子 | 1—9 |

---

① ［日］堀场清子：《青鞜时代》，岩波书店 1988 年版，第 20 页。
② ［日］平塚雷鸟：《女性原本是太阳》，大月书店 1971 年版，第 402—403 页。
③ ［日］堀场清子编：《〈青鞜〉女性解放论集》，岩波书店 1991 年版，第 363 页。
④ ［日］井手文子：《〈青鞜〉解说・总目次・索引》，不二出版 1987 年版，第 29 页。

死亡之家（小说）	森茂女	10—19
百日红（俳句）	白雨	20—21
生血（小说）	田村俊子	22—36
女性原本是太阳（感想）	雷鸟	37—52
猫之蚤（小品）	国木田治子	53—56
影子（散文诗，翻译）	爱伦坡	57—61
阳神之嬉戏（戏剧）	荒木郁子	62—89
石矶之昼（短歌）	淑子	90—91
七夕之夜（小说）	物集和子	92—109
海达·加布勒论（翻译）	梅雷季科夫斯基	110—131
青鞜社章程		132—133
编辑室寄语		134

在当时的社会和多数人的观念里，文学创作与出版杂志等理应是男性所从事的活动，而一反常规从编辑到执笔创作、翻译等全部由女性之手操办运营的《青鞜》，一经出版就在社会上引起冲击性反响。从新闻媒体的报道和评论中可以看出，社会上对此抱有疑虑的同时，人们对《青鞜》也寄予着某些期望。《青鞜》面世两天后，9月3日《东京朝日新闻》、《读卖新闻》、《国民新闻》都以"唯一的女性文学杂志——青鞜"为题刊出广告，引起人们的关注。其实，《青鞜》在当时并非唯一面向女性读者出版的"女性杂志"，之所以被称为"唯一"，原因在于它的编辑出版性质与之前或同时期的其他以营利为目的的女性杂志有所不同，它明确提出"只依靠女性，只为女性服务"的办刊方针。这是《青鞜》不同于其他女性杂志而有其特殊性的关键所在。

9月3日《读卖新闻》的"文艺时事"栏目中，还报道了早稻田大学教授岛村抱月[①]对未及阅读的《青鞜》发表的评论，他说："听说这次出版了全部只有女性参与的文学杂志。如果这只是通过女性之手来做男性所做之事，倒也无甚特别之处。其所谓文学，应该直接就是她们痛彻的人

---

① 岛村抱月（1871—1918）——《早稻田文学》杂志的主编，推进自然主义文学运动，为文艺协会作出贡献。1913年（大正二年）与名演员松井须磨子创办"艺术座"，介绍西方近代戏剧。评论集有合著的《风云集》等。

生、自我觉醒。如果在此出版的是发出真正妇女之声的女性杂志，则值得关注。"岛村抱月所期待的是真正的"女性创作"。岛村对《青鞜》的期待，其实正是当今女性主义文学批评要在女性文学中所寻找和追求的亮点。9月13日的《秋田魁新报》，在"新刊介绍"栏目中写道："遭受流言蜚语的《青鞜》除了刊出一些晶子的诗，茂女、俊子、和子的小说之外，还有戏曲、感想、翻译等，乍看颇有《昴》① 的风格，编辑、封面画全部出自女性之手，如此看来值得赞叹，非常希望她们为女性出版事业发展，繁荣女性文学创作做出成绩。"②

雷鸟在《女性原本是太阳——青鞜发刊之际》（以下简称《发刊辞》）中表达了她所有的思想与决心，她在开头部分这样写道：

原本，女性确实是太阳，是真正的人。

如今，女性是月亮。依他人而生存，借他人之光而生辉，带着病人般苍白的脸庞。

现在，《青鞜》发出了婴儿的第一声啼哭。它是由现代的日本女性自己动手动脑所创。现在女性所做的一切，只能招来嘲笑。我很清楚，那嘲笑之下隐藏的东西。而且我毫不畏惧。可又能如何？女性自己给自身抹上的羞耻与侮辱之悲惨。难道谈到女性就只能是供呕吐的吗？

非也非也，所谓真正的人——

我们作为今日之女性已尽吾辈所能。竭尽心力所诞生之子乃是这《青鞜》。那么，无论她是低能儿还是畸形儿，抑或是早产儿，那也是没有办法，暂时应该以此为满足了。究竟是否竭尽心力了呢？啊，我们还是满足吧。在此，我将更多的不满足从女性自身刷新了。

难道谈到女性就是没有力量的吗？

非也非也，所谓真正的人——

然而作为我，这个盛夏炎炎烈日之下诞生的《青鞜》散发着极度的热量，我们不能忽视这强烈的热诚。

……（全文参见附录C）

---

① 《昴》——以石川啄木、木下杢太郎、平野万里、吉井勇等为同人的文学杂志。1909年（明治四十二年）创刊，1913年（大正二年）废刊。兴起了明治末期所谓的新浪漫主义思潮。

② ［日］堀场清子：《青鞜时代》，岩波书店1988年版，第78—79页。

她在结尾中写道:"强烈的欲求是产生事实的最确真的原因。"① 即,实现自己理想的最确真的方法就是认真强烈地欲求、努力地践行。

如果说雷鸟的发刊辞将女性比喻为"原始的太阳",那么与谢野晶子的卷首诗《漫言碎语》(《山动之日来临》)则预言了女性的未来。与谢野晶子的诗由12联组成,她高昂地、自豪地讴歌女性的觉醒,并且祈愿以女性自己的语言来写作。晶子写道:

山动之日来临/这样说人们也不信/山只是暂时睡眠/在往昔/山为火燃烧而震动/然而,不信此也罢/人们啊,只相信一点吧/所有睡着的女性,如今醒来翻动了/

只希望以第一人称写作/我们是女人/只希望以第一人称写作/我们,我们……②

在漫长的岁月里,"女人三界无家。生而从父、嫁而从夫、老而从子"③,是为封建社会中女性的生存规范,失去了自身的表述自由。女性自己的语言,只不过是闺房、姐妹间的悄悄话而已。雷鸟、晶子等人第一次在《青鞜》上用女性自己的语言发出呐喊,表述自己的追求——这便是《青鞜》及其文学的出发点。这应该也是岛村抱月在评论中对《青鞜》写作者所希求的表述和言说。

创刊号集结了这一时期日本女性的最高智慧与才能,为女性展现自我提供了舞台。雷鸟的创刊辞和与谢野晶子的卷首诗,在今天依然保有生命力,在女性解放史上放射着璀璨的光芒。《青鞜》创刊于明治时期的最末年,如同一种象征,它宣告了一个新时代的到来,一个女性将以主体身份走上历史舞台的时代的到来。

创刊号的封面由毕业于日本女子大学校的画家长沼智惠子(高村智

---

① [日]平塚雷鸟:《发刊辞》,载《青鞜》创刊号,龙溪书舍1980年影印版,第52页。

② [日]与谢野晶子:《漫言碎语》,载《青鞜》创刊号,龙溪书舍1980年影印版,第1—2页。

③ 一般认为出自江户时代的儒学者贝原益轩的《女大学》,有诸种说法。儒家的"三从四德"之教由《礼记》第一次提出,为"在家从父、适人从夫、夫死从子,无所敢自遂也"(《大戴记·本命》)。

惠子，1886—1938）设计。封面设计为土黄色衬底，画面正中是一女性身着长衣昂首挺立的身姿，女性身体部分绘有埃及的陶壶花纹，女性姿态颇显希腊神话中的女神风采，侧脸体现出一种意志，肢体也很强劲，似乎透出一种主宰的力量。画面上方分别在左右两侧标有"青"与"鞜"的字样。这幅画面就是在今天看来也不失其新意，画中女性的一身装扮有着别致的气息。

在《青鞜》创刊号上，刊发了青鞜社章程（创刊号第132—133页），章程开宗明义，指出该团体与杂志的宗旨是力图发展女性文学，使各自天赋特性得以发挥，以培养女性天才为目的（第一条），并规定凡赞同本社目的之女性文学者、将来希望成为女性文学者以及爱好文学之女子，不论人种皆可成为会员。以赞同本社目的之女性文坛大家为后援人（第五条）。此规定说明该团体为单纯的女性团体，但是，对"赞同本社目的之男子，只限于会员认可之尊敬人士，为特邀人员"。

创刊号的最后一页"编辑室寄语"（第134页）中呼吁："青鞜的目的是使女子充分发挥各自天赋才能，在解放自我的最终目的下携手，着力于修养研究，成为发表其成果的机关刊物，所以本刊不是为杂志而杂志，始终希望是为我们自己而办的杂志。"

明治末期的日本女性背负着家族制度的沉重枷锁，忍耐着束缚，不能自由地展现自我，不能表达自己的心声。而《青鞜》则向女性呼吁并鼓励女性发出自己的心声。在日本近代史上，青鞜社是最早的民间自发组织的妇女团体，作为其机关刊物的《青鞜》，为寻求和展现自我的女性提供了一方天地，青鞜社女性通过文学这一手段，第一次发出要探寻女性自身真正价值的愿望，"女性原本是太阳"的呼声，在日本成为最早的"女权宣言"，成为女性的自由象征。

四 "女性原本是太阳"的世界——女性"言说体系"的建构

雷鸟在《自传》中多次谈到自己当时对日俄战争、"大逆事件"皆漠不关心，只是一味地热衷于"自我内部"的问题。[①]《女性原本是太阳》这篇给创刊号带来历史性声誉并在女性解放史上占有显著地位的发刊辞，往往被作为"日本最早的女权宣言"而为人所知。文中观念性、抽象性

---

① ［日］平塚雷鸟：《女性原本是太阳》，大月书店1971年版，第168、281页。

的词句颇多,因此,有人说雷鸟的发刊辞只是热衷于禅宗和尼采的"禅学小姐"的文字游戏。这种评价充满着嘲讽、不切实际的指责。在这篇难以解读的文章中可以看到雷鸟自身尽管通过"见真本性"(大彻大悟)而无视任何束缚,但是,从文字中也不难看到雷鸟在成长期间经历过的种种挫折,包括"盐原事件"绯闻报道的痛苦体验,还有更早一些时候的挫折,例如进入日本女子大学校就读英文专业的愿望因父亲的反对而不得不选择家政专业;攀登富士山的热望,顷刻间被父亲的一句话说得心灰意冷……这些成长经历都激起了雷鸟对女性处境和地位的不满,并将这些不满在发刊辞中倾诉出来。

雷鸟在《发刊辞》中写道:"我不曾知道此世有女性的存在,不知有男性的存在。"① 她在回忆写发刊辞的心情时说:"(当时)自己身为女性,身处女性之中,却无论如何没有喜悦之感"②,究其原因,她说那时所谓的女性形象,"只觉得是一种虚假的女性,不是真正的女性"③。雷鸟在由"见真本性"而获得全身心的自由后,在与森田草平邂逅时也把自己说成"既非女也非男,是此前之物"④,使森田感到如在迷雾之中,不知其真意何在。"盐原事件"之后,蛰居信州的雷鸟在写给好友小林郁的书信中不断地使用男性的自称"拙者"、"余"等等⑤,这虽是明治时期女学生的流行做法,但从中也可以看出雷鸟欲摆脱封闭的、既成的女性形象的愿望,她不愿意墨守成规、循规蹈矩地作为符合家庭和社会标准的女性而存在,力图通过在语言上使用与男子同位同格的自称来凸显自我个体的独立,并借此打破男性的"话语霸权"。其实,在当时拥有同样意识的女性,并非只有雷鸟一人,伊藤野枝(1895—1923)、神近市子(1888—1981)等在青鞜女性的言论中,也都可以见到这样的称呼用语,她们的用词不能简单地看作是对流行的追随,其意图是要寻求一种表达"自我"的语词,在没有找到最贴切、最满意的表达之前,她们暂时借用男性用

---

① [日]平塚雷鸟:《女性原本是太阳——写于〈青鞜〉发刊之际》,载《青鞜》创刊号,龙溪书舍1980年影印版,第39页。
② [日]平塚雷鸟:《我走过的路》,新评论社1955年版,第100页。
③ 同上。
④ [日]平塚雷鸟:《女性原本是太阳》,大月书店1971年版,第219页。
⑤ 小林郁的旧姓为"梅泽"。明信片的日期为1910年8月17日。《平塚雷鸟著作集》补卷,大月书店1983年版,第28—29页。

词，以打破旧有的框架体系，突入到男性的世界和圈层。这种"借用"是她们自我探索的一种方法，也是寻求与男性平等的具体呈现。与谢野晶子在《青鞜》创刊号的卷首诗中热切地表达出内心的祈愿："只希望以第一人称写作／我们是女人／只希望以第一人称写作／我们，我们……"她向女性写作者呼吁，要带着充分的自信，打破传统的"男性话语"，以女性自己的语言进行创作和书写。《青鞜》的女性写作者们正是与谢野晶子这一主张的实践者，她们通过自己的笔，书写出自己的语言，述说着自己的故事。

那么，如何来理解雷鸟的"神秘"呢？雷鸟在发刊辞中不断言及"冥想"、"催眠"、"神灵附体"等奇异世界，这里不难看到雷鸟通过参禅所体验的"见真本性"的影响，在这些表面文字下潜伏着雷鸟怎样的思想活动和矛盾纠葛呢？雷鸟文中的一些措辞常常被认为"不可理解"、"非合理的"或者说是"禅的影响"。但是，这些观念性的言说，是否仅仅是明子（雷鸟）一个时期的青春"彷徨"？"盐原事件"被大肆渲染为社会丑闻，明子处身于"新女性"被攻击的旋流中，不停地追问"自我是什么？""苦闷"也好，"破灭"也罢，她都必须放在自我本身的责任中承担起来，这样便常常成为"反近代的"、"非合理的"一种表现。明治国家将近代化（西欧化）作为国家方针，在"近代"之名下，歧视、压迫和全面奴役女性，而以平塚雷鸟为代表的青鞜女性先觉者们则对此进行全身心、全灵魂的抵抗，体现出先锋女性内在的抗争精神。雷鸟的"神秘"也无非是以她自己独特的"言说体系"欲打破男性话语体系的束缚，力图在"神秘"中寻求和表达女性的人格和精神独立。正如对男性自称代词的借用一样，雷鸟以自己特殊的语词，在另一维度或更高层次上创造着自己的"言说体系"。

在发刊辞中，雷鸟针对真正的女性的自由解放提出自己的主张："想来所谓的自由、解放的意思是否被严重误解了呢？……然而，脱离外界的压迫拘束，接受所谓的高等教育，能够广泛就职于各行各业，获得参政权，从家庭这个小天地，从父母丈夫等保护者手中脱离出来过所谓的独立生活，难道这就叫做我们女性的自由解放吗？"[1] 显而易见，雷鸟所期待

---

[1] ［日］平塚雷鸟：《女性原本是太阳——写于〈青鞜〉发刊之际》，载《青鞜》创刊号，龙溪书舍1980年影印版，第47页。

的"真正的自由解放"并非从家庭、从社会外部得到的解放,而是作为"真正的人"的解放,其解放的途径"无非就是让那些潜在的天分,伟大的潜在能力十二分地发挥出来"。并且"必须把那些妨害发展的东西全都消除掉。那是外界的压迫么?还是知识的不足呢?不,这些也不是完全没有,然而主要的还是我们自己,天才的所有者,天才所寄身的宫殿——我们自己"。①

在发刊辞中,雷鸟还提道:"我时常被所有苦闷、损失、困惫、心乱、破灭等所支配"。从这里生发出的印象是"我一味地羡慕男性、模仿男性,不忍目睹女性跟在男人后面走路的样子","我所希求的真正的自由解放是什么呢?毋庸置疑,当然就是让潜在的天分、伟大的潜能十二分地发挥出来"。显然,"羡慕男性"、"模仿男性"并非她的终极目的,在"羡慕"和"模仿"中否定社会既定的"女性形象"和"女性规范",为了将女性从"性别挫折"中拯救出来,必须发挥女性"潜在的天分",从而达到"真正的自由解放",这才是雷鸟真正的意图。她多次重复的"潜在的天分"在文中有着明确的意义,即"我们女性无不是潜在的天才,是具有可能性的天才,这种可能性不久将终成事实"。② 而且为了打消女性们的顾虑,她说:"天才无所谓男女"。③ 那么,从明子到雷鸟,将其间所经历过的"旷课"、"海盗帮"、"参禅"、"盐原事件"等一系列的言行连贯起来考察,就能够看出,支撑这些"出格"言行的背后有着一个坚定的信念,那就是女性都具有"伟大的潜能",女性都是"潜在的天才",她的一系列"不像话"的言行,无非是寻找发挥其天才能力的实践行为而已,不仅是实践,而且要使其成为事实。

《青鞜》发刊时期,雷鸟对于女性"天才的发现"并不是求诸教育、政治性权利、职业生活等等,而是期待于"热诚"、"祈祷"、"精神集中"。对雷鸟来说,通过参禅体验到"见真本性",精神游离于肉体,从而达到与自然一体化的境界,获得解放感,这是极其自然之事。

如何改变女性所处的被束缚、受压制的社会状况?对此雷鸟没有从更

---

① [日]平塚雷鸟:《女性原本是太阳——写于〈青鞜〉发刊之际》,载《青鞜》创刊号,龙溪书舍1980年影印版,第49页。
② 同上书,第42页。
③ 同上书,第39页。

深、更广的社会层面进行思考，只是一味地盯着"自我内部"的解放，在这一点上她没有得到后来研究者的肯定评价，这也许是她的思想超前之处。尽管如此，我们在通读整部《自传》时，仍能看到她与现实抗争、挑战的姿态。将《青鞜》作为发现"女性潜在天分"的园地，这是具有积极意义的，值得肯定。如她所说："《青鞜》的存在，对于去除我们内心里那些妨碍天才发现的尘埃、渣滓、糟粕，具有一定意义。"在历史长河中，《青鞜》或许曾微不足道地存在着，但是，"我深信青鞜社里如我一样的年轻成员，人人都能够各自发现其潜在的天分，尊重自己所独有的特性，为坚持不容他人侵犯的自己的天职，不懈地努力集中精神，成为热情、诚实、认真、纯朴、天真，甚至说是幼稚的女性"。① 雷鸟坚信，每个女性都具备"潜在的天分"，女性对自我的"天才发现"是不可懈怠的"天职"，通过发挥潜在的天分从而实现内在的解放，最后走向真正的、彻底的解放。

雷鸟在《自传》中评论《发刊辞》的意义时说："这篇文章很快给予日本妇女解放运动一些影响，这在当时是做梦也想不到的事。……这篇文章始终贯穿的想法就是，首先重要的是女性必须作为人，以个人自觉为出发点。女性作为一个人而觉醒，必须具备全面解放自我的精神革命。……总之，对女性的未来带着极大的希望和期待，首先要促进各自的内在革命。"② 她在《自传》中接着写道："说起《青鞜》运动，社会上立刻就会想到所谓的妇女解放，但那并非是主张妇女在政治上、社会上的解放。妇女作为人的自我觉醒，如若不从全方位的精神革命做起，那么妇女解放则是空话，所以，此时我头脑中完全没有欧美式的所谓女权论那样的东西。但日后看来，在《青鞜》运动发展过程中，已经在政治、经济、社会等方面蕴含着妇女对自由与独立的要求了。"③

雷鸟也预感到《青鞜》的路程不会一帆风顺，在《发刊辞》接近尾声的一段话里，她说："即使我半途倒下，就算我作为一艘破船的水手而沉入海底，我依然会举起麻痹的双手，用最后一口气呼喊：'女性啊，前

---

① ［日］平塚雷鸟：《女性原本是太阳——写于〈青鞜〉发刊之际》，载《青鞜》创刊号，龙溪书舍1980年影印版，第52页。
② ［日］平塚雷鸟：《女性原本是太阳》，大月书店1971年版，第332—333页。
③ 同上书，第336—337页。

进、前进'。"① 如果将此当作"女性文学杂志"出发时的饯行之辞，未免有些夸张。但是，雷鸟清楚地知道，拥有"潜在天分"的女性，却被作为"劣等之性"，虚有其"潜能"而最终不能得到表现与发挥。如若要对将女性置于这种"挫折"境地的现状进行挑战，必定要进行包含着尖锐矛盾的性别抗争。雷鸟以青鞜女性对自我认同的追求方式对女性解放问题进行了探索，而不是诉诸直接的政治性言论。从这个意义上来说，"女性原本是太阳"的呼声是女性要求以自我力量进行自我拯救的宣言，是雷鸟经历"性别挫折"，通过虚拟男性（羡慕、模仿男性）—无性·中性（禅的无我境界）—女性回归（真我发现、女性天才论）这样一个"女性发现"过程，不断地探索和构建着女性自己的"言说体系"。所谓的"盐原事件"也无非是明子的女性"言说体系"与森田草平的男性"话语霸权"的一次对决而已，并非如世人和报刊媒体用简单、武断甚至是浅薄的"殉情自杀"所能判定的。总之，可以说发刊辞《女性原本是太阳》是明子女性"言说体系"探索和建构的一次大总结，是"明子"的结束和"雷鸟"的开始，雷鸟由此走向真正的"女性"之人生。什么是女性"言说体系"？笔者简单定义为：相对于男性"话语霸权"，女性以自我为主体，通过某种途径表达自我需求、实现自我价值的所有表现。而青鞜女性自身对此也在《青鞜》第四卷第4期的"编辑室寄语"中有明确的表述，即"通过所有的一切进行阐述"。这样的一种"阐述"，展现出青鞜女性"言说体系"的宽容性和包容性。

堀场清子在《青鞜时代——平塚雷鸟与新女性》中对雷鸟的《发刊辞》评价道："《女性原本是太阳》是极为大胆的女性自我肯定的宣言。在父权家长制下的女性，没有自我是第一美德。正如'良妻贤母'这一词语所表达的，除了妻子、母亲之外，自我是不可以存在的。'家'成立于将全体女性自我抹消的基础之上，这种家的重合构成了社会，天皇位于金字塔的顶点之处。在雷鸟如火焰喷发般的自我肯定的宣言中，蕴含着从根基处颠覆当时社会存立基础的可能性，尽管她并没有意识到这一点。"② 但是，笔者认为，雷鸟正是从"性别挫折"中意识到了她必须作为"女性"而生。

---

① ［日］平塚雷鸟：《女性原本是太阳——写于〈青鞜〉发刊之际》，载《青鞜》创刊号，龙溪书舍1980年影印版，第51页。
② ［日］堀场清子：《青鞜时代》，岩波书店1988年版，第8页。

《发刊辞》的首句呼吁道："原本，女性确实是太阳，是真正的人。"雷鸟的宣言犹如对明治时期终结的宣告，预示着女性将进入一个新的历史时期，女性从内心发出自己的呼声，表达自己内心的需求，以自我之能力把握自己独立之生活，确保一己独立之人格。这也是自明治初期启蒙思想家们所传递的精神。

五 《青鞜》发展历程中的三次遭禁

在对青鞜史的研究中，一般将《青鞜》的发展过程分为三个阶段：

第一个阶段，从《青鞜》创刊（1911年9月）到1913年10月修改青鞜社章程，为起步和探索阶段。第二个阶段，从修改章程（1913年10月）到主编、出版转交伊藤野枝（1915年1月），此期间杂志的重心从文学逐步过渡到对女性问题的关注。第三个阶段，由伊藤野枝开始编辑、经营到最后的终结，主要集中了几次有关女性问题的论争，更加体现出女性问题与现实社会的冲突。

如果依据主编人的更替来划分，可以简单地分为前后两期，即前期的平塚雷鸟阶段和后期的伊藤野枝阶段。在平塚雷鸟阶段，虽然以文学为重点，但对女性问题的探讨也占有重要地位。

《青鞜》在创刊之初，既遭受过媒体和社会方面的批评，也得到了善意关注，但在其后的整个历程中却经历着风吹雨打。在它沧桑的记忆中留下的是岁月的磨难，先于时代觉醒的青鞜女性在时代的浪潮中经受磨炼而成长。青鞜社初期，先是被舆论媒体和世人冠以"日本的娜拉"而遭冷嘲热讽，接着，并非赞词的"新女性"称呼，也充满了攻击和责难。对此，她们以《青鞜》为阵地积极作出回应。青鞜社后期，《青鞜》作为女性问题杂志的性质明显加强，参与到被视为禁忌的女性之"性"的问题探讨中，围绕着"贞操"、"堕胎"、"废娼"这些尖锐的社会问题展开论争。如果说前期是旧道德、旧习俗、旧观念带来的"磨难"，那么后期就不仅仅是青鞜女性与社会之间的矛盾了，更有国家权力和以男性为中心的封建家族制度的束缚和压迫。

这里，我们将焦点集中于《青鞜》受到的三次禁售处分上，从中把握青鞜女性如何在国家权力和传统家族制度下，为自我觉醒而抗争的经历。通过她们的作品透视出在当今女性身上同样存在和没有彻底解决的问题。

《青鞜》在其历史过程中曾经受到三次禁售处分：第一次是第二卷第

4 期（1912 年 4 月），由于荒木郁（子）的小说《书信》而引起；第二次是第三卷第 2 期（1913 年 2 月），原因是刊载了社会主义者福田英子（1865—1927）的评论《妇女问题之解决》；第三次是第五卷第 6 期（1915 年 6 月），公认的理由是原田皋月（1887—1933）的小说《狱中女写给爱人的信》所致。

对荒木郁子（1890—1943）的经历及思想的论说将在后文展开，此处从略。荒木郁子的小说《书信》何以使《青鞜》遭到禁售？通常被认定的理由是由于这部小说的内容涉及通奸。根据 1893 年（明治二十六年）4 月公布的出版法第十九条规定："出版妨碍安定秩序，或败坏风俗的图文书画时，由内务大臣颁布禁止发售令，可将其刻板及印本没收。"① 所谓"败坏风俗"，② 就是指扰乱社会风纪。

小说《书信》刊登在《青鞜》最早的小说特辑第二卷第 4 期上。杂志被禁后第二个月，《青鞜》在"编辑室寄语"中首先作出报道，"青鞜四月号（小说号）在上月 18 日晚，由于违反了出版法第十九条，被禁止发售"。1913 年 2 月 9 日的《读卖新闻》登载了雷鸟关于《青鞜》第二次被禁的谈话，其中也透露出第一次禁售的原因是来自《书信》。她说："青鞜历史上遭到禁售已是第二次了，前一次是去年的四月号，由于荒木郁子以《书信》为题的小说，梗概是一个有夫之妇写信给别的男人"。③

评论界通常认为《书信》是一篇描写通奸题材的小说，但文学博士岩田奈奈津在对青鞜文学进行分析时指出："严格地说，实际上的通奸并没有进行，至多不过是停留于'我'的空想阶段中的幽会、通奸。尽管如此，也是引起'败坏风俗'的、足以毒化社会的小说。"④

《书信》描写了妻子对已分手的情人的思恋，同时对家族制度下的婚姻制度进行了批判和否定。"社会上尽是一些表面形式上的事情，这种事

---

① [日] 鹿野政直：《日本近代思想指南》，岩波书店 1999 年版，第 357 页。
② 据清永孝所著《受到制裁的大正女性——"败坏风俗"之名下的压制》一书，其中论述"败坏风俗"一词，最早见之于公众是在明治十三年（1880 年）10 月 22 日的太政官布告中，其言："已得许可之新闻报刊杂志，被认定为妨害国安或**败坏风俗**时，应由内务卿禁止或停止其发行。"（序言，第 1 页。黑体字为笔者所加。）
③ [日] 米田佐代子、池田惠美子编：《为学习〈青鞜〉者编》，世界思想社 1999 年版，第 199 页。
④ [日] 岩田奈奈津：《作为文学的〈青鞜〉》，不二出版 2003 年版，第 173 页。

情太多了，其中没有比夫妇关系之类更为奇怪的。将爱当作极其便利的机器一般来操纵，操纵本领好的就可以得到贞妇、贤夫人之类的称号。"①在明治民法中，妻子的通奸行为可以直接导致离婚的判定，同时要被处以刑法第183条规定的通奸罪。但是，在丈夫一方，与有夫之妇通奸，如果对方丈夫不以通奸罪起诉，则不构成离婚的原因。

恩格斯说："凡在妇女方面被认为是犯罪而且要引起严重的法律后果和社会后果的一切，对于男子却被认为是一种光荣，至多也不过被当作可以欣然接受的小污点。"② 明治民法正是支撑这种"男子光荣"的一夫多妻的法律条文。荒木郁子则毫不留情地对这一不公平的法律制度提出抗议，对单方面的通奸罪进行了谴责，并且与国家权力相抵抗，她以表面上对妻子的性（通奸）进行肯定的形式，实质上却是对法律规定的两性双重标准和不公平的男女规范提出抗议。

《青鞜》第二次遭禁缘于社会主义者福田英子（1865—1927）的文章《妇女问题之解决》。这篇文章刊登于第三卷第2期（1913年2月）。《青鞜》的"编辑室"没有对这次禁刊进行评论，也没有提及其缘由，而新闻媒体却大肆进行报道。雷鸟的父亲也是通过报纸得知《青鞜》刊载了社会主义者的文章一事。这篇文章抨击日本的家族制度，否定传统观念。雷鸟的父亲因此大发雷霆，并摆出断绝亲情的强硬态度来阻止雷鸟与社会主义者之间的联系与交往。雷鸟的父亲是政府部门的高级官员，可以说，其态度代表着权力阶层对社会主义（者）绝对排斥的立场。福田英子的文章被认为触犯了危害安定秩序罪，而雷鸟的判断却有所不同，她认为与其说是文章内容造成的结果，不如说是由于福田英子的名字以及她与平民社③之间的关系而导致的。④ 当然，从文章内容上看，福田英子的激进主张也不容于当时的社会。

福田英子（景山英子）是明治至大正时期的社会运动家、自由民权运动家、女性解放运动家。1882年（明治十五年）5月，18岁的英子听

---

① ［日］荒木郁子：《书信》（《青鞜》第二卷第4期）（参见附录F1）。

② ［德］恩格斯：《家庭、私有制和国家的起源》，《马克思恩格斯选集》第4卷，人民出版社1972年版，第71页。

③ 平民社——由幸德秋水和堺利彦组建。1903年（明治三十六年）创办社会主义周刊《平民新闻》。日俄战争之际，主张反战。1905年废刊。

④ ［日］平塚雷鸟：《女性原本是太阳》，大月书店1971年版，第435页。

到了自由民权运动家岸田俊子（中岛湘烟）的演讲，受其影响，英子很早就投身于自由民权运动，倡导男女平等。1885 年（明治十八年），由于受"大阪事件"①的牵连而入狱，英子成为日本近代史上最早的女政治犯，被人们称作"东方的贞德"。1892 年（明治二十五年）她结识了从美国归来的自由主义者福田友作，次年两人结婚，1900 年（明治三十三年）丈夫病逝。之后，英子遇到社会主义者堺利彦（1871—1933）、幸德秋水（1871—1911）等人，从此参加平民社的活动，协助社会主义刊物《新纪元》的创办和发行，主张修改民法，提倡妇女解放。1904 年（明治三十七年），福田英子出版自传《我的半生》，并成为畅销书。1907 年（明治四十年），在石川三四郎、安部矶雄②等人的帮助下，她开始创办、主持日本最早的社会主义女性报刊《世界妇女》，呼吁妇女的独立和人权平等。由于连续禁刊，英子也多次入狱，《世界妇女》在政治压制和艰难困境中仅仅维持了两年多。

1913 年（大正二年），应雷鸟的书信约稿，福出英子执笔写作了《妇女问题之解决》。文章旗帜鲜明，提出建立共产主义制度与妇女解放，指出："所谓绝对的解放，并不是作为妇女的解放，而是作为'人'的解放"③，"与妇女的解放一同也必须进行男子的解放"④，"共产制度的黎明到来时，恋爱、结婚自然而然将是自由之事。……共产制度的实现是妇女解放的最大关键"。⑤ 显示出福田英子作为女性解放运动先驱者的锐利目光。这样的激进观点显然为当局所不容。

《青鞜》1915 年（大正四年）第 6 期（第五卷 6 月号）刊发了原田皋月（安田皋月）的小说《狱中女写给爱人的信》，由此《青鞜》遭到第三次禁售。

---

① 大阪事件——1885 年（明治十八年），大井宪太郎等自由党"左派"策划朝鲜的内政改革事件。为促进日本的立宪政体，首先计划在朝鲜建立独立党政权，壮士团在出发前被发现，11 月 23 日，在大阪等地逮捕了 139 人。

② 安部矶雄（1865—1949）——社会运动家、政治家，毕业于同志社大学。美国留学后，历任同志社大学、早稻田大学教授，是基督教社会主义者，加入社会民主党、社会民众党以及社会大众党。众议院议员，也为棒球的振兴作出了贡献。

③ ［日］福田英子：《妇女问题之解决》，载《青鞜》第三卷第 2 号，龙溪书舍 1980 年影印版，附录第 3 页。

④ 同上书，附录第 4 页。

⑤ 同上书，附录第 5 页。

原田皋月出生于新潟县，她追求自立的生活，曾开过一家水果店，但不久因生意冷清而关闭。在婚姻由家长包办的年代里，她勇于挑战世俗，与声乐家原田润恋爱结婚。1912年（明治四十五）3月加入青鞜社，在中期阶段的《青鞜》上发表小说、评论、戏剧等。1914年（大正三年），她在生田长江主持的文学评论杂志《反响》第9期上看到了青鞜社成员西崎花世（生田花世，1888—1970）的文章《果腹与贞操》，随之与西崎展开了一场近一年之久的"贞操论争"。晚年她带着病弱的孩子与丈夫分居，饱受生活艰辛和病痛折磨，终于在1933年（昭和八年）11月，将遗书等物委托于雷鸟后失踪，自尽于箱根的山中。尽管现实生活没有给皋月带来幸运，但皋月的生命却在《青鞜》上得到了延续，《青鞜》具有女性史意义的三次论争，其中两次都是在皋月的笔端最先挑起，皋月为《青鞜》所作的贡献，同样也是为当今女性作出的贡献。不仅是关于"贞操问题"，紧随其后的"堕胎问题"在今天也一直是困扰着众多女性与社会的重要问题，更进一步说，这些也是全人类的问题。

《狱中女写给爱人的信》写的是法官与因堕胎罪而入狱的女人之间的问答，通过他们的对话论及胎儿对女性所拥有的意义。原田在小说中主张，堕胎并非罪恶，生与不生是母亲的权利。在小说中，针对法官的质问——"你不认为堕胎是随意毁掉人命吗？"① 女犯人反驳道："女性每月都会丢掉很多卵细胞，仅仅受了胎还感觉不到生命和人格，只是觉得胎儿完全是母体中微不足道的附属物而已。本能上的爱之类的东西更是无从感受。我未曾听到过将自己的一只手臂砍断会成为罪人。"② 女人给自己的爱人写信倾诉道："我说一条胳膊和胎儿是一样的，这被说成是传播危险思想"，③"当胎儿在母体生命中还是一个物体时，支配摆布他是母亲的权利"。④ 通过这些对话，我们可以看到，女人的主张显然是在质疑法律所规定的堕胎罪，甚至可以说是对国家将堕胎视为犯罪，将施行堕胎的人投入监牢这一行为的否定。

这篇小说也成为一场"堕胎论争"的导火索。伊藤野枝在第9期

---

① ［日］原田皋月：《狱中女写给爱人的信》，载《青鞜》第五卷第6号，龙溪书舍1980年影印版，第36页。

② 同上。

③ 同上书，第37页。

④ 同上书，第39页。

（1915年9月号）的"编辑寄语"中说，"关于堕胎和避孕问题，编辑部收到了相当多的优秀稿件"，但由于刊物受到禁售处分，这一问题被搁置，希望日后有机会再继续刊登。遗憾的是这一机会再也没有等到，《青鞜》于1916年2月停刊，就此走向终结。

堕胎的罪与非罪，在当今也并非无意义的、无须讨论的话题。1994年，在开罗召开的国际人口开发会议上，经过激烈讨论，将"性与生殖健康及权利"明确地写在行动计划中。1995年，在北京召开的世界妇女大会也将此加入行动纲领中。从更加宽泛的领域来把握，就是将这一问题作为女性的人权加以保障，这一思想终于在20世纪即将结束时，在一定程度上得到了认可。可以说，近代以来常常被议论到的"女性的性的自我决定权"问题，其萌芽早已在《青鞜》中显现出来，《青鞜》中所蕴含的思想、观念的先进性从中可见一斑，不能以通常的眼光来评判。

其实，《青鞜》不只是以上被禁作品才吐露出违抗时代观念、政治权力、法律制度、社会规范和道德准则的气息，青鞜女性的内在精神气质贯穿于整个"青鞜史"过程中，它的先行于时代的思想和行为自然会和当时的旧习俗、旧观念发生冲突，因而，在社会整体观念还没有发生转变的情况下，在权力阶层要稳固和维持现有秩序的氛围中，《青鞜》遭到来自社会的嘲讽和攻击，遭到国家权力机关的压制也是必然的结果。但是，青鞜女性并没有因此而放弃对压迫的反抗和对理想生存权利的追求，她们能够在风浪中勇敢地坚持自己的思想主张并从容地选择自己的生存方式，迈出走向妇女解放征程的第一步。

《青鞜》原本是女性在思想、文学方面作为自我解放的精神运动而迈出步伐的，任何对社会发起的挑战都不是其运动的直接目的，但在运动的过程中，女性的自我发展、思想自由受到封建道德的阻碍与否定，因而不得不奋起迎战。社会上的保守势力对青鞜女性的攻击和责难甚嚣尘上，青鞜社的女性随即展开正面反击，毫无顾忌地坦陈对以往妇女生活的不满与憎恶，并呼吁打破旧习。这样一来，青鞜社在人们的眼中，越发成为无视社会、无视道德的叛逆者集团，她们的《青鞜》破坏了传统"淳风美俗"的家族制度。国家权力机关也由于杂志的"伤风败俗"而屡屡对其进行禁售处罚，利用法律的强制力压迫女性要求自由、平等与解放的呼声。

《青鞜》从创刊的1911年9月至1916年2月的最后终结，整个历程仅有四年半时间。它的历史是短暂的，然而，正是由《青鞜》掀开了日本近代女性觉醒史的第一页，为那个时代留下了一个由女性谱写的强劲音符。人类今天的生活，还不能说已经完全达到了理想状态，女性解放的路程也还没有到达终点，因而，今天的女性仍有必要继续探索未来的路途并学习借鉴前人、他者的经验，少走弯路，至少青鞜女性曾经的抗争，会给今天的女性带来争取自身权利与自由的启发和力量。《青鞜》的确给今天的我们留下了一份宝贵的遗产。

第三节 《青鞜》的终结和其后的平塚雷鸟

《青鞜》创刊后的半年时间，杂志及青鞜社都在稳步运转并不断有新成员加入。然而，"新女性"的风波很快袭来，几乎要将《青鞜》这只启程不久的船只淹没，《青鞜》不仅面临来自政府、新闻媒体、社会的压力，刊物运营方面遇到的各种问题与矛盾也始料不及，直至未及三年便匆匆搁浅、停航。雷鸟的青春在《青鞜》退出历史舞台的挽歌中结束，其后，雷鸟深入学习了瑞典近代妇女运动先驱爱伦·凯（1849—1926）的思想和社会学知识，在此基础上，逐渐形成雷鸟的以母性主义为中心的思想内容。

一 《青鞜》的终结

在1915年《青鞜》新年号上，雷鸟和伊藤野枝分别发表文章《青鞜与我——有关青鞜转交野枝一事》和《关于接办青鞜》，从中可以看到《青鞜》面临的困境，雷鸟表明杂志已成负担。资料显示，《青鞜》在发行方面也出现了一些问题，与发行商的东云堂之间出现矛盾。至1913年第10期出版时，杂志不再由东云堂发行，转由尚文堂发行，以后又转交东京堂，也曾与岩波书店交涉出版事宜，但最终未果。编辑力量不足也是一个非常实际的问题，担当各项事务的保持研（子）由于恋爱受挫，身心疲惫，于1914年4月离开东京暂时回乡。在这种情况下，除了伊藤野枝以外，《青鞜》所有的编辑业务几乎落在雷鸟一人身上。在这种状况下，雷鸟一人支撑着杂志刊出第8期，9月份的三周年纪念号终于无法按时推出，勉强刊出第10期后，已不堪重负的雷鸟暂将业务委托于野枝，便离开东京前往千叶御宿海岸度假休养。在摆脱了事务缠绕的安逸自在的日子里，雷鸟接到了由野枝代理编辑发行的《青鞜》第四卷第11期及野枝的一封信，信中说："我想仅仅只是作为您的代理是很为难的，第12

期我不能做了。如果将《青鞜》的编辑、经营全部都交托给我们的话，我们可以重新考虑尽量去做。"① 文中的"我们"是指野枝自己和其丈夫辻润。雷鸟面临着必须立刻解决和处置自己与《青鞜》之间关系的境地。

雷鸟虽然对此颇感诧异并有所担心，而且也曾考虑过停刊，但她对《青鞜》怀着一份眷恋，也"被野枝的烈性所折压"②，最终还是放弃了停刊的念头，将《青鞜》所有的财产和经营权都移交野枝。于是，在1915年《青鞜》的新年号（第1期）上，雷鸟和伊藤野枝分别发表文章，详细记述了《青鞜》主办人的更替缘由。《青鞜》继续在野枝的手里正式独立编辑发行了一年又两个月。

1916年（大正五年）2月的第六卷第2期是《青鞜》留给世界最后的身影，而且没有任何停刊的预告和停刊理由说明。《青鞜》没有继续发行下去，最容易使人想到的直接原因就是伊藤野枝投奔无政府主义者大杉荣，再也没有多余的精力投入《青鞜》的编辑工作。雷鸟谈到《青鞜》停刊的原因时说，"当然，（野枝）与大杉荣的这场新的恋情是祸害，但原因不仅于此，欧洲大战带来的物价上涨——特别是纸价上涨等情况，已经使得经营走到了尽头"。③

其实，《青鞜》未能长期出版发行而很快走向终结，有着内外多方面的原因。

（一）资金出现短缺，经营陷入困境

《青鞜》从一开始就不是营利性的商业杂志，而且读者层有限，杂志的经营常常亏损。《青鞜》的创刊资金来自雷鸟母亲的援助，此后的亏损也是由雷鸟的母亲解囊相助，填补赤字。《青鞜》在1912年新年第1期（1月号）的"编辑室寄语"中发出求助信息，虽然每期都在呼吁资金援助，但一直处于资金拮据状态。在这种经营状况下，1912年第4期由于荒木郁子的小说《书信》使《青鞜》遭到第一次禁售打击，对《青鞜》来说无疑更是雪上加霜。

《青鞜》在创刊之初发行量为1000册，在由东云堂全权代理销售期

---

① [日] 平塚雷鸟：《女性原本是太阳》，大月书店1971年版，第550页。着重号为笔者所加。另参见森真由美（MAYUMI）编《吹吧！狂风、大风、暴风——伊藤野枝选集》，学艺书林2001年版，第151页。

② [日] 平塚雷鸟：《女性原本是太阳》，大月书店1971年版，第552页。

③ [日] 平塚雷鸟：《我走过的路》，新评论社1955年版，第184页。

间（1912年9月—1913年10月）经营状况最好，发行量已达3000册。1913年11月，杂志的出版发行从东云堂转为尚文堂，从此杂志发行量急剧减少，而且与尚文堂的契约也于1914年4月终止，由尚文堂再回到最初的东京堂。但是很快《青鞜》在1914年第6期的"编辑室寄语"中便透露："这次青鞜社完全从书店独立，经营方面也全部由自己来做。"尽管雷鸟和保持研（子）等人四处奔走、各方交涉，然而，经营状况一直在走下坡路。1914年1月雷鸟与奥村博（1891—1964）开始两人的共同生活后，杂志的亏损也无法再依靠雷鸟母亲的帮助，每月的亏损和生活费用成为困扰雷鸟的一项负担。

1915年（大正四年）1月，雷鸟将《青鞜》的发行权转让给伊藤野枝后，杂志的销量仍无起色。1915年第4期的"编辑室寄语"提到，为青鞜社援助团发行小册子的费用也挪用于弥补杂志的生存，余款殆尽。1915年第6期刊载了原田皋月的小说《狱中女写给爱人的信》，引起"堕胎问题"的论争，刊物也因此遭到禁售，销售额受到严重影响。到《青鞜》最后一期（1916年第2期），由于第一次世界大战的缘故，纸价倍涨，导致杂志页数大减，仅为93页，而以往每期都在一百多页，最多一期（1915年新年号）包括附录在内达256页。如此看来，《青鞜》一直都是在资金短缺的情况下运营的。

（二）内部组织瓦解，人员纷纷离去

青鞜社重新改组后（1913年10月），内容转向妇女思想和妇女运动方向，与以往读者层的认识产生分离，事务所也搬迁至郊外的巢鸭村。由于地处偏僻，读者来访也变得稀少，雷鸟如孤守堡垒一般。一直担任事务工作的保持研（子）因结婚（1914年7月）离开了青鞜社，担任编辑工作的小林哥津（子）在与东云堂的年轻店主、诗人西村阳吉交往过程中，由于雷鸟从中游戏式的搅局①，使哥津子感情受到伤害，不久也离开青鞜

---

① 西村阳吉（1892—1959）1909年（明治四十二年）作为东云堂店主西村寅五郎的养子当上了年轻店主，当时已有婚约在身的阳吉在与小林哥津子交往时，总是有所收敛。小林哥津子也是一样，两人心中都明白，这是一场没有结局的恋情。正当两人处于这种欲进不能的窘境时，雷鸟从中恶作剧般地玩闹，突然与西村阳吉亲近，两人手牵手地在东京的大街小巷散步、谈心。原本就有些失意的哥津子，一下子觉得在感情上受挫，很是郁闷。参见伊藤野枝《杂音——〈青鞜〉周围的人们"新女性"的内部生活》，载森真由美（MAYUMI）编《吹吧！狂风、大风、暴风——伊藤野枝选集》，学艺书林2001年版，第36页。

社，与神近市（子）一起协助尾竹红吉创办《番红花》。为《番红花》执笔的作者一部分原先是《青鞜》的成员，红吉等人的退出无疑削弱了《青鞜》的实力。后来由于发生了"五色酒（鸡尾酒）"事件与"吉原登楼"事件，雷鸟在对待红吉的态度上引起大家的不满，雷鸟个人的凝聚力大减，此时的青鞜社内部组织已呈松散状态。

1915年《青鞜》新年号上分别刊出雷鸟和野枝两人对转让《青鞜》的缘由和经过的说明。雷鸟在题为《〈青鞜〉与我》的文中透露出她对《青鞜》所有权的态度，她说："即便当初杂志的所有者并不明确，但最初的出资人是我，现在除了我之外，其他发起人全部撤离而去，而且如今所有的事务事实上都经由我的手来做，那么，杂志当然归我所有，因而，我认为关于杂志的所有责任和自由也在我这里。"[①] 从这里可以看出雷鸟个人凝聚力的散失，其原因还在于雷鸟自始至终都将《青鞜》作为她的个人所有，而不是作为《青鞜》参与者共同的事业；更进一步说，没有将《青鞜》作为唤醒全体女性觉悟的宣传工具，作为广大女性普遍获得平等社会地位的有力武器，依靠集体力量共同运作进而谋取长期发展。实际上，《青鞜》自始至终的经营权、责任者也都是模糊不清的，因而在《青鞜》发行权的转让上，雷鸟将《青鞜》视为私人财产进行处理，在没有与社内其他任何人商量的情况下，只是个人与野枝之间进行私下的转让交接，这种态度自然也引起同人的不满，使得人心更加涣散。

伊藤野枝接手《青鞜》后，打出了"无规则、无方针、无主张、无主义"的经营口号，与最初的理想背道而驰，引起青鞜社成员的反感。加藤绿明确提出对野枝的经营方针感到失望。[②] 那些当年在青鞜社章程第一条（"本社力图发展女性文学，使各自天赋特性得以发挥，他日以培养女性天才为目的"）的激励下带着热望入社而来的女性写作者，也和加藤绿一样感到失望。《青鞜》曾经是向往文学的年轻女性们的创作园地，而由野枝接手后的《青鞜》却使那些希望通过《青鞜》完成作家理想的女性写作者失去了目标和方向。可以说，《青鞜》转手交接的那一刻起，也就是《青鞜》走向终结的开始。

---

① ［日］平塚雷鸟：《〈青鞜〉与我》，载《青鞜》第五卷第1期（新年号），龙溪书舍1980年影印版，第124—125页。

② ［日］岩田奈奈津：《青鞜之女·加藤绿》，青弓社1993年版，第141页。

（三）杂志脱离社会，缺乏广泛支持

无论个人、小集体还是家庭都不能游离于社会而存在，青鞜社的女性个人和体现其主张的《青鞜》也一样，无论她们自身的现实生活还是她们的理想追求，都与最普遍的社会大众相脱离，因而她们失去众多的支持者，也得不到广大女性的支持，更是受到女子教育家们的否定。

雷鸟和青鞜社成员大多生长于都市中等阶层的家庭，接受过良好的教育，即使从乡村走出的伊藤野枝、生田花世、神近市子等少数青鞜社成员，也都是出生于没落地主这一农村上层，并接受过中等以上的教育，其后的生活环境和其他成员一样处在东京这个最具近代化标志的大都市里。从知识水准来说，青鞜女性都处于中等或更高的阶层，她们当中虽然有些人也会因经济上的拮据而为衣食发愁，但从根本上她们还是难以了解中下层和生活于社会底层的广大民众的需求和疾苦，因而她们的杂志也只是一味地反映她们自我的内心需求和理想。在雷鸟的意识中，至少在1913年10月《青鞜》更改章程之前还不具备社会的视角。她在《自传》和其他文字中多次表示，对自己来说，并没有将社会的、政治的问题作为自身的问题进行思考，也不抱有关心，而对自我内部的探求、自我完成才是最为重要之事。① 可见，雷鸟的自我探求与自我完成更多体现出与现实社会的隔绝，通过修禅在观念世界里徘徊。她曾经于1914年秋天在《生活》杂志上说："与所谓的社会保持直接接触地生活，这种事情无论如何都让我觉得讨厌。那些既没有优越于他人的深远自觉，也不具备卓绝见识的人，却以社会领导者而自任，简直令我生厌。"②

雷鸟出生于上层社会家庭，生活优裕，使得她从不关心下层社会。雷鸟对职业妇女、女子劳动者的看法呈现出其阶级局限性并存在轻视劳动女性的弱点。她认为女性失去母性比拥有职业更令人感到悲哀，常常强调职业会对女性带来阻碍。比如雷鸟在1914年（大正三年）《青鞜》第1期上所发表的对肖伯纳戏剧的评论《华伦夫人的职业》中，举例说明妇女就业如何变得人性丧失，将女子劳动者称为"无知的女工"。这表明，她尊重人性的观念并没有走出狭隘的生活认识圈子，从而使她远离社会，远

---

① ［日］平塚雷鸟：《女性原本是太阳》，大月书店1971年版，第281、290页；《现代与妇女生活》（《于〈青鞜〉三周年之杂感》），日月社1914年版，第289页；《致现代男女》（《〈青鞜〉与我》），南北社1917年版，第67、73页。

② 转引自井手文子《青鞜》，弘文堂1961年版，第150页。

离现实，远离大众，因而她的杂志也就没有社会活力。在无政府主义者大杉荣看来，青鞜社只不过是一群以"蜗牛式的自我充实"为标语的文学爱好者的小姐聚会而已。虽然值得同情，但青鞜社如果不从这一"壳"中走出则不会有所作为。① 大杉荣对青鞜社的评价虽略显偏颇，但他早在1914年就洞察到青鞜社偏离现实、不融于社会的弱点，应该说代表了社会上一部分有识之士对青鞜社的共同看法。其实青鞜社内部也存在着对雷鸟远离现实的批评意见，同在1914年，岩野清（子）为雷鸟的文集《现代与妇女生活》②作序，一针见血地指出："我认为较之思想而言，你在实际行动方面有些迟缓。"并表示："希望你从书斋走向街头，在动脑的同时也付诸行动。"③

另外，《青鞜》从一开始就不是以商业经营为目的而创办的杂志，而是仅仅为了女性自我内在需要和女性自我诉求愿望的实现而存在的杂志，尤其对主创人雷鸟来说，杂志的盈利与亏损并不是首先考虑的问题，只要交与书店去经营便可。以自我内在诉求为出发点的《青鞜》自然不会将广大读者的需要放在第一位，《青鞜》销售业绩最好时为3000册的发行量，比起当时与《青鞜》同时期创刊发行的妇女杂志，如《妇女界》（1910年）创下发行量达40万册的业绩，《主妇之友》（1917年）④最好业绩达100万册，实在是天壤之别，可见《青鞜》3000册的发行量对读者所产生的影响力极其有限。

脱离现实、不能及时反映社会以及广大读者普遍需求的《青鞜》，其生命力自然不能长久，也自然会被社会所抛弃，否则《青鞜》就不会沉寂于历史达80年之久了。

（四）传统意识顽固，容忍程度有限

《青鞜》在其发展的过程中曾经历的三次禁售处分，其原因无非是作品的思想内容不符合传统意识和道德标准，《青鞜》以及青鞜女性被认为破坏了"日本妇女原有的美德"，破坏了"家族制度"，破坏了旧有风俗

---

① ［日］井手文子：《青鞜》，弘文堂1961年版，第175—176页。
② 《现代与妇女生活》是雷鸟的第二部文集，集结了雷鸟自第一部文集《圆窗边》（1913年）之后发表在《青鞜》及其他杂志上的主要评论文章。
③ ［日］平塚明（雷鸟）：《现代与妇女生活》，日月社1914年版，（序）第6页。
④ 《主妇之友》从战前经过第二次世界大战，一直发行至2008年5月宣布停刊。历经91年的岁月，最后一期为2008年5月2日出版发行的6月号（总第1176期）。

与现有社会秩序。① 同时，由于福田英子试图以社会主义思想主张以及共产主义理想来解决妇女问题的宣传，更是"触犯了当局的忌讳"。② 在社会主义被全面封杀、社会主义者遭到彻底镇压的"大逆事件"之后，福田英子公然宣扬对共产主义的信仰，显然是在进行反体制的思想宣传，可以说在当时是一种"自找麻烦"的行为，更何况在日俄战争之后，国家主义思想日益高涨，在这种大气候下，青鞜女性的违逆社会潮流的主张自然难有容身之地。

在"新女性"的论辩声浪高涨的 1913 年（大正二年），社会上对《青鞜》的关注也随之增多，然而，社会对"新女性"的理解仅限于肤浅、表面的认识，"新女性"往往被认为是没有婚姻、不会成为母亲的"新人种"，而不是追求新的内在充实和自我觉醒的新时代的女性。当时将女性问题作为社会问题进行关注的杂志《中央公论》（新年号、七月号）和《太阳》（六月号）都出版了妇女问题特集。1913 年是将妇女问题作为重要的社会问题进行广泛讨论的值得纪念的一年，也是青鞜社受到来自社会各界攻击和责难最激烈的一年。③ 尽管不乏社会各界有识之士的同情和声援，但是一般舆论中更多的则是责难和攻击，对"新女性"基本持否定态度。当时的文部大臣、法学博士奥田义人（1860—1917）的言论代表了文部省的意见，他说：

> 近来出现一些新女性、新真妇女之类的名称，进行各式演说，还出版杂志。我不明白她们的宗旨。单是看了欧罗巴的小说、戏剧，并不考虑妇女的任务、前途，漫然地倡导新奇主张，我认为没什么太大意义。④

当时对青鞜社和"新女性"的批评，许多出自妇女之口。如当时身为共立女子职业学校校长的鸠山春子（1861—1938），在《妇女世界》杂志上发表题为《进步女性与新女性》的文章，她批评道：

---

① ［日］平塚雷鸟：《女性原本是太阳》，大月书店 1971 年版，第 458、459 页。
② ［日］平塚雷鸟：《我走过的路》，新评论社 1955 年版，第 108 页。
③ ［日］平塚雷鸟：《女性原本是太阳》（完结篇），大月书店 1971 年版，第 34 页。
④ 转引自井手文子《〈青鞜〉的女性》，海燕书房 1975 年版，第 156 页。

前几日见报刊上年轻的新式女性，那些妇女之会的人们首倡开演讲会，她们的发言不计后果，如果对毫无思想的年轻人没有带来恶劣的影响便好，我不禁感到恐怖。那些人比现今的时代先行一步，即她们自信地认为自己是"与众不同的人"。但是，这种不考虑后果的做法容易误导社会信念，这样破坏家庭的所谓妇女解放，我绝对反对。[1]

如此，在来自社会各界的舆论攻击、打压下，青鞜社招致人们的极度反感和排斥，使计划中的文学研究会走向破产，《青鞜》的经营也遭遇挫折。为了借用教会、学校和其他会场，青鞜社成员每天从早至晚四处联系，但所有的地方都表示拒绝，有的地方本已预约好，也由于在各方抗议的压力下中途又婉言回绝。有的甚至明确表示："你们的认真，你们的事业是有益的工作，我们都很清楚，对你们的热情，其实作为个人也充分地抱有同情，但社会上的风言风语，使我们也甚感为难。"[2] 有的教会听信报刊风言风语的宣传，说她们吃喝玩乐，无所事事，于是，无论怎样恳请就是不允许青鞜社成员在此聚会。

尽管在1913年人们对新女性的问题表示出极度关注，然而，社会上的认识和评价却未必给她们带来声誉，而恰恰是向她泼去一盆盆污水，杂志最终的结果是陷入无限期休刊的困境中。青鞜女性呼吁打破旧道德、冲破家族制度、追求新生活的声音，在传统社会强大而顽固的势力中几乎完全被湮没了。

（五）成员个人问题，过多消耗精力

1914年1月雷鸟离开父母，与奥村博开始共同生活。由于雷鸟对现有的将女性置于从属地位的婚姻制度抱有不满，认为结婚是个人的私事，因而决意不履行法律上的程序，自行步入婚姻生活。他们这种公开向社会和家族制度挑战的行为，招致社会的攻击，将他们的共同生活称为"野合"。4月以后，《青鞜》的经营不再委托于书店，杂志的出版发行、编辑等杂务几乎全部由雷鸟一人承担。在与奥村博的爱情新生活中，雷鸟已感到《青鞜》成为沉重的负担。各种杂务、资金欠缺甚至借款、来自社

---

[1] 转引自井手文子《〈青鞜〉的女性》，海燕书房1975年版，第149—150页。
[2] ［日］平塚雷鸟：《女性原本是太阳》，大月书店1971年版，第451页。

会的中伤等等，这一切使雷鸟感到疲惫不堪。在这种境况中，尽管这一年《青鞜》的第5期至第8期如期出版了，但是雷鸟已无力继续支撑9月份的三周年纪念号的出版，不得已第一次休刊，最终第9期与第10期合并出版。雷鸟在万般疲惫中，头痛的宿疾发作，完全失去思考能力，只得将第11期、第12期的编辑发行事务委托于伊藤野枝，然后与奥村博前往千叶御宿海岸度假休养。雷鸟不想因《青鞜》的杂务而消耗生命和生活的力量，但出于对《青鞜》的眷恋没有下定停刊的决心，而是在野枝的强烈恳请下将《青鞜》的编辑、经营等事务全部转交给伊藤野枝。

  遗憾的是，《青鞜》在伊藤野枝手里走向了完结。由于伊藤野枝婚姻生活的变故殃及《青鞜》，使《青鞜》永久退出历史舞台。伊藤野枝和翻译家、思想家辻润（1884—1944）的家庭生活彻底破裂，是由于辻润在野枝第二次妊娠时背叛了两人的感情，轻率地出轨移情别恋于他人而导致的。辻润的行为彻底打击和践踏了野枝辛辛苦苦用真爱建立起来的生活，使她陷入绝望。1915年《青鞜》第五卷第8期休刊，有孕在身、行动不便的野枝将编辑事务托付给生田花世和日月社，举家前往九州老家，一方面准备在家乡分娩，另一方面也试图通过此行修复与辻润的关系。在此状况下，停刊的传闻四起，野枝在第五卷第9期的"编辑寄语"中说，"我想，在读者当中多多少少有一些对各种各样风传感到几分不安的人。但是，无论发生什么情况，我自己都不希望停刊"，否定了停刊之说。然而，在"我自己不希望停刊"的话语中，已经隐隐透露出野枝一人难以继续支撑的事实。野枝与辻润的家庭生活并没有因为孩子的诞生有所好转，而《青鞜》却由于野枝与大杉荣新恋情的产生最终走到了历史的尽头。1916年（大正五年）4月，野枝毅然放弃了与辻润的家庭生活，投奔大杉荣。接着由于大杉荣在爱情问题上的随意，使得气愤之极的神近市子[①]刺伤了在叶山日荫茶屋与野枝同住的大杉荣，引发了"日荫茶屋事件"。雷鸟在《自传》中称"日荫茶屋事件"是"《青鞜》的挽歌"，同

---

  ① 神近市子（1888—1981）——妇女运动家。就读于津田英学塾时，加入青鞜社（1912年8月），毕业前入社一事被校方知晓，作为一种惩罚，毕业时市子被指派到青森县立女学校任英语教师，不久再次因曾是青鞜社成员受牵连，被校方辞退。市子回到东京后，成为《东京日日新闻》社会部记者，完全依靠自己的能力独立生活。1916年，纠缠到与伊藤野枝、大杉荣间的多角关系中，最终酿成"日荫茶屋事件"，被判入狱两年。1947年，参加民主妇女协会、自由人权协会。1953年以后，6次当选众议院议员，为实现《卖春防止法》通过立法而尽力。

时自己的青春也在这曲挽歌中结束了。①

青鞜社成员中，在感情生活上出现变故的并非伊藤野枝一人。岩野清（子）与主张刹那主义哲学的诗人、作家岩野泡鸣（1873—1920）的爱情生活在灵与肉的较量中走过了七年，清子也曾经为七年中泡鸣没再接近过其他女人而感到自豪。然而，清子太过自信了。新潟的小学教师蒲原英枝（1890—1944）也是青鞜社成员，由于同事男教员以及校长对青鞜社的不理解，她愤而放弃了教职进京求职。清子得知此事后，热心相助，正好此时丈夫泡鸣的翻译工作需要助手，清子便将这份差事交给了英枝。岂料，不知何时清子被自己信任的两人背叛，清子受到沉重打击。经过彻底思考，清子决定与泡鸣分居而不离婚。清子对雷鸟解释说："我之所以不办理离婚手续，并非指望两人之间还存在爱情，或期待某一天泡鸣还会重新回到自己身边。我也不是像社会上多数妻子那样，出于经济理由或为孩子着想而向不贞的丈夫妥协，仅仅是为了维护法律上'妻子的位置'而已。这样做不是为了自己一人，而是为了世上众多不幸的妻子，也是为了全体女性而主张妻子的权利。"② 对清子来说，这已不是爱情的问题了，而是代表广大妇女维护妻子正当权利的问题。此后，由于泡鸣拖欠孩子的抚养费，清子不得已诉诸法律，接着请求离婚。岩野清子与泡鸣的离婚从1915年（大正四年）8月一直纠缠到1917年（大正六年）2月。

就这样，"新女性"们的恋爱风波和家庭分裂吞噬了《青鞜》。以上分析表明，《青鞜》以个人出资的形式起步，经营上一直没有充足的资金保障；随着"新女性"受到非议，青鞜社内部出现动摇，人心涣散，不少成员退社而去，雷鸟的个人凝聚力大减，社团组织在一定程度上被瓦解；以男权为中心的社会传统意识强大而顽固，整个社会对《青鞜》的接受度与容忍度有限，使《青鞜》无法长期存在；青鞜社成员的恋爱、婚姻生活以及生育问题扰乱了原有的生活秩序，过多的精力消耗，影响《青鞜》的如期发行，以致最后停刊。

二 《青鞜》之后的平塚雷鸟

1912年（大正元年）夏天，雷鸟与从事画作的青年奥村博（1916年

---

① ［日］平塚雷鸟：《女性原本是太阳》，大月书店1971年版，第611页。
② 同上书，第576页。

改名为奥村博史）相识,虽然雷鸟要比奥村博年长五岁,但两人一见如故。1914年（大正三年）1月,雷鸟离开父母,与奥村博开始共同生活,为此雷鸟在《青鞜》上发表《关于独立致双亲》,表明自己反对旧制婚姻的态度,主张新的性道德应建立在恋爱自然发展的结果之上,以此为基础而共同生活,同时,雷鸟也要向社会和那些为旧的性道德而苦闷的妇女们表明自己以身践行的意义。1915年12月,雷鸟的长女出生。雷鸟将《青鞜》移交伊藤野枝后,开始深入学习瑞典近代妇女运动先驱、思想家爱伦·凯（1849—1926）的思想,同时,雷鸟也进入作为女性的角色——恋爱、结婚、生儿育女。通过学习爱伦·凯的理论和社会学知识不断充实自己,逐渐形成自己的思想。1917年秋,她的第二个孩子出世,辛劳的育儿实践,使雷鸟在实际生活中建立起母性主义立场,开始要求妇女的权利。在此期间她仍然进行写作,在《中央公论》、《妇人公论》等刊物上发表评论文章,成为妇女问题评论家。1918年（大正七年）2月至1919年（大正八年）6月,平塚雷鸟和与谢野晶子在观点上产生对立,由此展开了一场历时一年零五个月的"母性保护论争"。雷鸟立足于爱伦·凯的理论学说提倡"母性主义",而与谢野晶子则站在"女权主义"立场对雷鸟的论说提出反驳。

"母性保护论争"在《妇人公论》上发起,争论焦点在于"国家是否应该在经济方面保护母性"。对此,与谢野晶子持否定态度,提出女性要有个人尊严,要在经济上自立,认为只有在经济上独立的人才能拥有做母亲的资格,在妊娠和分娩时,不具备储蓄能力的妇女,因妊娠及育儿这一生殖上的奉献而要求国家保护,这是"依赖主义"。

针对与谢野晶子的观点,雷鸟坚定地主张母性保护是妇女当然的"权利",认为"母亲是生命源泉,妇女通过做母亲,超越个人的存在领域,成为社会、国家、人类的存在,所以,保护母亲不仅是为了妇女一人之幸福,而且对全社会的幸福、全人类的将来也是有必要的"。[①]

山川菊荣也加入到这场论争中,她依据社会主义理论,站在阶级分析的立场上,分析与谢野晶子和平塚雷鸟的观点,在认可她们部分观点的同

---

① ［日］平塚雷鸟：《关于母性之主张致与谢野晶子氏》（原载《文章世界》1916年五月号）；《母性保护之主张并非依赖主义》（原载《妇人公论》1918年五月号）,载小林登美枝、米田佐代子编《平塚雷鸟评论集》,岩波书店1987年版,第110页。

时，指出其局限性。山川认为，即便如晶子、雷鸟所主张的那样，妇女受到保护，也不能从根本上解决妇女问题，其根本解决，无非是进行经济关系的社会变革。① 应该说山川的观点更加切中要害。

"母性保护论争"与"恋爱及婚姻问题"、"妇女劳动问题"相关联，成为近代日本妇女思想史上的基本课题，这场论争在大正民主运动中，拓宽了妇女视野，丰富了妇女思想史的构成，成为战后"女性主义论争"（80年代）② 的源头。

此后，雷鸟投身于妇女解放运动，1920年（大正九年）3月，雷鸟与妇女运动家、政治家市川房枝（1893—1981）、奥梦女绪（MUMEO，1895—1997）等成立日本最早的妇女运动团体"新妇女协会"，开展一系列活动。首先，她们以修改治安警察法第五条为目标发起请愿运动，同时要求获得妇女参政权，首次提出了女性的普选权要求。1922年（大正十一年），部分实现了对治安警察法的修改，女性参加政治集会得到认可。1921年、1922年，多次发生了日本工人运动史上未曾有过的大罢工，为此议会提出取缔过激社会运动法案，在此背景下，新妇女协会被迫于1922年12月由雷鸟宣布解散。经历这次挫折后，雷鸟便将精力倾注于文稿写作。

1930年，雷鸟与高群逸枝③一起成立无产妇女艺术联盟，并为其机关刊物《妇女战线》执笔写作，同时还参加消费生活工会运动。战争期间，雷鸟在疏散地度过一段农耕生活，对社会保持沉默。第二次世界大战后致力于反战、和平运动，担任日本妇女团体联合会会长、国际民主妇女联盟

---

① ［日］山川菊荣：《母性保护与经济上之独立——与谢野·平塚二氏之论争》（原载《妇人公论》1918年9月号）。参见铃木裕子编《山川菊荣评论集》，岩波书店1990年版，第61—83页。

② 日本20世纪80年代的"女性主义论争"主要包括"环境女性主义论争"（真正的女性解放在于积极地打造"女性性"的"自然性"，从而谋求复权，这样女性才能拯救陷入环境危机的现代社会——青木弥生、上野千鹤子）、"总撤退论"（加纳实纪代提倡全体女性退出劳动市场）、"陈美龄论争"（幼儿被母亲带入工作场地是否应得到社会允许——中野翠、林真理子），以及"阻止优生保护法改恶运动"（女性团体主张"生与不生是女性的自由"，残障者团体主张"胎儿的生存权"，两者都呼吁创造"能生的社会、想生的社会"）等四次具有较大社会影响的论争。

③ 高群逸枝（1894—1964）——诗人、女性史专家。以无政府主义立场主张女性解放，在女性史研究领域是家族史、婚姻史的开拓者，著有《母系制的研究》、《招婿婚的研究》等。

副会长等职务。

走过半个多世纪，在女性运动阵地上奋斗前行的雷鸟，于1971年（昭和四十六年）5月24日在东京代代木医院迎来了生命的最后时刻，享年85岁。她的整个生命历程跨越了明治、大正、昭和战前及战后几个时期，她被时代所影响的同时也影响了时代。

第四节　平塚雷鸟的思想轨迹

平塚雷鸟是日本历史上得到认可的为数不多的女性思想家，作为数次女性主义运动的先锋领导者，在日本近代女性史上留下清晰的足迹。在战前的青鞜社运动、母性保护论争、新妇女协会活动以及消费工会运动中，她都发挥了重要作用，战后继续在呼吁与争取和平的运动中产生重要影响。

平塚雷鸟的思想形成和发展过程大致可以分为四个阶段：初期以《青鞜》为中心，在自主自立的意愿驱动下，为自我的确立积极付诸行动；第二阶段，在大正民主运动时期，与奥村博恋爱、结婚、生育，在实际生活体验中发现对他人之爱并追求与弘扬母性主义；第三阶段是战前时期，追求爱的完成，否定一切权力统治，希望人类拥有与自然成为一体相互合作平等的理想社会，并以此为目标展开活动；最后是战后时期，雷鸟从人类和平的立场出发，提出非武装中立、构想绝对和平主义的世界和平观。自立、博爱、合作、和平这四个主题，形成了雷鸟不断丰富的思想轨迹。

在初期阶段，雷鸟所探索和追求的是自主自立，不断与社会这块壁垒进行碰撞，并在与社会的关联、冲突、交锋过程中磨砺自己，即使跌倒了，也会爬起来继续保持向现实挑战的勇气。《青鞜》创刊时的雷鸟，正热衷于禅宗，彷徨于观念世界中，对现实的社会问题漠不关心，甚至对同时期给整个社会带来极大冲击的"大逆事件"，也感到是"遥远的与己无关的事"[1]。但尽管如此，雷鸟也预感到自己所选择的道路在社会中将会碰到矛盾。她在《发刊辞》中高呼："我们要在日出之国的东方，在那水晶山上，营造起耀眼的黄金色的大圆宫殿。"[2] 并接着写道："即使我半途

---

[1] ［日］平塚雷鸟：《女性原本是太阳》，大月书店1971年版，第168页。

[2] ［日］平塚雷鸟：《女性原本是太阳——写于〈青鞜〉发刊之际》，载《青鞜》创刊号，龙溪书舍1980年影印版，第51页。

倒毙，就算我作为破船上的水手沉入海底，我依然会举起麻痹的双手，用尽最后的气息呼喊，'女性啊，前进！前进！'"① 她的预感在以后的现实中以《青鞜》接二连三的遭禁得到了验证。雷鸟面对世人对"新女性"发出的猛烈攻击、嘲笑时，从容应战，不屈不挠地自我宣称"我是新女性！至少每天都在祈愿、每天都在努力着希望自己是真正的新女性"②，语气中充满了强劲的力量。

雷鸟在与奥村博相识、恋爱的过程中，朝着第二个中心思想发展，即对他人之爱的觉醒和认识，这种爱不是自我放弃。雷鸟认识到自己有着"孤独的性格"，很难与他人共处，预想着两人的恋爱和选择，将会在各种意义上伴随着相当多的矛盾和不安，但她仍认为"今后无论有怎样的未知世界在我面前展开，我的思想、生活将会发生怎样的变化，我都决心试着走下去，直到路的尽头"。③ 在这样一种自立精神的支撑下，雷鸟才能够获得爱的力量，并下定决心去爱他人，去和自己相爱的人共同生活。关于结婚的问题，雷鸟的态度是："我对现行的婚姻制度抱有不满，既然如此，就不想屈从于这种制度，不想依照这样的法律获得认可。"④ 她不仅否定了家族制度下将女性置于从属地位的婚姻制度，而且以实际行动对现行的婚姻制度不予理睬，雷鸟与奥村博两人在自主意愿下，未经婚姻登记就进入了家庭生活。

雷鸟在没有做好养育子女的精神准备情况下意外怀孕了。当时堕胎要被问以堕胎罪。是否应该生下没打算要的孩子？即使破坏法律，是否也要贯彻自己的意志？雷鸟对此感到苦恼。正值此时，《青鞜》刊出了原田皋月的小说《狱中女写给爱人的信》（第五卷第6期），对禁止堕胎的法律规定提出质疑。由此在《青鞜》上展开了对这一尖锐社会问题的论争。在论争过程中，雷鸟得出结论："一旦肯定了爱的生活，而且由自己选择步入这种共同生活，这样的自己，如今正为爱而生存、努力加深爱的程度

---

① ［日］平塚雷鸟：《女性原本是太阳——写于〈青鞜〉发刊之际》，载《青鞜》创刊号，龙溪书舍1980年影印版，第51页。

② ［日］平塚雷鸟：《新女性》（原载《中央公论》1913年一月号），载小林登美枝、米田佐代子编《平塚雷鸟评论集》，岩波书店1987年版，第41页。

③ ［日］平塚雷鸟：《关于独立致双亲》，载《青鞜》第四卷第2期，龙溪书舍1980年影印版，第113页。

④ 同上书，第115页。

并提高爱的质量，同样的这样一个自己，怎能否定爱的创造、爱的结果——孩子呢？这是太过矛盾、太不彻底的行为。进一步认为，如果拒绝孩子的话，首先必须拒绝所有爱的生活。"[1] 在此雷鸟发现"所有爱的生活"必然或必须包括"对孩子的爱"。其间雷鸟还读到了爱伦·凯的《母性之复兴》（The Renaissance of Motherhood），在自己的精神生活中不仅发现了对孩子的爱，而且同时也找到了"母性"。但是，在雷鸟的认识中，对母性和能够成为母亲的"资格"却限定在包括自己在内的中上阶层妇女范围，而对那些"没有任何教养，吃饭就是生活全部的下层社会的劳动妇女"或"完全没有自觉没有知识的劣等女性"加以区别或贬低，显然，雷鸟的所谓"母性"带有阶级偏见。

一般认为，雷鸟的母性主义是一种母性自觉，而实际上并非仅此一点。雷鸟和与谢野晶子、山川菊荣等人在1918—1919年近一年半的时间里所展开的"母性保护论争"，并没有仅仅停留于女性经济独立的问题，而且在以母性保护暨以育儿为中心的问题上，她们从各自的立场出发，甚至构想出理想社会的面貌。雷鸟的母性主义，透露出其社会思想出色的一面。在这场论争中，雷鸟将育儿工作作为"社会性、国家性的工作"[2]，指出母亲育儿需要国家的保障。她说："母亲是生命的源泉，妇女通过作母亲，超脱了个人的存在领域，成为社会、国家和人类的存在，所以，保护母亲不仅为了妇女一人之幸福，而且对全社会的幸福、全人类的将来也是有必要的。"[3] 这一点，以今天的观点来看，其中包含着对生存权进行社会保障的思想。但是，当时的雷鸟也许并不具备这种明确的人权意识，其主张在爱伦·凯的思想影响下，带着浓厚的优生主义色彩。雷鸟在大正民主运动影响下，批判母子不能够轻松自如、从容生活的社会现实，从此转向对社会现实的关注。在《针对社会改造的妇女之使命》一文中，她明确表示，十年前青鞜时代的自己与今天的自己已有所不同。如今，"妇女思想界的中心问题已从男女平等、男女同权、机会均等等问题转向两性

---

[1] [日] 平塚雷鸟：《"个人"生活与"性"生活之间的斗争——致野枝》，载《青鞜》第五卷第8期，龙溪书舍1980年影印版，第19页。

[2] [日] 平塚雷鸟：《关于母性保护问题再致与谢野晶子氏》（原载《妇人公论》1918年八月号），载小林登美枝、米田佐代子编《平塚雷鸟评论集》，岩波书店1987年版，第119页。

[3] [日] 平塚雷鸟：《主张母性保护是依赖主义吗？》（原载《妇人公论》1918年五月号），载小林登美枝、米田佐代子编《平塚雷鸟评论集》，岩波书店1987年版，第110页。

问题（恋爱及婚姻问题）、母性问题、子女问题，这也同时意味着由个人主义转向集体主义，由利己主义转向利他主义"。① 在此，雷鸟也不再仅仅追求内在自我的完成和个人主义的伸张，或仅仅高唱精神上的自由与独立，而是具备了超我的社会意识，甚至具备了社会改造的思想，认为有必要对女性爱的自由与权利的行使造成阻碍的社会制度、经济组织和法律限制进行改造。昔日呼吁发挥女性潜在天赋，而此时发展为"在社会改造方面充分发挥女性之特性"。② 因而在这一意义上可以说，这篇论文是承接《女性原本是太阳》之后的第二宣言。这一时期雷鸟的思想由追求自我内部解放的"精神（抑或宗教）运动"③ 走向了"作为女性的爱的解放"和"作为母亲的权利要求"④ 的"社会运动"，其思想达到了拥有社会意识的高度。

由"社会改造"思想出发，雷鸟开始关心政治、批判私有财产制度，"现社会中家庭的一切恶害本源是婚姻中男女所处的经济关系"，"这一毒害根源之根源"则在于"现行的社会制度"。⑤ 鉴于此，"家庭的根本性改造有待于对现社会的改造"。⑥ 并且也开始关注到资本主义产业结构下产生的大量无产阶级劳动群体，继而呼吁支援无产政党，"无论是资产阶级妇女还是无产阶级妇女，或者无论是资产阶级妇女团体还是无产阶级妇女团体，如果切实地意识到其作为妇女的共同立场，在妇女解放运动面前，全体妇女团结一致并非没有可能"。⑦ 为了全体妇女的共同利益和目标，雷鸟超越了阶级局限，提出妇女团体联合一致的主张，在此前提下，其思想方面也对无政府主义思想产生了共鸣。

雷鸟的思想变化急速而尖锐，然而，这样的变化并非仅仅追逐论坛的流行风向，其思想背景是以自己的实际生活体验为铺垫、以抚育子女为中

---

① ［日］平塚雷鸟：《针对社会改造的妇女之使命》，载《女性同盟》创刊号，1920 年 10 月，第 6 页。

② 同上书，第 10 页。

③ 同上书，第 3 页。

④ 同上书，第 7 页。

⑤ ［日］平塚雷鸟：《家庭改造之根本意义》（原载《妇人公论》1923 年一月号），载小林登美枝、米田佐代子编《平塚雷鸟评论集》，岩波书店 1987 年版，第 170—171 页。

⑥ 同上书，第 174 页。

⑦ ［日］平塚雷鸟：《致妇选运动者》（原载《东京日日新闻》，1928 年 2 月 6 日），载小林登美枝、米田佐代子编《平塚雷鸟评论集》，岩波书店 1987 年版，第 239 页。

心而展开的。由于从事新妇女协会运动的辛劳，雷鸟身体不支，很快病倒，从1921年夏天至1923年夏天，她与丈夫、孩子一起度假休养。休养期间的田园生活，使雷鸟接触到社会下层、探求着人与自然的共存之道，她的思想转向第三个中心——共同合作的理念。在雷鸟早先禅的世界中原本就包含着人与自然一体化的倾向，此时的雷鸟不再进行内在的孤立思索，而是在自然中通过抚育子女这一生活体验达到一种构想。雷鸟在《孩子的教育问题》等一文中写道："孩子，作为'自然诗人'才是人类本来的面貌。"①

1926年（昭和元年）雷鸟结识了高群逸枝（1894—1964），一起受到俄国无政府主义者克鲁泡特金②的影响，于是雷鸟构想通过消费工会运动，建设共同合作的自治社会并付诸实践。在高群逸枝的邀请下，她参加了无产妇女艺术联盟，为其机关刊物《妇女战线》撰稿。雷鸟在青鞜时期和新妇女协会时期都是只将自己的理想求诸局部的社会改善，而消费工会运动则排除一切权力，通过女性掌握的厨房消费生活实现共同合作化。雷鸟认为这才是一条能够"切实、有效地瓦解资本主义组织"和"建设合作自治的新社会"的道路，③这在雷鸟的思想历程中，可谓第三宣言。

然而，雷鸟的以自由平等社会为目标，建立以中产阶级为基础的生活共同体，这种共同合作自治的社会构想，即便能够成立，但在现实的国家权力统治中，并不具备克服和超越国家权力（天皇制）的可能。日本发动侵华战争后，人们不得不屈服于法西斯体制，基础薄弱的消费工会运动

---

① ［日］平塚雷鸟：《孩子的教育问题》（原载《妇人之友》1924年10·11月号），载小林登美枝、米田佐代子编《平塚雷鸟评论集》，岩波书店1987年版，第194页。

② 彼得·阿历克赛维奇·克鲁泡特金（1842—1921）——俄国革命家和地理学家，无政府主义的重要代表之一，"无政府共产主义"的创始人。主要著作有《互助论：进化的一种因素》（1902）、《田野、工厂和工场》、《夺取面包》、《法国大革命》等。克鲁泡特金主张进化的重要因素是合作而不是竞争，因此人类社会应该发展成分散的、非政治的、合作的社会，人们不受政治、宗教、军队的干预，充分发挥自己的才能。他提出的无政府共产主义，主张取消私人财产和不平等的收入，按需分配，主张脑力劳动和体力劳动相结合。他主张虽然达尔文主义认为自然界的法则是"适者生存"，但在动物世界存在另一种重要的法则——合作，动物组成群体更利于生存竞争，在群体中年长的动物更容易生存下来，因此也更能积累经验，不会互助合作的动物种类更容易灭亡。

③ ［日］平塚雷鸟：《加入妇女战线》（原载《妇女战线》1930年4月号），载小林登美枝、米田佐代子编《平塚雷鸟评论集》，岩波书店1987年版，第247页。

也很快瓦解。1938年，国家总动员法确立，消费工会被迫解散。

雷鸟曾按照自己的意愿主动舍弃了《青鞜》，解散了新妇女协会，但是消费工会的解散却是不得已而为之的。直到侵华战争时期，雷鸟一直都在批判家族制度、大众课税、军部等，并驳斥"天皇绝对主义"论调。但在1940年前后，却转而对纳粹的优生思想言论表示认可。

1942年，战事迫紧，雷鸟及早疏散到了茨城县内，远离言论界，开始过着农耕生活。在对外侵略战争中，为数不少的女性采取与战争合作的言论和行动，在天皇专制主义与军国主义氛围中，雷鸟也未能保持自己的立场。其间不只是雷鸟，以与谢野晶子、高群逸枝等为代表的知识女性立誓顺随于国家，并且向普通女性进行说教，自发地成为战争的宣传鼓动者，并希望以此来展现女性也能够成为出色的臣民。战后，以平塚雷鸟、高群逸枝、市川房枝（1893—1981）等为代表的女性知识精英支持和协作战争的问题一直被人们追究和批判。

战后初期，雷鸟的旧友接二连三地投身于民主化运动，而她却仍然保持沉默。日本国宪法的公布，使她重新振奋起来，继续探索妇女解放的道路。"如今才是从被解放的日本女性的心底，升起了大大的、大大的太阳。"① 她以宪法作为实现理想的途径，然而，日本当时的现实情况却是严酷的，随着美苏对立加剧，美国占领军迅速指示日本再次进入备战状态。雷鸟的"世界一体"的理想再次面临被瓦解的危机。

战后日本女性拥有了解放的力量，雷鸟呼吁将这份力量付诸行动，"希望将妇女的力量、爱、智慧集结于寻求走向世界永恒的和平、走向最为现实、具体及合理的正确道路"。② 1950年6月，雷鸟和作家野上弥生子（1885—1985）等人一起联名发表了《关于非武装国日本女性的讲和问题之希望要领》。由雷鸟亲自执笔的这篇呼吁文章，虽然简短却牢牢抓住了日本的现实，在追求非武装中立、和平的同时，明确表明不要向任何国家提供军事基地，反对再次军备。至此，雷鸟又跨出一步，迈向体现"和平"的中心思想，这是看清了现实之后所产生的"全面的、世界一体的和平"构想，可以称为雷鸟的第四宣言。

---

① ［日］平塚雷鸟：《我的梦想实现了吗?》（原载《女性改造》，1948年10月号），载小林登美枝、米田佐代子编《平塚雷鸟评论集》，岩波书店1987年版，第276页。

② ［日］平塚雷鸟：《答"妇女节"大会上的表彰》（1948年4月10日），载小林登美枝、米田佐代子编《平塚雷鸟评论集》，岩波书店1987年版，第279页。

但是，雷鸟的希望在现实中遭到破灭，根据《日美安全保障条约》，日本继续为美军提供军事基地，并以这些基地为据点发动朝鲜战争、越南战争。此时的雷鸟已近暮年，她曾说，"等我到了 70 岁的时候，……我就作一些好诗，与野花、野鸟亲近"。① 在挫折面前，雷鸟并不绝望，也从来不会感到失望，她竭尽全力向世界呼吁禁止核武器。1953 年 12 月，第二届日本妇女大会上宣布雷鸟担任国际民主妇女联盟（WIDF）副会长。1954 年 3 月，美国在核武器试验基地太平洋中西部马绍尔群岛的比基尼环礁进行核爆试验，使无辜的日本渔民继广岛、长崎后第三次受害于核爆，由此日本妇女发起了禁止核爆的街头联名运动，雷鸟发表《日本妇女对全世界妇女的倾诉》，呼吁反对核爆，保护儿童不受核爆侵害，这一呼吁成为促成 1955 年瑞士洛桑世界母亲大会召开（7 月 7 日至 10 日）的动力。她认为这不是她一个人的斗争，在任何一个地方，女性们结成以自己的生活体验为根基的团体，联结起一只大手，"带着我自己的心愿、希望和所有的期待，只要有这样一种联手与合作，我将永远不失望"。② 在走向自立道路的起点上，正如雷鸟曾经自喻的"破船水手"那样，跌倒了、失败了，再重新爬起来，继续探索，在战后女性联合壮大的过程中，她始终不放弃希望，这就是雷鸟的精神。

---

① [日] 平塚雷鸟：《世界妇女之祈祷》，载小林登美枝、米田佐代子编《平塚雷鸟评论集》，岩波书店 1987 年版，第 320 页。

② [日] 平塚雷鸟：《在庶民中产生力量》，载小林登美枝、米田佐代子编《平塚雷鸟评论集》，岩波书店 1987 年版，第 313 页。

第三章

青鞜女性与"新女性"

平塚雷鸟是创办《青鞜》的中心人物，但是，《青鞜》为妇女解放运动留下的遗产，无疑是青鞜女性的集体贡献。当我们回顾青鞜史时，感觉到青鞜的每一位女性都充满着魅力，如加藤绿、岩野清子、伊藤野枝等等，每个人的个性都非常鲜明，回顾她们的生活与写作，留给人们的印象极为强烈，她们的生活经历和命运结局牵动人心。这里笔者选择其中几位对青鞜史有较大影响的人物加以评述。

第一节 个性张扬的尾竹红吉

说到初创时期的《青鞜》，必须提到的就是"五色酒（鸡尾酒）"事件和"吉原登楼"事件。这些事件一方面是因年轻的尾竹红吉（富本一枝）办事莽撞、口无遮拦造成新闻媒体负面报道而生的"祸端"；另一方面也反映出女性对以往只属于男性领域的"特区"开始抱有好奇之心。通常女性在咖啡馆、花柳巷的存在，只是作为接待者而不是以客人的身份成为进入者。青鞜社的女性一反常规闯入"特区"，触犯了风俗大忌，因而遭到社会的普遍攻击和非难，被人们冠以"新女性"的称呼而受到贬斥。

一 加入青鞜社

尾竹一枝（1893—1966）出生于富山县富山市越前町，是画坛名门尾竹家族的女儿。父亲是有名的日本画画家尾竹越堂（国一），叔父是画家竹坡（染吉）、国观（龟吉），尾竹三兄弟在明治末年至大正初期的日本画坛享有盛名，据说"越堂"这一画号起自政治家伊藤博文（1841—

1909），尤其是叔父竹坡，与横山大观①齐名，在日本美术史上占有一席之地，也是一位有着自由思想的社会名流。尾竹一枝出生和成长在这样一个充满艺术气息的家族中，作为家中长女，父亲越堂希望一枝继承家族事业，培养她成为画家。

一枝于1910年（明治四十三年）3月，17岁时从大阪府立夕阳丘高等女学校毕业。夕阳丘高等女学校是一所充满自由气息的校园，校长也具有进步思想观念，少女们可以随意打扮自己，穿着宽大裙裾的服装，跨着大步走路，也不会受到训斥。别的女校禁止戴蝴蝶结，在这里的运动会上却依年级而扎上不同色彩的蝴蝶结举行入场式，吸引了众多的观众前来观看。高等女学校毕业后，一枝进入东京菊坂女子美术专科学校日本画专业学习，但是她对学画没有兴趣，却一直对文学和写作抱有偏爱和执着，于11月中途退学，寄居在根岸竹坡叔父家里。一枝在当时拥有一份特殊的自由，可以着男性装束，时常出入父亲、叔父的画室，与父亲、叔父的男徒弟广泛交际、不受阻拦。无论在学校还是在家庭，一枝生来就享受着宽松的生长环境，养成了自由随和、热情豪放的个性，喜好着男装的那种潇洒、飘逸。在学校期间，一枝身上所特有的魅力，总是受到周围人们的喜爱和关注。

《青鞜》创刊后，青鞜社为了获得固定读者，根据妇女名录邮寄订阅单，竹坡夫人也收到一张。一枝从叔母那里看到《青鞜》订阅单，希望立刻能够读到这份杂志，但又不便向叔母请求，只是一直在心里惦记着。年末在回大阪的前一天，她见到了叔父好友的女儿小林哥津（1894—1974）。从哥津（子）那里，一枝再次听到《青鞜》。哥津（子）已加入青鞜社，在哥津（子）的劝说和推荐下，一枝遂于1912年年初申请入社，雷鸟请她为杂志创作封面作为同意她入社的回答。加入青鞜社以后，因为喜欢红色，一枝的笔名不知何时固定在了"红吉"这个名字上。红吉在雷鸟的鼓励下，阅读文学的欲望高过学习绘画的热情，她常常从根岸的家里去上野图书馆，在路上总能遇到一个姑娘，就是日后加入青鞜社的伊藤野枝。

---

① 横山大观（1868—1958）——日本画画家，文化勋章获得者。毕业于东京美术学校，师从冈仓天心、桥本雅邦，参与了日本美术院的创立。曾经尝试没线描法（朦胧体），开拓了水墨画的新境地。作品有《生生流转》、《夜樱》等。

1912年（明治四十五年）4月，19岁的红吉在第十二届巽画会展上展出自己的作品——名为"陶器"的屏风画，获得三等奖（一等奖空缺）。第二年，作品"枇杷果"也引起日本画界的广泛关注，一举成为日本画坛的"天才女画家"，成为新闻媒体关注的人物。这些荣誉对年仅19岁的一枝来说，自然膨胀起她的自负感，使她对未来充满希望。

一枝以"红吉"之名在《青鞜》发表的第一篇作品是第二卷第3期（1912年3月）上的《记最后神灵之梵中》，接着《青鞜》第二卷第4期（小说特集）的封面"太阳与陶罐"也是红吉的创作，画面以墨绿为底色，上面画出黑色的太阳和陶罐。据说青鞜社成员们对这一封面的评价并不高。她的杰作是第二年第三卷从第1期至第11期使用的封面——"树下两人"，即亚当和夏娃分别站在一棵大树左右两边的画面，是一幅艺术气息较浓的作品。

二 "五色酒（鸡尾酒）"事件

"五色酒"事件发生在红吉加入青鞜社后不久。一枝的父亲越堂在画展上的获奖名次稍逊于弟弟竹坡，便决心加倍努力，于是举家从大阪移居东京，居住在原先竹坡空出来的根岸房舍。由于如愿加入青鞜社，第一件作品首次参加画展就获得奖项，这使红吉心气高涨，甚至有些得意忘形。在《青鞜》第二卷第6期的"编辑室寄语"中，红吉无所顾忌地记录下青鞜成员在红吉家中饮酒欢聚的情况：

……黄色的酒、桃色的酒、蓝色漂亮的酒，只写这些没有关系。我们始终不会伪装自己，而今，我们这些同人绝不是世人叫嚣的新女性，我们完全不知道反抗或掩饰，同人们为我们今天的空虚生活而哭泣。我们希望跟世人说说我们的生活，说一说我们始终认真、诚实地对待工作。聚会的同人有13人。大家都是醉于白水、汽水、柠檬水、橘子汁的人。尽管如此，我们这些同人仍举杯祝贺红吉的"陶器"获奖和初次登上舞台的林氏①扮演玛丽的成功。而且同人们也没有忘

---

① 林氏，指林千岁，在舞台上与松井须磨子合作，成功地扮演了苏达曼的《故乡》一剧中玛格达的妹妹这一角色。

记为自己的成就献上祝福和祈祷。①

青鞳社的年轻女性不加掩饰地自由表达情感，并认为应该带着勇气付诸行动。她们的口号是"不伪装自己"。5月13日在红吉自家召集的同人聚会，在她们高涨的情绪中迎来了一个"应该纪念的夜晚"。但是，这一报道却让不喜欢她们的人有了攻击她们的口实。

《青鞳》第二卷第4期由于荒木郁（子）的小说《书信》而遭到禁售、没收的处罚，这使青鞳社事务所不得已于5月中旬从物集宅邸迁往本乡区驹込蓬莱町万年山胜林寺。这次搬迁从积极的一面来说，使青鞳社成员们摆脱了"家"的制约，组成自由的女性沙龙。

1912年（明治四十五年）6月，红吉为了《青鞳》版面的广告业务前往西餐馆兼酒吧的"鸿之巢"。那时《青鞳》每月的经营均为赤字，所发稿件不付稿费，雷鸟常常用自己的费用填补亏空。保持研（子）担当会计工作，红吉从保持研（子）口中了解到这种状况，带着新近入社的盛气，希望能为《青鞳》出力，便与客户约定去取杂志广告。"鸿之巢"是当时为数不多的知名沙龙式高级餐饮店，偏爱西洋情趣的文人画家如竹久梦二（1884—1934）、诗人北原白秋（1885—1942）、吉井勇（1886—1960）、木下杢太郎（1885—1945）等名人经常出入于此。红吉来到"鸿之巢"时，店主盛情地为红吉展示法国流行的鸡尾酒。在酒精度比重不同的利久酒（红）、薄荷甜酒（蓝）的基础上，依次加兑色彩各异的甜香酒、柑桂酒（库拉索，橙）、香草酒（华尼拉，绿）、白兰地（茶褐色）等，酒在杯中显示出五种不同层次的色彩，非常耀眼。红吉以艺术欣赏的目光为那种美丽、炫目的色彩激动不已，随即在《青鞳》第二卷第7期上撰写文章，描写饮鸡尾酒的感觉，并自称"美少年"。"编辑室寄语"中这些令人感到华丽与新鲜的词句并没有被那些猎奇的报刊记者放过，他们饶有兴味地报道了青鞳社的女性饮用"五色酒"，甚至将其渲染为一桩"事件"，"五色酒"也成为讥讽青鞳女性的专用词。

饮用鸡尾酒在今天已经是极为普通的行为，而在百年前的日本，青鞳女性的这一行为却成为"事件"，并为此付出代价，可见世俗与现实的

---

① ［日］尾竹红吉："编辑室寄语"，载《青鞳》第二卷第6期，龙溪书舍1980年影印版，第121页；渡边澄子：《青鞳之女·尾竹红吉传》，不二出版2001年版，第33—34页。

三 "吉原登楼"事件

一波未平,一波又起。"五色酒"事件之后,紧接着又发生了所谓的"吉原登楼"事件。"吉原"是始于江户时期 1617 年(元和三年)的花柳巷,曾于 1911 年 4 月失火全部烧毁,移至东京千束重建,称为"新吉原"。这是只有男性才可以出入的场所,然而,青鞜社的"新女性"却破坏了这一规矩。

1912 年(明治四十五)7 月,红吉的叔父竹坡对红吉说:你们说要研究女性问题,可是如果不了解生活在吉原这种地方的不幸女性的实际情况是不行的。① 竹坡平日对《青鞜》和雷鸟抱有善意,并通过红吉来支援青鞜社,为她们提供研究女性问题的特殊视角。于是,在竹坡的劝说和邀请下,雷鸟、中野初(子)、红吉三人跟着竹坡一起去吉原花街以长见识。她们登上吉原规格最高的"大文字楼",与名妓"荣山"面对面进行交谈,夜里与荣山在不同的房间住宿,在吉原度过一夜。这一违反社会常规的举动招致媒体大肆渲染,遂成为一起"事件"。

《万朝报》7 月 10 日以"女文士的吉原游乐"为题刊出报道,吉原之行变成"去吉原买春"。以报道花边新闻为主的《国民新闻》则以"所谓新女性"为题,不仅报道了她们的吉原之行,还公开青鞜成员的私生活,如玉名馆的女主人荒木郁子与情人早稻田学生增田笃夫以及郁子与资助人小松某某之间的三角关系;明子在曙町的住宅和坐禅境界的生活;红吉对洋酒的爱好以及在"鸿之巢"的游乐,等等。《大阪每日新闻》、《东京日日新闻》等也报道了此事。有《青鞜》研究者指出,这些报道岂止是言过其实,简直就是胡言乱语、随意捏造。②

经过"盐原事件",雷鸟已对新闻媒体失去信任,她尖锐地指出:"报纸只有在(皇室人员)行幸、出行之类的报道上才传达真正的事实。"③ 但雷鸟对新闻媒体的报道仍感到惊诧,认为社会上对她们的指责过于严厉,她后来在回顾这段历程时写道:

---

① [日] 平塚雷鸟:《女性原本是太阳》,大月书店 1971 年版,第 375 页。
② [日] 渡边澄子:《青鞜之女·尾竹红吉传》,不二出版 2001 年版,第 51 页。
③ [日] 井手文子:《〈青鞜〉的女性》,海燕书房 1975 年版,第 88 页。

我很吃惊,我们很快在《青鞜》上说明真相,努力消除误会。与大批新闻记者相反,《青鞜》的读者只是极少数。虽然我们说"那是报纸,不能相信",可是单纯的世人却深信不疑。不,正是那些相当有教养的人向"放荡无赖"的青鞜社抛去诽谤之语,"都上报纸了,那可是真的"。也有来自先前使我们尝到苦头的那些模仿娜拉、玛格达的女人的责骂,与这次人身攻击之激烈相比已是小巫见大巫了。有恐吓信,有激愤不已的男人强烈要求见面,如雨点般地向我住的曙町家里、事务所扔小石块。①

吉原之行后,青鞜社收到名为"白帽子"的恐吓信,声称要杀死青鞜社的成员;雷鸟的家中被扔投石子碎块等,也有不少新闻记者强行要求采访。青鞜成员个个成了被攻击的对象,还遭到家人的严厉斥责和监视。自"五色酒"与"吉原登楼"的风闻始,青鞜社便笼罩在一片指责和攻击声中。这些声音不仅来自青鞜社之外,也在内部引起议论和不满,很多成员产生动摇,不断有人提出退社要求。结果责任由红吉承担,作为"新女性"首先被提名,她不得已于10月退社。然而,离开青鞜社的红吉依然被认为是"新潮人物"。"新女性"的议论从1912年开始喧闹着新闻界,一直到1913年达到高潮。

其实,对红吉等人来说,吉原之行也是在极大好奇心驱使下的行为,但是她们并没有简单地认为妓女就是下贱女人,特别是红吉,她以自己独特的美术眼光审视这一日本的"传统"现象,并为烟花巷的妖艳之美所倾倒,对红吉来说,吉原登楼行为与其说是社会正义之举,不如说是向美靠近的社会实践。

"事件"之后的青鞜社,不是在危机中夭折,便是在危机中转变方向重新寻找生机。从这一意义上说,红吉的举动为《青鞜》提供了两大课题,即第一点,《青鞜》继续发展为文学杂志的可能性,但由于红吉被迫退出,这种可能性受阻;第二点,红吉为《青鞜》向女性思想杂志转换做了铺垫。《青鞜》由于受到世人攻击而开始向女性思想问题杂志发展,使《青鞜》在日本女性史上获得了特殊地位,这一特殊地位的取得并非出于其文学成就,而是其透视女性问题的尖锐性。现在看来,与当时活跃于《青鞜》之外的

---

① [日]平塚雷鸟:《我走过的路》,新评论社1955年版,第127—128页。

与谢野晶子、野上弥生子及田村俊子等成名作家有所不同,参与《青鞜》的作者中少有屹立于文学史上的"新作家"。由此可见,《青鞜》的转向为其赢得了生机,而红吉为这一转向提供了契机。从这一点上说,客观上正是红吉的"出格"行为为《青鞜》作出了历史性贡献。

用今天的眼光来看,无论"五色酒"事件还是"吉原登楼"事件,都称不上什么"事件",但在当时却引起轩然大波。其实,在这轩然大波的背后,能够让我们透视到一组冲突关系,那就是在"事件"中,红吉等人以女性身份和角色闯入男性社会,对男性文化进行窥探和体验,由此引起男性的反感和排斥以及被窥探的恐慌和不安。可以说,上述"事件"是青鞜女性积极争取自我在公共领域中的位置而集体进入社会层面的行动。虽然初期的青鞜社作为一项新事物曾受到欢迎和期待,但当她们的行动要打破因袭旧俗时,便是对旧有制度的背叛和挑战,也同样会给世人带来恐慌和不安。男性与女性、女性与社会这样一组冲突关系体现于社会表层,便会引起轩然大波、群起攻之,导致了青鞜社的动荡。

第二节 一生抗争的伊藤野枝

《青鞜》从1915年(大正四年)第五卷第1期开始,主办人由雷鸟更换为伊藤野枝,此时的野枝年仅20岁,从九州一个小渔村进京加入青鞜社仅两年。

1895年1月,野枝出生于福冈县丝岛郡今宿村一个偏僻的海边村落,父亲伊藤龟吉为村里的瓦匠。据说野枝出生的夜晚雨雪交加,婴儿的哭声很大,母亲误以为是男孩,就把婴儿随便丢弃一边。因为家境贫困,在家中已有两个男孩的情况下,母亲对这个婴儿就没有放在心上。幸亏祖母及时赶到,看到这次是个女婴,非常高兴,于是立刻给婴儿洗澡,这才保全了野枝的性命。野枝在她生命的起点就背负着残酷的生存竞争,出生在雨雪交加的夜晚,似乎预示着今后她将不断经受风吹雨打,只有顽强地与命运抗争才能生存。

一 争取进入女学校

由于家境贫困,野枝较正常学童晚一年(1903年4月,8岁)入读小学。在小学二年级的秋天,为了减轻家庭负担,父母不得已将野枝送到长崎的姑母家里寄养。兄妹七人中只有野枝一人被送出寄养,这使野枝感到委屈与不公。但正是在长崎的这段生活,才促成野枝人生的另一番景况。姑母一家移居东京后,野枝于1907年重新回到家乡进入邻村的高等小学,为了贴补家用,野枝一毕业就做了村中邮局里的事务员。夏天,姑父一家带着东京的气息回到家乡,得知表姐千代子在女校里读书,使野枝羡慕不已,她决心继续念书并向姑父请求援助。野枝三两天就寄出一封求助信,终于打动了姑父。这样,野枝于1910年(明治四十三年)进京,经过一番苦读,如愿以偿地进入私立上野高等女学校(现为上野学园)。通过自己的努力,她第一次把握住了自己的命运。

上野女学校是野枝遇到人生中第一位相爱的伴侣辻润(1884—1944)的地方,也是她的社会意识觉醒的地方。辻润是一名博学的知识分子,通晓江户文化并追求唯美主义,同时具备广博的西欧学识教养,是德国无政府主义思想家麦克斯·施蒂纳(1806—1856)[①]的崇拜者。上野女学校在当时充满自由主义气息,当时的副校长佐藤正治郎的办学宗旨是"自治"与"友爱",而不是一味讴歌良妻贤母主义,并提倡提高妇女地位。野枝第一次从佐藤先生那里学到"自由"、"个人"、"反抗"、"理想"等理念。

野枝在校报《谦爱时代》担任编辑,在征稿等一些事务中,野枝与英语教师辻润渐渐走近。1912年3月野枝毕业,她发誓决不回到家乡。

二 争取恋爱、婚姻的自由

野枝在东京期间的生活由姑父一家关照,姑父在她毕业的前一年(1911年)为她安排了一门婚事,并于8月举行了定亲仪式,其后的学费都由未来的婆家支付。未婚夫是邻村的农民末松福太郎,一个虽显懦弱但却耿直的青年。对野枝来说,这桩没有爱情的婚姻阻断了她的未来。可是,她不能违逆有恩于自己的姑父。在这种情境下,毕业之日来临,野枝

---

① 麦克斯·施蒂纳(Max Stirner)著有《自我及所有》(*Der Einzige und sein Eigentum*),主张一般社会所公认的制度——包括国家的概念、"财产是一种权利"的概念、自然权利的概念和一般对社会的概念——都只是幽灵在脑海里作祟的幻象,主张"个人便是社会的本质"。他主张利己主义和一种形式的非道德主义,个人只有在触及他们自身利益的情况下才会联合起来成为"利己主义者们的组织"。许多无政府主义者如本杰明·塔克(Benjamin Tucker)都宣称受到施蒂纳的影响,埃玛·戈德曼也在演讲中宣扬他的理念。

被姑父带回乡下与福太郎完婚。在婚礼后的第九天，野枝毅然离家出走。

1912年4月中旬，野枝只身一人进京，与女学校时期的英语教师辻润同居。从辻润接受了野枝这个桀骜不驯的小姑娘起，也就注定了他自己的命运方向。据野枝的自传体小说《出奔》(《青鞜》第四卷第2期)记录，当她在九州完婚时，辻润给她寄去的信中有这样的段落：

> 人是孤独的啊——深深地陷入其中，被那种孤独之寂寞所纠缠，用心盘算也解救不出几个人的孤独。但是，世上有各种各样的东西，哪怕是片刻将此掩盖住。……血肉相连的父母兄弟——这是什么？夫妇朋友是什么？大体上都是居住在遥远的、恐怖的世界里吧。……我也许是过高估计了你，但是我信任你。你，或许对我来说是可怕的敌人。然而，我拥有像你一样的敌人一点也不后悔。我想如憎恨般地爱你。我根本不想营造那种甜腻的关系。……如果不幸，我的软弱如果妨碍你的发展，你随时都可以弃我而去。①

或许是一种不幸，辻润的话竟然言中了二人的未来，辻润对命运似乎具有某种不可思议的洞察力。由于和自己的学生同居，辻润与校方产生龃龉，便辞去教职，从此再也没有正式、积极地去谋取任何职位，过着一贫如洗的生活。

三　进入青鞜社

1912年晚春，雷鸟收到一封陌生少女寄自九州的长信，信中率直而详尽地叙述了自己的成长经历、性情、教育、境遇等，然后又倾诉了眼下被周围的亲人压迫，不堪其苦，无法忍受亲戚为她安排的婚事。她决心用最后的力量对周围进行反抗，选择忠实于自己选择的正确道路。② 这位寄信的少女就是伊藤野枝。雷鸟被信中的内容打动，并为野枝的处境担忧。几天后，野枝来到雷鸟面前，雷鸟与野枝的初次见面，就是野枝第一次逃出家门寄身在辻润家的时候，在辻润的推荐下，野枝拜访了雷鸟。

---

① ［日］伊藤野枝：《出奔》，载《青鞜》第四卷第2期，龙溪书舍1980年影印版，第91—92页。
② ［日］平塚雷鸟：《女性原本是太阳》，大月书店1971年版，第404页。

之后，野枝为了说服家人解决离家逃婚问题，一度重回家乡。在见过野枝的一个月之后，雷鸟再次接到野枝来信。信中述说回到家乡后，所有人都对她严加指责，她的处境比以前更加糟糕，没有脱身之法，甚至多次下决心了结自己的生命，可又不甘心，所以请求雷鸟为她寄去路费，打算趁家人不备时再度出逃。雷鸟接到野枝的信，一种不祥之感使她不能对此弃之不顾，为了帮助野枝走出困境，雷鸟走访了辻润的家，在得到辻润关照野枝进京后生活的承诺后，雷鸟为野枝再次离家出逃寄去路费。

野枝于9月再度进京，10月份出现在青鞜社。野枝摆脱困扰后全身充满活力，青鞜社和辻润给了野枝依靠和成长的力量。她开始协助雷鸟做编辑工作，同时尝试写作，野枝最早发表于《青鞜》的作品是一首题为《东之渚》（第二卷第11期）的诗，描写她为了却那场没有爱情而被强制的婚姻返乡时，独自一人站在海岸哭泣的心情。接着，在第12期发表了《日记摘抄》，她说："与其求得一时的和平，往后一直痛苦，……不如从一开始就抱着痛苦的打算，挖出潜藏在痛苦深渊的某些东西，也就没什么可惧怕的了。"①

1913年（大正二年），野枝在青鞜社最盛期，由一名编辑助手成长为读者认可的写作者，第一篇小说《动摇》（第三卷第8期）以个人实际生活体验为创作素材。野枝因一名文学青年的求爱而动摇，通过小说坦露出自己犹豫不决的心情，最终走出彷徨、跨越痛苦，努力实现幸福，这部小说其实就是野枝的成长记录。

四 社会差距

在与青鞜女性接触的过程中，野枝对自己、对他人都有了一定的认识。野枝认为，自己的智慧远不及雷鸟，自我意识程度也存在距离；哥津（子）的都市情调和细致周到与乡下长大的自己有很大不同；红吉是自由奔放的性情中人，使人眼花缭乱；而花哨外露的岩野清（子），夫妻间的婚姻生活却出乎意料的灰暗寂寞。野枝通过这些友人还接触到作家岩野泡鸣（1873—1920）、雕刻家朝仓文雄（1883—1964）、电影演员上山草人（1884—1954）等当时著名的文化人，走进这样一种丰厚而充满才气的世

---

① ［日］伊藤野枝：《日记摘抄》，载《青鞜》第2卷第12期，龙溪书舍1980年影印版，第112、113页。

界里，野枝吸取并获得了丰盛的精神养料。

野枝在与这些人的接触中，认识到自己的世界与她们之间的差距。聚集在这里的人们多属于社会中上层，其父其夫都是高级官员、著名作家、大学教授等。她们不必为柴米油盐发愁，她们的温柔建立在富裕的基础上。红吉毫无遮拦的感情波涛是撒向众人的矫情；哥津（子）的谨慎客气，有出于自我防卫的深谋远虑；雷鸟的气派，就像野上弥生子说的那样，似乎没有"诚意"，"自尊心过高"。①

她们当中无论哪一位，都有一些家世背景。她们都在良好的生活环境中努力进取，企望着自我实现。但是野枝不同，她生活在另一种境遇中。辻润丢掉教职后，家里很快穷得连一支笔都买不起。野枝接到青鞜社新年庆祝会的通知，却连去会场的车费、打电报回话的费用都没有。②

1914年1月，在没做任何准备的情况下，野枝生下了长子（辻一），抚育婴儿占用了很多精力，但她继续坚持写作。这一年，野枝在《青鞜》上完成了一系列自传体小说，《出奔》（第四卷第2期）、《致表妹》（第四卷第3期）写出家乡那场痛苦的婚姻，以及离家出走、与辻润同居的情况。在《所谓人的意识》（第四卷第10期）中，她开始主张向婚姻制度反叛的正当性。这一年也是她面对舆论连续发表激烈言辞的一年。《读西川文子氏的〈妇女解放论〉》（第四卷第1期）、《致S先生》（第四卷第6期）、《致下田次郎》（第四卷第7期）、《致下田歌子女士》（第四卷第9期），以及《关于嘉悦女士的〈西洋之废物〉》（第四卷第9期），等等，都是在这一年发表的评论。

写作之余，野枝于1913年开始接触俄国激进女权主义革命家埃玛·戈德曼（1869—1940）的著作并热衷其理论。1913年8月，埃玛·戈德曼来到日本，野枝被埃玛激荡的生活方式和传奇经历所折服，在思想上与之产生共鸣，埃玛的思想观念从此一直推动和激励着她的人生。

五 投奔大杉荣

伊藤野枝与无政府主义者大杉荣（1885—1923）在1913年（大正二

---

① ［日］井手文子：《平塚雷鸟——近代与神秘》，新潮社1987年版，第126页。
② ［日］伊藤野枝：《杂音——〈青鞜〉周围的人们"新女性"的内部生活》（《大阪每日新闻》，1916年1月3日—4月17日），载森真由美（MAYUMI）编《吹吧！狂风、大风、暴风——伊藤野枝选集》，学艺书林2001年版，第64页。

年）2月青鞜社举办演讲会时初次相遇，大杉荣当时作为一名听众，看到了学生模样的野枝在台上朗读发言稿。两人第一次单独见面大约在1914年9月前后，大杉荣造访了伊藤野枝，而此时的野枝已失去了先前那副学生模样，完全是一副为家务操劳而略显憔悴的样子。①

这一时期，辻润和野枝的夫妻生活已出现无法弥补的裂痕，各自的生活目光已转向不同方向。家庭经济困窘，野枝四处奔波操劳，一人肩负着生活的重担。习惯于丰足生活的婆婆面对家里的拮据生活，时常稍不顺心就唉声叹气，就连辻润丢掉教职也多怪怨到野枝身上。辻润对婆媳之间的碰撞只是冷冷地听之任之，野枝感到无助而灰心，感觉不到辻润和自己共同奋斗、摆脱贫困的希望。野枝原本就是在贫困生活中长大的，她并不畏惧贫困，问题的重要性在于野枝无法容忍辻润消极厌世的态度，两人之间渐渐产生了隔阂。

其间野枝和雷鸟、斋贺琴（原田琴子）等青鞜社成员一起加入山田嘉吉②主持的学习小组。这个学习小组一周一次聚集在山田嘉吉的家里，在嘉吉先生的带领下，学习美国社会学家莱斯特·沃德③的社会学原著。雷鸟为了便于参加学习，特意搬家与山田夫妇相邻而居。野枝常常背着孩子一起参加进来，尽管孩子可以睡在母亲的膝头，但山田夫妇和大家认为这与学习的场面极不和谐，而且野枝的英语能力与其他人相比也有很大差距，所以大家似乎并不欢迎野枝的到来。野枝陷入矛盾与痛苦中，她曾回忆道：

---

① ［日］大杉荣：《从死灰中燃起》，载《大杉荣集》（近代日本思想大系20），筑摩书房1974年版，第130页。

② 山田嘉吉（1865—1934）——语言学家、社会学家。1885年渡美，在美20年，精通多种语言，在哲学、医学、社会学等方面都有很深的造诣。在美期间与后来成为青鞜社成员的山田和歌相遇、结婚。1906年（明治三十九年）两人回国，嘉吉开办外国语学塾，大杉荣、神近市子、市川房枝等都是其门下弟子。

③ 莱斯特·沃德（Ward, Lester Frank, 1841—1913）——美国社会学家。美国社会学的开创者之一。1906年，当选为美国社会学会第一任主席。沃德曾受法国哲学家、社会学家A.孔德的实证主义和英国社会学家H.斯宾塞的进化论影响，认为宇宙进化由简单到复杂（宇宙起源—生物起源—人类起源—社会起源）的发展过程。社会进化是宇宙进化的一部分，进化的重要力量是人类心理的能力，即创造性综合。创造性综合构成了社会结构的背景和人类幸福的源泉。因此，社会力量在本质上是心理学的，社会学的基础不是生物学的，而是心理学的。他还把社会学划分为纯理社会学和应用社会学两部分。纯理社会学是诊断性的，关心人类的成果，偏重于社会功能的研究。应用社会学是治疗性的，关心人类生活的改善，偏重于人类未来研究。著有《动态社会学》、《纯理社会学》、《应用社会学》。

门外何时下起了雪。路边的人家户户都关闭着门，任何一处的家里都没有漏出灯光，只有街灯，在下个不停的雪中，模糊地投射出好似深夜静静的光线……

走吧，离开家庭，然而仍旧不得不回到那个家里，真是可怜，甚至已是这样不愿回去的家，却又为什么不得不在这深夜里脚步沉重地往回走呢？①

这时的野枝几乎要自暴自弃。然而，野枝以自身全部的能量挣扎着，希望追求到一个更好的未来。她突然意识到自己生存的根本问题，这种痛苦"仅以一个小小的自我是不足以去对抗的"，它出自那个"称之为社会的大背景"，必须从正面与这个社会进行斗争才是生存的意义。② 于是，她与辻润在生存方式上产生了无法弥合的分歧。

在这种境况中，埃玛·戈德曼的传记和著作《妇女解放之悲剧》为野枝带来了勇气，它使野枝面对未来有了明确的奋斗目标。埃玛传奇的一生给了野枝榜样的力量，此时大杉荣也促使野枝在精神上得以升华。与大杉荣的结识、与无政府主义者的交往，使她逐步将目光由生活贫困、家庭压抑等个人问题转向了对社会问题的关注。

1914年（大正三年）11月野枝在《青鞜》第10期撰文，抗议大杉荣的《平民新闻》在创刊的同时随即遭禁，而且还将遭禁的《平民新闻》藏匿家中。12月野枝在《青鞜》第11期再次抗议《平民新闻》遭到封杀。之后，大杉荣带着克鲁泡特金的《获取面包》（幸德秋水译）一书造访野枝。野枝还准备向大杉荣援助纸张。这一年的10月，雷鸟离开东京去御宿海岸度假休养，在雷鸟的委托下，野枝尽管有孕在身（第二子）还是接手了《青鞜》第11期的编辑发行等各项事务。

1915年1月末，大杉荣接到野枝的一封信。信中提到在足尾矿毒事件③

---

① ［日］伊藤野枝：《乞丐的名誉》，载《伊藤野枝全集》（上卷），学艺书林1970年版，第255—256页。
② ［日］井手文子：《自由就是我自己——评传伊藤野枝》，现代书馆2000年版，第104页。
③ 足尾矿毒事件——由古河财阀经营的足尾铜山排出的矿毒使渡良濑川下游的农民受到严重灾害。农民们发起请愿和反对运动，要求矿业停工、赔偿损失，特别是在19世纪90年代以后，发展成为一桩重大社会问题的事件。众议院议员田中正造（1841—1913）对此事件进行积极的支援，以致将事件直接上诉到天皇面前。

问题上野枝与辻润的分歧,野枝感到自己对受害农民的同情遭到丈夫的漠视和嘲笑,辻润认为她的伤感是廉价的。野枝不能认同辻润的想法,她坚持认为自己的生活、思想首先要立于不被别人践踏的位置,无论怎样无知、无力,"作为人所拥有的生而有之的生存权"① 是没有差别的。这使大杉荣深受感动,"读了她的信,更让我激动的就是我所幻想的她这种活生生、滴着鲜血的具有实感的伤感主义,是真正的社会改革家的本质精神。我看见了从 Y 村的死灰中燃起,成为火焰的她"。② 大杉已经预感到野枝与辻润将来的结局。③

4月至5月间,野枝在《偶感二三》中,坦露丈夫已经背弃了自己,感到极其伤心。此后为了弥补两人感情上的裂痕,7月,两人正式登记结婚,8月举家一起回到九州老家,次子流二出生。11月一家人重回东京。居于九州的半年期间,夫妻两人内心里的裂痕并没有得到弥合。

1916年(大正五年)2月,大杉荣造访野枝后,野枝便下定决心与辻润分手。而在此期间,大杉荣还与神近市子保持着恋爱关系。卷入爱情纠纷中的野枝,已没有更多的精力继续编辑和发行杂志,终于导致《青鞜》在无声无息中永久地退出了历史舞台。4月,野枝向辻润表明离开家庭的决心,辻润令人意外地表示同意并祝愿她将来幸福,两人于是平静地分手,辻润当年的预言成为现实。在野枝离开辻润的同时,也就宣告了《青鞜》历史的终结,青鞜社彻底解体。

野枝为了摆脱成为封建婚姻制度牺牲品的命运被迫逃婚,从而争取到婚姻自主的机会。加入青鞜社以后,野枝成为"新女性"的一员,青鞜社遭受来自社会的强烈攻击和歪曲时,她义愤填膺地拿起笔来坚决予以回击。野枝勇于付出行动的实战精神和热情取得了青鞜社同人的信赖,通过自己的勤奋努力,野枝从《青鞜》编辑室的一名助手成长为主编之一。当《青鞜》的经营面临重重困难举步维艰时,只有她始终守在雷鸟身边,付出极大努力支持与帮助雷鸟,甚至不惜孤军奋战。

---

① [日]伊藤野枝:《转机》,载《伊藤野枝全集》(上卷),学艺书林1970年版,第305页。

② [日]大杉荣:《从死灰中燃起》,载《大杉荣集》(近代日本思想大系20),筑摩书房1974年版,第150页。"Y村"指受到足尾矿毒之害的"谷中村"。

③ 同上书,第133页。

尽管从结果上看，《青鞜》终结在野枝手里，但在雷鸟无法一人继续支撑《青鞜》的各项繁杂事务而被迫要放弃《青鞜》时，正是由于野枝的坚持，接手继续经营，《青鞜》才顽强地继续坚守了一年半。更为重要的是，《青鞜》后期的三次有名的妇女问题论争（"贞操论争"、"堕胎论争"及"废娼论争"）都发生在伊藤野枝代理和全面负责经营时期。如今较之于文学成就，《青鞜》的声誉更是由于《青鞜》对妇女问题进行深入探讨的强烈意识和对妇女问题论争的尖锐性而受到人们的关注。因此，从这一意义上来说，伊藤野枝对《青鞜》所作的贡献并不逊色于雷鸟。

第三节 笔触大胆的荒木郁（子）

荒木郁（子）是从《青鞜》走出的作家，青鞜社的其他成员如加藤绿、杉本正生、物集芳（子）等人在入社前，已有作品公开发表，而荒木郁（子）在创刊号上发表戏剧作品之前，从未发表过作品，但她依才气而创作，发表数篇青鞜社其他成员不曾涉及的"过激"内容的作品——卖淫之女（《道子》）、有通奸之嫌的女人（《书信》）及近亲相奸（《美丽的牢狱》）等。1914年（大正三年）2月，由尚文堂为其出版单行本《火之女》，从事文学创作不久便能取得如此成绩，应该说她的文学成就得到了出版界某种程度的认可。然而，荒木本人却无意执着于文学创作，就在她的专集出版一个月后（1914年3月），便告别《青鞜》，同时也离开了文学。

如今人们对荒木郁（子）的认识，除了作家形象外，还留下其他诸多方面的印象和评说，如"文学女老板"、"终身未婚却恋爱不断"、"岩野泡鸣最后的恋人"、"无拘无束地生活并且具有女性家长风范"、"最后死于精神疾患"，等等。[①] 其实，哪一种评说都不像真正的荒木郁（子）。这里，笔者通过荒木郁（子）的小说《书信》对荒木郁（子）的生涯进行考察，以期发掘其独特的文学魅力。

---

① 参见［日］井手文子《荒木郁著〈火之女〉解说》，（丛书《青鞜》的女性们第六卷《火之女》，不二出版1986年版）；山城屋汐：《荒木郁子——女家长风范之自由人》（雷鸟研究会编：《〈青鞜〉人物事典》，大修馆书店2001年版）。

一　经营玉名馆

荒木郁（子）于1890年（明治二十三年）1月30日生于东京市神田区三崎町，是家里的三女儿。姐姐滋子（1886年生）曾在《青鞜》上发表过小说。郁子于1904年（明治三十七年）进入女子美术学校学习，1906年（明治三十九年）10月毕业。毕业之后，荒木郁子开始经营旅馆业。平塚雷鸟在《自传》中有这样一段叙述：

> 荒木是《青鞜》创刊时最早的成员，虽说是神田三崎町一个叫玉名馆的旅馆女主人——却比我年小，她肌肤美丽、眼睛漂亮。青鞜社最初的成员几乎都是女子大学校的毕业生，她居于其间。完全独具一格的荒木加入青鞜社，是一种不可思议的缘分，她是由保持研介绍来的。那时，荒木在目白的坡上，以早稻田的学生为主要顾客经营学生公寓。三崎町的玉名馆由她母亲经营，分店这边交给了还不到17岁的荒木。……她父亲很早去世，为了兄弟姐妹，荒木接过父母的工作，她是从年轻时经受苦难的人，很有照应顾客做买卖的风范，与人接触有一种很特别的感受，黑黑的大眼睛显得水灵灵的，一旦喝醉了就落着泪告诉别人自己喜欢的男人的事情。她的身后好像有一个后援人，是在南洋经营橡胶园的有些上了年纪的人。……她钟情于增田笃夫，这位年轻人的俊貌、纯情是在她酒喝过几巡之后毫无顾忌地说出来的。我与荒木见面的时候，目白坡上的分店撤去了，她正照管着三崎町处的玉名馆。①

荒木郁（子）在《青鞜》创刊的同时成为社中一员，她最先发表的作品是《青鞜》创刊号上的戏剧作品《喜剧阳神之嬉戏》。1912年（明治四十五年）1月21日，青鞜社成员举办在京人员新年联欢会，郁子是主管负责人。她的短篇小说《书信》（第二卷第4期）导致《青鞜》第一次遭禁，这一期的责任编辑荒木郁（子）与雷鸟一起共同担任，但此后郁子并没有积极参加青鞜社的运营和编辑工作。1913年（大正二年）2月《青鞜小说集　第一》（东云堂）中，收录了郁子的

---

①　[日] 平塚雷鸟：《女性原本是太阳》，大月书店1971年版，第353—354页。

小说《道子》。10月，青鞜社修改章程，在重新改组并招募新成员时郁子没有入会，只是辅助成员。1914年（大正三年）2月《火之女》出版后，3月她在《青鞜》上发表最后一篇作品《美丽的牢狱》，从此便淡出创作活动。

二 《书信》和《路标》

荒木郁（子）在《青鞜》上一共留下八篇作品，计有：[①]

① 《喜剧阳神之嬉戏》（戏曲）　　第一卷第1期　1911年9月
② 《道子》（小说）　　　　　　　第一卷第3期　1911年11月
　　　　　　　　　　　　　　　　《青鞜小说集第一》中再收录
③ 《暗夜之花》（戏曲）　　　　　第二卷第2期　1912年2月
④ 《书信》（小说）　　　　　　　第二卷第4期　1912年4月
⑤ 《死前》（小说）　　　　　　　第二卷第10期　1912年10月
⑥ 《投奔爱之乡》（小说）　　　　第三卷第1期　1913年1月
⑦ 《父亲》（小说）　　　　　　　第四卷第1期　1914年1月
⑧ 《美丽的牢狱》（小说）　　　　第四卷第3期　1914年3月

《青鞜》曾因《书信》而遭当局禁售已是公认的事实，而提起《书信》就很容易被认为是大胆描写通奸、性感的小说，作者郁子则被认为是自由奔放的"新女性"。如何理解和认识《书信》以及这篇作品的作者荒木郁子，放在当今时代，是否有重新阅读、探讨的价值及意义？笔者以为，答案应该是不言而喻的，时代不同了，当我们换一个视角审视《书信》时，一定会有新发现。

1914年2月出版的《火之女》中收录了这篇曾遭封杀的《书信》，但标题却改换为《路标》。如果不更改原标题直接收录，恐怕会再次遭禁。平塚雷鸟有过类似的经验。[②] 更值得注意的是，这篇作品不仅更改了标题，在内容和措辞上也比原始作品"缓和"了许多。郁子在重新收录的作品《路标》中改变了什么？保留了什么？在搞清这一问题之前，先

---

① ［日］井手文子：《〈青鞜〉解说·总目次·索引》，不二出版1987年版，第70页。
② 平塚雷鸟的第一本著作（版权页为"平塚明"）《圆窗边》，是以发表在《青鞜》上的评论、随笔为中心的文集，1913年5月由东云堂书店出版发行，5月1日发售，22日即遭禁。随后，雷鸟将被认为破坏家族制度、有伤风俗的《致世间妇女》以及卷首语等删去，重新更换书名为《有插门的窗下》，于6月10日再次出版发行。

看看专家们对《书信》的认识和评价。

诗刊《伊修塔尔》(*Ishtar*)的主办人、女性史研究专家堀场清子认为这是以通奸为主题,批判婚姻生活的作品,她说:

> 作品以书信的形式无所顾忌地描写一位有夫之妇与年轻的情人幽会的喜悦。感官上的奔放与感觉上的娇艳,有着与今日相通之魅力。在家族制度下,对有夫之妇和她的情人来说,则是构成犯罪行为的"通奸",这是作品的主题。其中郁子对婚姻制度发出了大胆的否定言辞。①

另外,《综合新闻出版研究》季刊副主编池田惠美子指出:"在一夫多妻被公认的社会风潮中,荒木则讴歌了妻子的性愿望(通奸)。"②她说:

> 《书信》是以通奸为题材的小说,用书信的形式表达了妻子对已离别的情人的恋情。透彻地表现出"结婚、夫妇这种死板无聊之境地",不久将和情人见面。结尾处说"可以触到你那红唇吧"。在明治民法中,妻子通奸直接构成离婚原因,同时刑法第183条规定处以通奸罪。而另一方面,丈夫与有夫之妇通奸,如果不是由于对方丈夫诉讼处以通奸罪的话,则不能构成离婚原因。③

堀场清子和池田惠美子两人评论的共同点在于都认为这是一篇以通奸为题材,否定婚姻制度的作品。但是,荒木郁(子)作品中的真正意图只是为了表现有伤风俗的通奸题材吗?笔者以为并不尽然。揭露封建婚姻制度将女性置于不公平的地位,使妇女成为男性附属物这一实质,才是该作品的真正立意。

那么,改题和改写后的《路标》,呈现出一副什么样的面貌呢?具体改写处有两点是显而易见的。

---

① [日] 堀场清子:《青鞜时代》,岩波书店1988年版,第102页。
② [日] 米田佐代子、池田惠美子编:《为学习〈青鞜〉者编》,世界思想社1999年版,第200页。
③ 同上书,第200页。

第一点，在《路标》中删去了原作男主人公"秀夫"的名字，通篇以"你"来称呼，男人的存在成为一个模糊的形式，通奸的现实性更加虚幻。

第二点，在《书信》中所强调的对男性、对丈夫的批判力度削弱了，相反，对女主人公"我"为了物质上的欲望而步入婚姻进行了批判，在写出眼泪与悲哀的同时，反映出女性的柔弱和无知。

> 我在结婚的时候，心里是感到幸福的。我用不着任何担心和辛苦就可以得到想要的，被爱这种事，我觉得很稀奇，被毫无缘由的喜悦压倒了。然而，这也在转眼之间，恰恰在那些物质欲望餍足时，开始想起了你。我不得不怀疑丈夫的真心，而且同时不得不怀疑自己的态度。为什么呢？我现在的生活，物质上的满足比起少女时代得到了极大的丰富。但是现在，如果自己离开这种满足，剩下的还有什么呢？象牙雕刻的发饰、镶宝石的戒指、丰富的饮食，如果将这些东西拿走，我的生命与那些没有灵魂尊严的虫子的存在有所不同吗？我考虑这些的时候，由于眼前生存的寂寞和羞耻，而使我没有理由不去回头看看我自己做的事情。

与《书信》的叙述进行对比，这样的表白固然容易阅读和接受，但作为文学作品却过于严肃，失去了应有的光彩。《书信》中对"男性的空想"的准确把握和批判，在《路标》中却变成了对男女双方共同的批判。

> 丈夫也不想了解我的心，只是看见了我的笑容和撒娇的样子（这实际上也是男人空想出来的），就满足了。（小说全篇请参看附录F1）

改写后的措辞是：

> 表面上，互相展示出笑容和娇爱的样子（这实际上是彼此的空想制造出来的）。

改写后的文字减弱了直接针对男性的批判，转向分析"我"的内心，变成内省式的"我"。在性爱描写上，其奔放的势头也从郁子的笔端消失殆尽，小心翼翼地对那些有可能被认为是大胆描写的地方做了一番删除。那么，《路标》的改写过程，除了避免遭禁的危险而表现出郁子的妥协退让外，还想表达一种什么样的真实呢？我们可以理解的就是，在此期间作者自身的思想发生了变化。

前文平塚雷鸟《自传》中提到的郁子生活中的两位重要男性，正是在此期间被新闻媒体曝光，一时流言四起。其中一位是郁子真正喜爱的早稻田大学英语专业学生增田笃夫（1891—1936），比郁子年小一岁；另一位是由于金钱关系而纠缠不清的小松某某（名字不详），比郁子年长很多。尽管郁子和增田笃夫相爱，但是却由于经济问题又和小松保持着关系，这种混乱又无法自拔的状态，在《书信》与《路标》的改写过程中也相应地有所反映。

《书信》所具有的现代意义在哪里呢？笔者认为，《书信》所揭示的实质问题，是在打破了封建父权家族制度对女性人生选择控制的枷锁后，现代的性爱如何在新的道德标准下、在合理的法律保障下得以实现的问题。

关于荒木郁子作品《书信》所具有的现代意义，笔者将在第五章第四节再次以女性主义文学批评的视点进行评述，这里暂时搁置不谈。

第四节 "新女性"以及青鞜社对"新女性"的认识

《青鞜》最初并不是为"新女性"而创办的杂志，但是，现实中它却成了与"新女性"相关联的著名杂志，青鞜社也被认为是"新女性"的团体，甚至直到今天，一提及《青鞜》，人们便会联想到"新女性"这个词汇，两者被紧紧捆绑在一起。

当"新女性"的言行超越旧有的道德规范并被认为扰乱了原有的社会秩序时，"新女性"所包含的积极意义便荡然无存，转而成为"堕落"的代名词，"新女性"也立刻成为社会攻击的对象，处于浪尖上的青鞜女性则更是受到舆论炮火的集中轰击。她们的襁褓期还沐浴在鹿鸣馆时期①的对外开放潮流中，未曾想自己的命运却被"良妻贤母"主义所包围，不得不呼吸着国粹主义时代的空气，在国体固有性、文化固有性、性别观念固有性的氛围中，品味着苦涩并迈出艰难成长的脚步。

一 "新女性"的出现

"新女性"并不是自《青鞜》时期才开始出现的"新生事物"。早在鹿鸣馆时期，欧美的女性解放思想传入日本，"显贵的淑女"们聚集于舞会，当时落后的女子教育也出现改进的迹象，女子学校在各地纷纷建立。1888年《女学杂志》（3月31日）的社论对"时势变迁"惊叹道："少女奔走于学的锐气已势不可当了。"② 1888年9月《日本新妇女》创刊，它的封面横排分上下三段，以颜色区分，上端为黄色，中间为白色，下端是黑色，每段配有横写的文字。上端写有"The New Woman/第一号"，中间在上方写有稍小的"日本"字样，其下有略大一些的"新妇女"字样，下端是"I am the Mother/of Civilization/新妇女社"。在那个时代，杂志的封面几乎都是竖写格式，《日本新妇女》这一新颖的横排格式，显示出鹿鸣馆时期特有的气息。

《日本新妇女》的社论《新妇女刊发主旨》说，"吾辈"以"改良真正的妇女"，即"培养新妇女"为目的。所谓"新妇女"就是"具备明治新知识，通晓文明新学问，赋予日本财富极大利益，对世态人情明敏之妇女"，要使其"成为男子之好伴，男子之良友，唤起真正之文明者"。"唤起真正之文明"的词句，与封面下端的英文意义相呼应。

然而，社会潮流很快发生变化，1889年2月，《大日本帝国宪法》颁布，确立了天皇制；1890年10月，《教育敕语》颁布，日本进入国粹主义时代。"家"的重要性受到强调，女性应守护家庭的道德观再次回潮，儒教

---

① 鹿鸣馆时期——鹿鸣馆建成于1883年，是明治初期欧化主义的象征性建筑。明治政府为了修改江户幕府于安政五年（1858年）与西方签订的不平等条约而大力推进一项文化政策，为及早与西方诸国平等对处，快速吸收西洋文明，建鹿鸣馆作为招待外国贵宾的场所。从明治十七年至二十年（1884—1887年）大约四年间，鹿鸣馆每晚聚集着政府部门的达官显贵、社会上流名士、各国使节、商人等举行华丽的宴会、舞会。鹿鸣馆成为这一时期欧化主义风潮的大本营，这一狂热的时期被称为"鹿鸣馆时期"。馆名取自《诗经·小雅》（呦呦鹿鸣，……以燕乐嘉宾之心）。

② 转引自［日］堀场清子《青鞜时代》，岩波书店1988年版，第13页。

式女性形象诉求重新取代"欧化"目标，良妻贤母主义重新开始大行其道。

在日本的旧习中，女性深居闺中，足不出户，不能接受正规教育，也不能组织妇女团体、从事社交活动。一旦女性走出家门，出现于公共场合时，社会（男性们）便给这种不符合旧习的行为、做法冠以"堕落"之名，以平抚这种新现象给他们带来的困惑与恐慌。女性参加工作是"堕落"，学习读书也是"堕落"，"堕落"一词成为整个社会的流行语，一时间，似乎"世风日下"、"国将不国"了。在这种风气下，青鞜社成员的"五色酒（鸡尾酒）"事件、"吉原登楼"事件、争取婚姻自由的主张与行动等等，也就"理所当然"地被认为是"堕落"中的"堕落"了。

属于国家权力机关的警察、文教机关官员也站在旧观念、旧习俗的立场上向那些不守旧习的"堕落"的"新女性"发起攻击，攻击目标首先是"女人"，后来又加上"学生"，而作为攻击目标重中之重者，便是两者合二为一的"女学生"。具有讽刺意义的是，攻击者多是喜爱读报、看杂志的读者。

二　席卷青鞜社的风浪

"盐原事件"在当时的新闻媒体上被当作青年男女的绯闻事件进行报道，闹得沸沸扬扬、满城风雨，持续了一月有余。在对该"事件"的报道中，报纸上出现"禅学小姐"一类的新造词语，尚未冠以"新女性"的称呼。但是，当"新女性"这一称呼开始流行的时候，戴着有色眼镜的人们极其自然地就将其与平塚明（子）联在一起。

1911年（明治四十四年）9月3日《东京朝日新闻》刊登了《青鞜》创刊号的广告，就在一个多月前，这家报纸一直在连载森田草平的《煤烟》续篇《自叙传》（1911年4月27日至7月31日），在《自叙传》的同一版面（第六版）上，从5月起又开始连载题为"新女性"的报道（18日至24日）。第一篇至第四篇连载介绍了女权主义的历史、现状，但在第五篇则以如娜拉般"觉醒的妇女"为实例，提到"绅士淑女（指草平和明子）的私奔"，第八次举《万朝报》为明子冠以"禅学小姐"的绰号为例进行讽刺，"无需写出其名，世人普遍皆知的'禅学小姐'，比起欧洲的女权主义也是毫不逊色的近代妇女之一类型"。[①] 在此可以看到，

---

① ［日］堀场清子：《青鞜时代》，岩波书店1988年版，第70页。

当时"新女性"、"女权主义"、"女权主义者"已成报章的通用词汇。同时,"新女性"的行为举止也成为批评家、读者好奇与嘲弄的对象。

我们还可以看到,至少在《青鞜》创刊之前平塚明(子)已被冠上"新女性"的称号,而且将其与"娜拉"联系在一起。以明子为中心集结起来的青鞜社被认为是"新女性"团体,而且起初人们似乎也对她们有所期待,因为"新女性"最初的意义是指"拥有一点社会地位的女性、拥有自己的职业独立生活的女性、独身的女性等"。① 但是,青鞜社的女性不是一群站在时代浪尖上的弄潮儿,而是被各自的内在原因所驱动,试图打开一个自我发现的突破口而付诸行动的勇敢的探索者,当她们的探索行为有悖于人们的"期待"时,青鞜社便成为众人攻击与嘲弄的最大目标,这是青鞜社女性始料未及的。

前文提及,在《青鞜》起步之初,新闻媒体多少抱有一些善意。由于1912年《青鞜》第1期的"附录娜拉"和第6期的"附录玛格达"的影响,在青鞜社周围,议论"新女性"的喧嚣声越来越大。实际上当时并非只有青鞜社的成员才是"新女性"。《读卖新闻》从5月5日至6月13日,就"新女性"发表过25篇连载,在26个登场人物中,与青鞜社相关的有11人。从表面上看,青鞜社可谓"新女性"的集中代表,但实际上在这些人物中,纯粹以青鞜社成员身份出现的仅有两人:神崎恒(子)(第9篇,5月14日)和中野初(子)(第23篇,6月11日)。其他人物即使没有《青鞜》这一背景,自然也会榜上有名,比如与谢野晶(子)(第1篇)、濑沼夏叶(第6篇)、长谷川时雨(第19篇),分别以歌人、翻译家、作家的身份与读者见面;其他人也一样,田村俊(子)(第2篇)是作家兼演员,林千岁(第13篇)是女演员,长沼智惠子(第17篇)是从事西方美术的画家,等等。可以看到,为人诟病的"新女性"形象并没有一个统一固定的模式,显而易见,在这些代表人物身上体现出的共性是一种知识女性形象,她们在文化领域已有所建树、有所成就。尽管如此,青鞜社成为"新女性"的集中代表形象却因青鞜社女性"突出"的表现渐渐演变成一种社会共识。

"新女性"这一词语在包含着"拥有社会声望的女性"这一意义的同时,目标逐渐开始指向青鞜社,并将"期待"转化为攻击。转化的契机,

---

① [日]平塚明:《现代与妇女的生活》,日月社1914年版,第281页。

就是前文说到的"五色酒（鸡尾酒）"事件和"吉原登楼"事件。尾竹红吉在事件风波中成了众矢之的和"罪魁祸首"，她的命运也随之急速改变。

来自社会和报刊媒体的攻击、责难如狂风暴雨般席卷并包围了青鞜社，青鞜社被人们当作一群"放荡无赖之徒"，处于四面楚歌的境地。"新女性"一词所代表的一种朝气在此也荡然无存，完全成为"不良妇女"的代名词。这场暴风雨也吹散了青鞜社内部的凝聚力，雷鸟和红吉受到成员们的批评，她们认为这是一种向社会的炫耀与挑衅并希望把做出这等不严肃行为的人除名。上野叶（子）（1886—1928）写给红吉的明信片中表示"请你认真地对待青鞜"（"编辑室语"，第二卷第10期）；在南湖院养病且兼职的保持研（子）也给雷鸟写信，谴责"吉原登楼"行为，"最近明显可以看到《青鞜》极不认真、炫耀卖弄的苗头，失去了创刊当初的那股认真劲儿。缺乏诚实、没有感受，因而不能向你们表示敬意，（你们）只不过是疯丫头而已，仅仅是打破作为女性以往的因袭，大胆地去做至今女性不做的事情罢了。培养了一个既没有品位也没有尊严的产物，令人感到悲哀"。①

外部的嘲笑和攻击、内部的批评和怨气，加上内心的不安和自责，红吉此时唯一可以选择的只有"引咎退社"。雷鸟起初曾进行袒护，但在此过程中，由于雷鸟与日后成为终身伴侣的奥村博的相遇而转变了态度。

可以说，在这场风波中尾竹红吉是最大的牺牲者，不得已于1912年10月退出青鞜社，但一段时间里她继续为青鞜社做事。12月还为《青鞜》封面作画，这就是《青鞜》从1913年1月至11月封面所用的"树下两人"，即亚当和夏娃立于树下的画作。《青鞜》1913年第8期的"编辑室寄语"最终表露出红吉与青鞜社已无甚关联。1914年3月，红吉主持创办自己的充满艺术气息的杂志《番红花》，并邀请森鸥外、武者小路实笃、佐藤春夫、田村俊子、与谢野晶子等名作家或诗人撰稿，森鸥外为其新刊撰写了贺词。也许红吉希望通过这份杂志延续自己在《青鞜》上没有实现的理想，然而不幸的是，这份杂志仅仅出版了六期便自动停刊。

三 青鞜社迎接挑战

涌向青鞜社的狂澜不断卷起，雷鸟不惧狂风，带着自信与既成的社会

---

① ［日］平塚雷鸟：《女性原本是太阳》，大月书店1971年版，第377页。

观念、国家权威、性别秩序进行艰苦的斗争。这一时期雷鸟有意识地开始研究妇女问题，面对来自社会的重压，以积极的态度勇敢应战。雷鸟认为，此时正是向社会、同时也是面对青鞜社内部表明自己认真生活态度的时候。雷鸟首先在《中央公论》（1913年1月号）上发表《新女性》一文，接着，《青鞜》第三卷从第1期至第3期连续三期以附录的形式编辑"论新女性及其他妇女问题"特集。第1期上刊登了八篇文章：爱伦·凯《恋爱与结婚》（雷鸟译），伊藤野枝《新女性之路》，岩野清（子）《作为人男女是平等的》，加藤绿《关于"新女性"》，长曾我部菊（生田花世）《新女性之解说》，上野叶（子）《超脱俗观》，宫崎光（子）《寄望于诸姐妹》，以及堀保（子）《我是旧女性》。宫崎光（子）和堀保（子）是青鞜社外人员，她们的文章属于外部投稿。1913年2月，青鞜社举办第一次公开演讲会，《青鞜》开始从正面迎接"新女性"论争的挑战。

雷鸟的《新女性》、《致世间妇女》（《青鞜》第三卷第4期），体现了这一时期的思想。她在《新女性》中写道：

> 我是新女性。至少每天期望着成为一名真正的新女性，每天都在努力着。真正的而且永远常新的，那就是太阳。我是太阳。至少每天期望着成为太阳，每天都在努力着……
>
> 新女性诅咒着"昨天"。新女性已经不堪于默默无闻地行走在被欺凌的旧式女性的道路上，只是唯唯诺诺地行走。新女性不满足于由于男人的利己之心而将女性当作无知之人、当作奴隶、当作肉块，这样一种旧式女性的生活。新女性希望打破为男性之便而制定的旧道德、旧法律。
>
> 然而旧式女性头脑里附着的各色幽灵却执拗地追撵着新女性。"今天"空虚之时，"昨天"便乘虚而入。新女性每天与各色幽灵战斗着。在大意的一刹那"新女性"也就成了旧女性……[①]

雷鸟立足于"女性原本是太阳"的主张，进一步明确《青鞜》应该前进的方向。面对蜂拥而至的非难，在成员们接二连三退社的情况下，雷鸟出人意料地反称自己为"新女性"，决心与一切旧的积习观念和世俗认

---

① ［日］平塚雷鸟：《圆窗边》，东云堂书店1913年版，第174—176页。

识相抗争。年轻而活跃的女性们打破旧观念的言行，使政府当局开始感到不安，他们感到国家体制受到孕育中的新生力量的撼动。

与雷鸟一起，岩野清（子）也站在论战阵地前沿，直接从正面主张男女同权。《青鞜》将1913年第1期、第2期辟为"新女性"特集，清子在第1期上撰写文章《作为人男女是平等的》。她说：

> 我首先想表明的是，我们在母亲胎内，先于性之区别首先得到的是作为人类的种而存在，此后才接受了性之区别。
> 我们是人类中的女性，而不是称之为女性的人类。如果作为人类思想自由应该得到许可，那么不可否认，女性也有得到许可思想自由的理由。而且我认为其思想中并不认可旧道德，多少人有阻止她的权利呢？①

清子虽然没有使用"新女性"这一词汇，但她所主张的作为人男女平等是理所当然的权利，这一观点在今天仍具有重要的思想价值。

岩野清子接着在《青鞜》1913年第3期的特集中撰写论文《思想独立与经济独立》。清子主张男女应该平等，女性的差异是社会制度带来的，继而认为，女性不仅在思想上，还必须在经济上独立。清子的这一认识已远远走在当代最负盛名的女权主义者法国著名作家德·波伏娃（1908—1986）的前面。波伏娃所提出"一个女人之为女人，与其说是'天生'的，不如说是'形成'的。没有任何生理上、心理上或经济上的命定，能决断女人在社会中的地位，而是人类文化整体，产生出这居于男性与无性中的所谓'女性'"。② 在波伏娃提出这一"女人形成论"之前，清子已全然认识到形成性别歧视的实质性所在。波伏娃的论点后来对全世界的女权运动产生了重要影响，显然，拥有同一认识的清子其观念中有着一些超前性的内容，因此在强调雷鸟思想超群的同时，也不应忽视清子思想的卓越之处。

其他青鞜女性也积极阐述自己的主张。上野叶（子）指出女性承受

---

① [日]岩野清子：《作为人男女是平等的》，载《青鞜》第三卷第1号，龙溪书舍1980年影印版，附录第27—28页。

② [法]西蒙娜·德·波伏娃：《第二性——女人》序言一，桑竹影等译，湖南文艺出版社1986年版，第9页。

着职业与家庭的重担。她将女性比作"悲哀的不健全的留声机"。①

加藤绿的见解更具实感,更迫近妇女问题的核心。她认为,"现今所谓真正的'新女性'的身上有着深刻的时代烦恼"。② 并且说:"我试图去思考我们作为新女性应该在怎样的道路上前行。"③

在特集中,青鞜女性毫不虚饰地吐露出自己的生活状况和愿望,她们的女性论,虽然显得朴实和不够成熟,但其呼声却走在了时代的前列。雷鸟也在《青鞜》上表示要将"妇女问题"作为今后的课题进行探索,《青鞜》也因此开始从一个文学团体向社会思想团体过渡。为此雷鸟研读了瑞典哲学家、思想家爱伦·凯的以母性为理论基础的著作,她在第1期的特集中译介了《恋爱与结婚》的部分内容。爱伦·凯认为,妇女获得经济独立、参与社会活动不能成为妇女解放的尺度,女性加入产业劳动的同时也招致了母性危机。爱伦·凯的思想此后也一直影响着雷鸟,成为其思想的重要内容和倾向,1918年至1919年,雷鸟同与谢野晶子之间展开的一场"母性保护论争",雷鸟仍旧以爱伦·凯的思想理论为出发点。

在特集中除了青鞜社成员围绕着妇女问题发表评论与见解外,社外人士也参与进来,如宫崎光子、堀保子、福田英子三位女性和岩野泡鸣、阿部次郎、马场孤蝶三位男性作家。福田英子持有社会主义妇女论观点,在《妇女问题之解决》(《青鞜》第三卷第2号)一文中她指出,妇女必须得到解放,自由民权时期的男女同权运动,只是妇女相对的解放,绝对的解放应该是男子也同时得到解放,是"人"的解放,是领会自我内心的自由,这是人生问题。④

男性作家们的评论显示出较强的逻辑性和说服力。阿部次郎的《代之以谈话》表明了其开明的态度,他说:"新生命的觉醒,必定会给周围看热闹的一个好话题。靠别人的闲言碎语过活的卑鄙之人必定将现象涂抹

---

① [日] 上野叶:《超脱俗观》,载《青鞜》第三卷第1号,龙溪书舍1980年影印版,附录第49页。

② [日] 加藤绿:《论"新女性"》,载《青鞜》第三卷第1号,龙溪书舍1980年影印版,附录第30页。

③ 同上。

④ [日] 福田英子:《妇女问题之解决》,载《青鞜》第三卷第2号,龙溪书舍1980年影印版,附录第3、4页。

上丑恶的、滑稽可笑的、浅薄的、下作不堪的色彩。"① "近来成为问题的新女性也像上面所说的那样要经历这一过程，形势险恶但却让人感到无奈。……如果变成那样，明明白白就是看热闹的一群人的大胜利，是'新女性'的大败北。"② 最后他说："表面看来，女性的觉醒似乎对男性有所不利，但实际上未必如此。……我决不担心女性觉醒，而且从此期待着出现更加有反响、有生命力的女性。"③ 马场孤蝶在《为了妇女》中指出女性并非道具，她们应该拥有职业，而且就职的妇女们应该建立妇女劳工组织。岩野泡鸣则表露出坦诚的见解，他说：男人和女人的确必须平等，如果一方是主人、另一方是奴隶，就不会有好结局。但是，期望平等本身就是一种通盘的考量。这种考量是全人类的，对自己诚实也就罢了，然而，越是追求诚实就越是成为较量，一方有松弛，男女之间的相爱就被破坏了。……爱情如同战争，是男女间的"吻合"，因而，所谓妇女问题，就是将磨磨蹭蹭的女人打倒、打垮！④

青鞜社除了在杂志上编辑特集表明立场和主张外，还于1913年（大正二年）2月15日在神田美土代町的基督教青年会馆举办了"青鞜社第一次公开演讲会"，借此进一步回应社会，继续阐述青鞜社的主张和女性观。

《青鞜》第2期（1913年）预告将举办演讲会，但该期由于福田英子的论文《妇女问题之解决》，被认为宣扬了反对国家体制的共产制度而遭禁售处分。结果，禁售反而成为一种宣传，产生了"禁果效应"，参加演讲会的听众超过千人。尽管曾明确表示入场者"男性贵宾必须有女伴相携"，⑤ 但男学生与文学青年依然超过半数。还有大杉荣、石川三四郎、山川菊荣、堺为子（堺利彦之妻）、辻润等人。

当天的演讲会上，岩野清（子）备受新闻媒体关注。清子的论题为《思想独立与经济独立》。她首先指出："我国妇女直到明治三十八九年左

---

① ［日］阿部次郎：《代之以谈话》，载《青鞜》第三卷第2号，龙溪书舍1980年影印版，附录第16页。

② 同上书，附录第17页。

③ 同上书，附录第21页。

④ 参见［日］岩野泡鸣《冷酷的爱情观与妇女问题》，载《青鞜》第三卷第2号，龙溪书舍1980年影印版，附录第13、14页。

⑤ ［日］平塚雷鸟：《女性原本是太阳》，大月书店1971年版，第443页。

右，在思想上没有任何觉悟，只是守着因袭和旧道德，如婴儿般无知"。①清子还指出，自己曾经参与过修改《治安警察法》第五条的请愿运动，但一些"顽固的男子"和不少妇女拖了运动的后腿。现在"青鞜社运动"终于发起，女性们已觉悟到思想自由与独立是自己的权利，在此基础上，为了捍卫这一权利，经济上的独立也是不可缺少的，"我认为既然思想就是生活，在认可妇女思想独立的同时，必须具备为继续生存所必需的获取面包的能力，即经济上的独立能力，否则思想独立的权威将不能建立起来"。②

岩野清（子）也许是日本最早提出妇女经济独立与思想独立不可分割主张的女性。立于现今的立场，应该说这一主张不仅是针对女性的，也是针对人类自立的基本课题。

---

① ［日］岩野清子：《思想独立与经济独立》，载《青鞜》第三卷第3号，龙溪书舍1980年影印版，附录第1页。

② 同上书，附录第6页。

第四章

《青鞜》的社会价值

　　一段长期时间内，人们对《青鞜》的基本评价是：《青鞜》是一场由日本女子大学校毕业的精英们，为追求近代的自我确立而发起的文学运动。日本女子大学校是当时私立女子最高教育机构。而如今我们可以看到，《青鞜》除了它的文学业绩外，给《青鞜》带来更大名气的是后期的转向——集中于对妇女问题的关注，尤其是三次著名的女性问题论争——贞操、堕胎（避孕）、废娼论争，使《青鞜》在日本近代思想史、女性史以及女性解放运动史上留下了不可磨灭的一页。

　　那么，青鞜女性是在怎样的状况下开始围绕着性别问题进行社会性别言说的呢？在近代日本国家体制下，在法律框架内只对妻子规定有通奸罪，妻子一旦通奸则被要求离婚，而丈夫的通奸、养妾、嫖娼都是公开认可的。在男性受到法律认可的性放纵的另一面，是女性遭到的性压抑。荒木郁（子）的《书信》对此提出了质疑和挑战。在堕胎罪的框限下，女性没有自己决定生育与否的权利，在这一问题上，由原田皋月首先提出疑问，为捍卫女性身体的自我决定权打响了第一炮。公娼制度，通过预付借款和期限，将经济上穷困潦倒的女性紧紧地束缚和掌控住，并且通过良妻贤母主义教育的渗透，培养只要求女性的处女贞洁价值观，婚后也强行要求贞操，女性只要意识到性就会被认为下流、淫乱，女性的"性"认识被当作禁忌。而同时，有关性的科学知识被男性掩盖和垄断，与男性的性自由相对的是女性的性无知、性服从与性压抑。《青鞜》创刊的1910年代，男性的性自由与女性的性压抑，从城市到乡村都普遍存在。因此《青鞜》及青鞜女性针对贞操、堕胎、废娼大胆地发表观点、挑战传统的先锋行动，具有深刻的社会价值。

第一节 《青鞜》的社会性别主张

20世纪70年代以后,在世界女性主义运动高潮中,围绕着女性的性特质(性征)、针对性和身体的自我决定权、认同多样式的性关系等,要求性自由与权利的运动在扩展,而且生殖健康、生育权等新的权利概念被定型化,确立了将女性的性权利作为人权的认识。

在近代日本,女性之间的同性恋等多样式的性关系、生育方面的女性自我决定权的言说,应该说肇端于《青鞜》。青鞜女性从自身的生理性别经验出发,围绕着各种性关系、避孕、堕胎、废娼等问题展开论争。她们曾在论争中提出理论上的基本框架,对于当今思考女性的性别权利问题富有启发意义,并且仍具有效性。

《青鞜》的一群知识女性,以自己的亲身经历体验着多样式的性爱、婚姻中的性以及妊娠等,通过性的内省式言说,探索着拥有性的自我,从而去认识潜在的、更深处的自我,开拓了自我世界更大的疆土。

一 从关注文学到关注社会

雷鸟认为开发女性本身赋有的天分,即促进"女子之觉醒",对当时的女性来说是最为重要的事情。因而最初制定青鞜社章程草案第一条中就有"促进女子觉醒"的字样。但在《青鞜》上正式发表的文字则为:"本社力图发展女性文学,发挥各自天赋特性,以培养来日女性天才为目的"(青鞜社章程第一条)。全面突出了"女性文学",并且进一步表明:"凡赞同本社目的之女性文学者、将来欲成为女性文学者以及爱好文学之女子,无论其人种,皆可为成员……以女性文坛之名家为后援人"(第五条)。女性文学者及爱好者的文学活动成为《青鞜》办刊的主旨。

然而,雷鸟似乎一直对"女性文学"的字样抱着未尽其意之念。后来,青鞜社改组,在第三卷第10号(1913年10月)修改过的章程中,又删除了"女性文学"字样,在新章程下重新募集青鞜社成员和辅助团成员。通过修改章程,《青鞜》返回到雷鸟原先设想的起点后,重整旗鼓,再踏征程。

《青鞜》最初似乎是以"女性文学杂志"为自身定位的,但结果却转向对"女性问题"的关注,这看似难以理解,实则在情理之中。原因在于《青鞜》创刊号上，青鞜社章程第一条所表明的文学目的不言而喻。但是，平塚雷鸟的章程原稿并非"发展女性文学"，而是"促进女子觉醒"；而关于"培养女性天才"这一表述，按照雷鸟在《自传》中的解释，并不是"期待着青鞜社出现所谓的女性天才"，而是让每一个女性发挥出全部的天赋才能，由此发现各自的天才，亦即她想说"每个人都是真正的天才"。[①] 显而易见，雷鸟所要强调的是女子的"自我发现和觉醒"，即女性的"解放"。从这个意义上来考察《青鞜》由女性文学走向女性解放，提出诸多有关女性的尖锐的社会问题，也可以说是雷鸟办刊目的的实现。

那么，雷鸟的办刊意图为什么在创刊之初没有得到充分体现？笔者以为主要有两方面原因。一方面，日本这个后起的资本主义国家借着甲午战争、日俄战争的胜利，跻身于世界列强当中，一时间，欧洲的近代思想大量涌入，在文学方面，也迎来一个外国文学全盛期，自然主义文学进入顶峰阶段；尊重自我，主张彻底的个人主义的"白桦文学"也在文坛开始显山露水。然而，另一方面，日俄战争后国家主义进一步膨胀，要求女性恪守传统的保守主义思想根深蒂固，依然拥有相当的力量，而最为保守的领域就是教育界和妇女界。尽管设立了一些面向女子的高等教育机关，但实施教育的主导思想仍旧是封建的良妻贤母主义。在当时，自我觉醒的女性若想伸张个性、摆脱依存于男性的寄生生活，唯一可行之路就是文学。《青鞜》时期的女性之所以如此向往文学，对她们来说，文学是能够使自我成长的一个宝库，即通过教育的普及，女性身上的近代自我萌芽觉醒，厌倦了只被束缚于家庭的生活和人生，她们开始企望一种自我发展的可能性。这一时期，可以作为一种自救之路所诉诸的表现方法便是文学。另外，像走过明治青春期的女性小说家樋口一叶（1872—1896）、田泽蹈舟（1874—1896）等就以文学为职业，也就是说，作为自立生活之路而选择文学，这也是一个对青鞜女性产生影响的主要因素。无论《青鞜》的读者还是作者，都对小说抱有强烈关心，即便在后期《青鞜》作为女性解放思想杂志而力图有所拓新的时期，小说的撰稿人依然在不断增加。因此，在创刊之时，平塚雷鸟不能不考虑现实社会中女性的渴望和要求，不能脱离现实太远而去追求内在的觉醒和解放，只能通过文学去接近自己所

---

① ［日］平塚雷鸟：《女性原本是太阳》，大月书店1971年版，第296页。

预期的目标。

还应该提到的是翻译家兼评论家生田长江（1882—1936），他拥有《青鞜》"助产士"称号，表明他对于创办《青鞜》所起到的作用。将平塚雷鸟章程原稿"促进女子觉醒"改为"发展女性文学"，这也是生田长江的主张。可以说，这一主张与他成立闺秀文学会（1907年6月）的目的是相互贯通的，他在表述闺秀文学会的目的时说："应时代趋势所需，平易简明地讲述国内外的文学，培养普通妇女对文学的兴趣与修养，兼而培养女性文学作者。"[1] 显然，生田长江看到了"时代趋势之需"，而为使"需要"得到满足，他不仅在当年的闺秀文学会中加以实践，也希望通过《青鞜》，通过以平塚雷鸟为代表的时代先锋女性来实现。平塚雷鸟能够接受生田长江的"发展女性文学"的主张，大概同样也是看到了"时代趋势所需"。

无论《青鞜》的创刊意图如何，它所起到的作用，正如平塚雷鸟日后认识到的那样："当时女性的出路——除了良妻贤母主义之外，妇女的生活目标不被认可，在这样一个时代里，在社会上既没有任何地位也没有自由的妇女，借助思想、文学在内心世界谋求自由，希望在那里找到真正的自己，找到自己的生命。在这种希望中诞生的这份女性杂志，无论最初的意图如何，它都在沉重的疑虑和绝望的深渊中，在时代苦闷着的年轻女性的心中点燃了希望之火，从这一瞬间起，它被一股强大的热情和力量推动着，不知何时作为一种妇女解放的推动力，带着使命开始发挥作用。"[2]

关于《青鞜》的性质，雷鸟在日后的《自传》中再次总结说："如果用一句话来表述已诞生的《青鞜》的性质，可以说它是妇女通过文学有意识或无意识地对封建思想的反抗。发表女性作品的杂志，仅仅只依靠女性的力量得以创刊发行，单是这一点，在当时也是有着重大意义的。"[3] 雷鸟对《青鞜》的定位，可谓一语中的。

二 雷鸟的性的自我主张

《青鞜》创刊之时，以"女性文学杂志"为人所知，相继入社者虽然

---

[1] 新女性主义批评之会编：《解读〈青鞜〉》，学艺书林1998年版，第516页。
[2] ［日］平塚雷鸟：《我走过的路》，新评论社1955年版，第102页。
[3] ［日］平塚雷鸟：《女性原本是太阳》，大月书店1971年版，第340页。

多数以默默无闻而告终,但她们或采用小说形式,或采用随笔、评论的形式,涉及诸多问题,其中,比较集中的问题是以"性"的自我来认识女性自身,可以说这正是雷鸟所提倡的对女性"潜在天分"的一种探索,是对将女性自我的性关怀视为禁忌的时代所发起的挑战,雷鸟则是站在这一挑战大军中的领军人物。

"盐原事件"前后,雷鸟曾与森田草平就"性欲"问题进行"争论"。①《自传》中说,直至那时,自己对性是无知的,简单到只有在生物课上学到的"海胆交配"②之类的知识。事件后曾收到陌生人寄送一些春画之类的东西,这才"开眼"。③ 但是,雷鸟不是简单地对性具有好奇心,而是不断在追寻"自我为何"这一问题的本质。

《青鞜》从1912年起最早议论到的性别言论是女性间的同性恋问题。19岁的尾竹红吉(富本一枝)出于对雷鸟的向往加入青鞜社,1912年5月13日,青鞜社成员们在红吉家聚会后,红吉以日记的形式撰写了《某夜与某晨》,公开她与雷鸟之间的私人感情。"啊,漆黑的房中窃语让我这颗稚嫩的心多么痛啊,……我,怎么办好呢?拥抱、接吻这些欢乐的小曲,会成为多美妙的事呢?!"④ "……然而,我眷恋。即便我不惜任何手段哪怕使我的胜利受到伤害,我也不能忘记那位年长的女人。即使成为奴隶、即使成为牺牲,只要赋予我不会消失的拥抱和接吻,我便满足,满足下去。"⑤ 此时26岁的雷鸟也写道:"想将红吉溶为自己世界里的一部分,我的拥抱和接吻有多么强烈啊!我不知道,不知道。"⑥ "我的少年啊!如果以雷鸟的少年自居的话,率真地表达自己所想之事、所思考的问题,何需顾虑?自己心之所欲无论身在何处,必须贯彻。这也是为了使你成长,同时也是与你相联接的《青鞜》的发展之途。"⑦ 从两人的这些公开记录来看,文章中彼此也以"恋人"相称,雷鸟与红吉的关系已然超出了一

---

① [日] 平塚雷鸟:《女性原本是太阳》,大月书店1971年版,第273页。
② 同上书,第286页。
③ 同上。
④ [日] 尾竹红吉:《某夜与某晨》,载《青鞜》第二卷第6号,龙溪书舍1980年影印版,第115页。
⑤ 同上书,第116页。
⑥ [日] 平塚雷鸟:《去茅崎、去茅崎》,载《青鞜》第二卷第8号,龙溪书舍1980年影印版,第82—83页。
⑦ 同上书,第85页。

般女性间的友情程度，明显具有同性恋倾向。

雷鸟并非纯粹的同性恋者，她曾在《自传》中透露，在"盐原事件"后，24岁时她和青年僧人中原秀岳已体验过异性间的性交往。① 雷鸟与红吉间的同性恋关系在5月聚会后公开不久，1912年8月，在迎接创刊一周年的前夕，雷鸟与日后的终身伴侣奥村博（1889—1964）相遇，两人一见倾心，坠入情网。红吉将自己热烈的爱奉献给了雷鸟，对她来说，奥村博的出现令她痛心，受到的打击非同小可，但她也很快与陶器工艺师富本宪吉②结婚。雷鸟日后对红吉的婚姻评论道："然而华丽出世的《番红花》没有维持多久，很快红吉也与富本宪吉于大正三年11月闪电般结婚。如同殉了习俗的那身长袖和服、高岛田式发髻，我对此不禁感到愕然，正因为对红吉寄予期待之大，失望也更加多了一层。"③ 风风火火、轰轰烈烈的红吉，在步入婚姻时，也只是因了旧习而已。

女性一旦引起与性有关的事件，就会招致来自社会的嘲骂和围攻，亲身经历过这一切的平塚雷鸟深刻地认识到，社会嘲骂一个女子的行为是社会与"家"只对女性强制要求贞操的结果。正因为如此，雷鸟才在发刊辞中宣告，女性作为拥有女性之性的人，以建设新社会为目标。

雷鸟在1912年年底，接触到爱伦·凯的著作《恋爱与结婚》。这部著作强烈地批判了基督教旧有的性道德，赞美灵肉一致的恋爱结婚，以及自由离婚、生育自由等问题，雷鸟与之产生共鸣。从1913年第1期（第三卷第1号）开始，雷鸟在《青鞜》上翻译连载《恋爱与结婚》，并且决定"尽量地带着内省"来书写自己与红吉的恋爱经验，认为应该"明确一系列的经验，确定对经验的把握，保存记忆，将来依靠女性自身使其成为女性研究的一份材料"。④ 于是，《青鞜》开始连载以《一年》（第三卷第2号、第3号）为题的记录，但是，这份记录没有完成连载。雷鸟在《自传》中对中断连载的原因没有做出明确说明，只是说"《一年》想一

---

① ［日］平塚雷鸟：《女性原本是太阳》，大月书店1971年版，第285页。
② 富本宪吉（1886—1963）——出生于奈良县的日本陶器工艺师，有"近代陶器工艺之父"、"近代陶器工艺巨匠"的美称。1961年获得文化勋章。曾留学英国，在将古陶器进行现代化表现上富具匠心。
③ ［日］平塚雷鸟：《女性原本是太阳》，大月书店1971年版，第456页。
④ ［日］米田佐代子、池田惠美子编：《为学习〈青鞜〉者编》，世界思想社1999年版，第129页。

直写下去，但是只写了三回就中断了，因为什么缘由，现在怎么也想不起来了"。①

其实在连载期间，雷鸟经历了与奥村博的邂逅、恋爱，随之她对同性恋爱的观念与认识也在不断发生变化，晚年的雷鸟认为同性恋爱是不道德的，对同性恋爱表示出否定的态度，因而，红吉的形象在雷鸟的世界里多多少少也抹上一层灰色。可见，没有完成连载是雷鸟思想观念发生变化的结果。但对此时的雷鸟来说，经过"女性原本是太阳"的宣言，女性这一"性"的研究，成为一项迫切课题。而在此期间怀有身孕的伊藤野枝，收到了比自己年轻的文学青年的情书，野枝将此时自己有所动摇的性心理记录在《动摇》（第三卷第8号）中，以期探明自我之性。雷鸟读过此文后，对野枝缺乏自我决断作出批评，认为她将最后的解决之道交由丈夫的做法是老一套的"因循守旧"。②

雷鸟在1914年5月撰文表明从内心深处与爱伦·凯的观念产生共鸣，她也从自己的性生活方面观察到，"对于女子，恋爱通常从灵性向感官发展，与此相对，男子恋爱通常从感官向灵性发展……，这种差异对两者来说，存在于男女间最令人无奈之处"。③

1914年5月8日，《时事新报》捏造了一篇"平塚女士当上母亲"的报道，雷鸟立刻发出抗议，同月12日报方刊出更正。雷鸟在《青鞜》第四卷第6号上撰文说，"性方面的问题，……在妇女的生活当中，是必须认真思考的根本性的重要问题"，但是，社会却将性的问题当作"不严肃的、滑稽的、包上一层游戏色彩的事情"，④ 所以，"我已不能永远保持沉默了"。⑤

保有处女之身、由父母决定婚姻、怀孕的义务、必须生儿育女、隐忍丈夫的放纵而不离婚，这些都是在明治民法中已然成型的束缚女性的规

---

① ［日］平塚雷鸟：《女性原本是太阳》，大月书店1971年版，第389页。

② ［日］平塚雷鸟：《〈动摇〉中出现的野枝》，载《青鞜》第三卷第11号，龙溪书舍1980年影印版，第91页。

③ ［日］平塚雷鸟、加藤绿、伊藤野枝：《读过就评与最近杂感》，载《青鞜》第四卷第5号，龙溪书舍1980年影印版，第112页。另参见平塚雷鸟《女性原本是太阳》，大月书店1971年版，第491—492页。

④ ［日］平塚雷鸟：《不重视妇女生活的社会》，载《青鞜》第四卷第6号，龙溪书舍1980年影印版，第123页。

⑤ 同上书，第125页。

定。雷鸟将此认识为"女性终身的权力服从关系",在此之上,她将打碎铁锁链的武器设定为"选择的自由",为了实现选择的自由,她主张高等教育和职业教育的必要。[①] 而女性之间的同性恋爱则脱离于束缚性的权力服从锁链,所以,年长的雷鸟与年少的红吉彼此对等的相爱行为,可以说是一种欲打破服从锁链的行为。《青鞜》中反映女性之间的同性恋爱,多从这两人的经验记录论起,其他以同性恋爱为题材的小说有神崎恒(子)的《杂木林》(第三卷第1号)、菅原初的《旬日之友》(第五卷第3号)、川田俊(YOSHI)的《女朋友》(第五卷第3号)。

实际上,"同性恋"问题是雷鸟以及青鞜女性摆脱和打破旧有的伦理秩序,以确立和实现自我的一系列探索过程在恋爱环节上的体现,也是女性之"性"的发现和对女性之"性"应该如何确立的探索。

三 青鞜女性的性别主张

提出"作为性的自我为何"这一疑问,不是只有雷鸟一人在进行探索和思考的问题,而是多数《青鞜》加入者和执笔者共同思考的问题。这些探索和思考交汇在一起,便唱响了《青鞜》后期以女性之"性"为焦点的社会问题的论争。

《青鞜》在创刊之初所发表的诸多作品中,不少作品都在关注"作为性的自我"问题。在创刊号上发表的田村俊子的《生血》,至今也是备受关注的作品之一,作品描写女子与男人度过一夜,内心与身体的情状。《青鞜》初期连续刊登过尾岛菊子(小寺菊子)的《夜车》(第一卷第4号),描写一位在夜行车上被陌生男人握了手的女性;小笠原贞(子)的《某晚》(第二卷第7号),描写一位被男人亲吻而吃惊地要"跳起来"的少女;木内锭(子)的《晚妆》,描写一位沉迷于男人的酒吧老板娘。当然,导致《青鞜》首次遭禁的荒木郁(子)的《书信》(第二卷第4号)也在其中。

通过这一系列的作品,最终发展到以雷鸟、伊藤野枝等为中心的关于"贞操"、"堕胎"、"废娼"等问题的论争。她们结合自身的恋爱、结婚、生育等体验加入论争。与之呼应,在《青鞜》上出现一批相关作品,其

[①] [日]平塚雷鸟:《致世间妇女》,载《青鞜》第三卷第4号,龙溪书舍1980年影印版,第162、158、159页。

中原田皋月（安田皋月）的《狱中女写给爱人的信》（第五卷第6号），以堕胎为主题；川田俊（YOSHI）的《红木之芽》（第四卷第4号），展现女性肉体觉醒的过程；菅原初的《旬日之友》（第五卷第3号），描写同性恋问题等。雷鸟也将自己与尾竹红吉之间的"同性恋体验"在《去茅崎、去茅崎》（第二卷第8号）中展现出来。另外，上野叶（子）在《关于"性"——读四十岁离婚女人不顾一切的坦言》（第四卷第8号）中，大胆提出"女性是否也有性欲"的问题。雷鸟的评论《关于"个人"生活和"性"生活之间的争斗》（第五卷第8号），立足于自身的妊娠体验，探讨"堕胎"的是与非。生田花世在《反响》（1914年9月号）杂志上发表《果腹与贞操》，控诉了一个没有职业、没有财产的女人，为了生存即便遭到雇主无理纠缠（性骚扰）也不能反抗的矛盾，同时她写道："我的身体寻求着异性"，一个拥有"纯熟"身体的24岁的女性，因生活困苦而劳作，她将疲惫之极的状态视为"性压抑"。

　　至1914年，关于性的言论在《青鞜》上大量刊载，提出女性的性生活、职业劳动、嫖娼卖淫，以及性爱中男女差异等一系列问题。西崎花世（生田花世）在1914年第1期《针对恋爱及生活艰辛》中表白说，"是苦于生活艰辛呢，还是苦于生殖本能呢，这两件事情常常交错着在我眼前出现"。[①] 花世所说的情况，是职业劳动与性生活之间的调和，眼下的社会处于一种绝望的困境中，这是在明治民法下女性通常所处的现实。花世道出了女性问题的根本。在生田花世提出的问题中，受到关注的还有关于女性"经济独立"的问题。一个无依无靠的女子只身闯世界，在大都市里她必须"独立生存"，即必须解决"吃饭问题"。

　　与《青鞜》创刊同时期成立的廓清会，在废除公娼制度运动中颇为引人注目，而伊藤野枝却对废除公娼运动发出质疑："那种职业（卖淫）得以存在是不得已的。说什么因为太乱，不好取缔。这种事在日本议论得很厉害。但是，那种女人应该去做的所谓能够赚大钱的比较好的工作在哪里呢？"野枝认为，卖淫是不得已的"职业"，"它是没有任何技能的妇女的职业——这是应该事先考虑到的"[②]。在此，嫖娼卖淫与废娼问题凸显

[①] ［日］西崎花世：《针对恋爱及生活艰辛》，载《青鞜》第四卷第1号，龙溪书舍1980年影印版，第77页。

[②] ［日］伊藤野枝：《华伦夫人和她的女儿》，载《青鞜》第四卷第1号，龙溪书舍1980年影印版，附录第14页。

出来。

加藤绿婚后仍继续从事新闻记者的工作，她在作品《风吹之日》（第四卷第 1 号）中写出将孩子搁置一边出门工作的不安，另一方面又认为"靠工作吃饭生活是没有办法的事"；岩野清（子）以《思想独立与经济独立》（第三卷第 3 号）一文，阐述了女性真正的自立；上野叶（子）毕业于堪称良妻贤母教育之"牙城"的东京女子高等师范学校，虽然身为海军军官夫人，却亲临教坛，对文部省的教育方针进行批判，她声言："希望女人有'不成为男人累赘'的决心……如果全世界的女性都以此决心而立，将能做出大量的工作，甚而能支配男性。"[1]

尽管长久以来女性之性（欲）被当作禁忌，但我们不能将这些言说仅仅视为赤裸裸地对女性之性（欲）的描写。青鞜女性从 1913 年起开始加入性问题研究专家小仓清三郎（1882—1941）主持的"相对会"，并与其座谈交流。相对会是日本最早的性学研究会，坪内逍遥、芥川龙之介、大杉荣等都是其中的会员。小仓创办研究杂志《相对》，通过内省和观察自我与他者的性别进行探索。雷鸟和伊藤野枝也都是相对会的会员，在小仓及相对会的影响下，她们以科学理论为前提并结合自己的生活经验继续探索和深入研究社会性别问题。小仓清三郎认为应当将"性"从以往固有的性别观念中解放出来，从而直视"性生活"，对人类来说，将"性"作为根源性的东西来加以认识和肯定则为"性科学者的态度"。[2] 青鞜女性也许在小仓的主张中窥到了一种人性的体现。

《青鞜》在发表大量的有关性别问题的言论时，再次招致了社会的不理解与恶骂。1914 年 7 月 28 日，安河内警保局长放言："所谓青鞜社的那帮人都是色魔"；[3] 社会上也鼓噪着说，"新女性所谓的妇女解放就是随性欲所驱"。当时母性的社会作用虽被重视，却蔑视包含生殖行为在内的女性的性生活，与女性的性相关的事件就会遭到社会的嘲骂。在这种状况下，雷鸟和岩野清（子）于 8 月 1 日迅速前往内务省提出抗议。上野叶（子）也写了感想《为了新女性——听到警保局长的意见》（1914 年第 9

---

[1] ［日］上野叶：《从进化方面看男女》，载《青鞜》第二卷第 10 号，龙溪书舍 1980 年影印版，第 78、79 页。

[2] ［日］米田佐代子、石崎升子：《〈青鞜〉中的性别探求——平塚雷鸟与小仓清三郎的接点》，《山梨县立女子短期大学纪要》1999（32 号）。

[3] ［日］井手文子：《平塚雷鸟——近代与神秘》，新潮社 1987 年版，第 129 页。

期·三周年纪念号），强烈批判当局不正面接受雷鸟抗议的做法，并认为真正觉醒的女性，"既不盲从也不屈从于他人的强制，为了自我的追求而自发进取"①，社会在根本上存在着压抑、蔑视女性之性的问题，这促使女性觉醒，成为她们站起来的动力。

在向内务省提出抗议后的1914年9月9日，上野叶（子）、岩野清（子）、伊藤野枝夫妇、野上弥生子夫妇、生田花世等人聚集在雷鸟家，特约小仓清三郎作客。她们聚集在一起就女性之性进行讨论。其后，小仓在《青鞜》第四卷第11号上撰写《性生活与妇女问题》一文，论及雷鸟的"女性之爱从灵魂走向肉体"之说，他认为这只是出于雷鸟的个人经验，差异的产生并不是出于性别之差，男女双方都是从感官得以了解异性，对还没有达到爱的阶段之异性也持有性欲，并且认为，性欲是拥有肉体之人类的必然，决不是罪恶，女性也与男性一样拥有性欲，并为性而苦恼。青鞜女性与这种想法产生共鸣，她们通过探讨从而对女性自身拥有的性加以肯定，积极地促进了女性之性的主体化，这无疑是走在时代前列的思想，在女权主义运动史上具有代表意义。

在《青鞜》上以多样形态所呈现出的女性之"性"及性别意识，站在当时女性之"性"闭塞状况的对立面，其本身就有着鲜明的时代意义，在日本近代国家将女性看作"国家一员"进行组织化的过程中，青鞜女性既没有投入"奉献于国家"的行动，也没有囿于家庭内做一个"良妻贤母"，而是对"作为性的自我为何"、"作为性的自我决定"等问题进行探索和寻求，她们对国家将女性进行统合划一的管理控制提出异议，甚而进行对抗。因而，《青鞜》遭到带有性攻击、性讽刺意味的所谓"新女性"的非难，遭受因"败坏风俗"而禁止发刊的处罚，还受到"色魔"之类的谩骂，在某种程度上也是时代认识水平所导致的必然结果，同时也反映出《青鞜》对女性问题认识的超前性。

第二节 《青鞜》的女性问题论争

美国历史学家诺曼·威尔逊认为，关注女性自身的生活和成就，改变

---

① ［日］上野叶：《为了新女性——听到警保局长的意见》，载《青鞜》第四卷第9号，龙溪书舍1980年影印版，第155页。

了女性仅是历史注脚的情况，但很少挑战书写历史的旧有方式。当历史学家开始记载女性的体验并且对待她们就像历史地书写一样聚焦，而不仅仅是在男性的历史中增加女性史，这一历史新领域就会有进展。这一新领域表述女性的体验就在她们自身的限度内。[①] 因而，从女性史角度对《青鞜》进行考察，便是有意义的。

围绕着女性之"性"所涉及的问题，主要在伊藤野枝主持阶段的《青鞜》上，展开了三次重要的论战，这就是1914年（大正三年），西崎花世（生田花世）在文学评论杂志《反响》9月号发表的感想文《果腹与贞操》，成为"贞操论争"的导火索；随之安田皋月（原田皋月）与其展开论战，这场论争一直持续到1915年（大正四年）；接着这一年《青鞜》第6期上发表了原田皋月的大胆肯定堕胎（避孕）的小说《狱中女写给爱人的信》，引起一场关于堕胎（避孕）问题的论争，《青鞜》为此遭到禁售处罚。《青鞜》最后的辉煌是伊藤野枝在第五卷第11号（1912年12月）撰写的文章《论傲慢狭量且不彻底的日本妇女的公共事业》，摆开了一场与青山菊荣（山川菊荣）关于废娼问题的论争。

一 "贞操论争"

西崎花世（生田花世）于1888年12月8日生于德岛县板野郡上坂村，从少女时代就喜欢学习，小学毕业之际，她给当村长的父亲写下血书，乞愿继续就读女学校，终于以优异成绩考入德岛高等女学校，当时能够进入女学校的女子极少。毕业后花世在乡里的小学工作，常年为《才媛文集》、《女子文坛》等文学刊物撰稿。1910年（明治四十三年），花世在22岁时进京并立志从事文学创作。为了维持生计，她曾做过小学教员、杂志记者、酒家女招待等工作。花世身材矮小、相貌平平，时常在男性社会中被冷眼相看、遭受侮辱。从1913年（大正二年）1月（第三卷第1号）起，花世开始加入《青鞜》，其评论《新女性之解说》以笔名"长曾我部菊"发表，她的写作热情从此很快迸发出来，不加掩饰地展现自己的内心世界。她在《果腹与贞操》中写道：

[①] 参见［美］诺曼·J. 威尔逊《历史角色：理性、性别、阶级和话语结构》，载李宏图选编《表象的叙述——新社会文化史》，上海三联书店2003年版，第65页。

女人为了吃饭，在肩负着养育弟妹责任的情况下，又没有其他生活手段时，以女人最后的东西换来食物，是没有办法的事情，应该得到原谅。吃饭具有第一意义的重要性，而自己一人之操是第二意义的要求。①

文章发表后，很快遭到社会的攻击，连《青鞜》的一些成员也不赞成她的观点，认为花世的这种想法和行为是对自己、对女性的侮辱。安田皋月在《青鞜》第四卷第12号上发表《生存与贞操》一文，对花世进行反驳。她说："不考虑'自己一人之操'，哪里会有生活呢？……所谓的操，是人的、至少应该是女人的全部，而决不是、决不是一部分，不是一部分珍宝。并不是可以说唯有此才是贞操，其他则是贞操之外的。人的全部必须是此，女人的全部必须是此。无论有什么理由、无论遇到什么事情都不能破坏的就应该是贞操。"② 皋月认为绝对不能以女性之贞操换取面包。并且认为：用性来换取面包是"卖淫"，贞操——性是"人类女性全体应当拥有的无可替代的尊贵之宝"。③

西崎花世在《果腹与贞操》中还写道："是现今的日本家族制度以及社会制度让女性如此困窘。不让女性拥有财产，只要有这一法律存在，只要女性没有职业，恐怕每天都将有几百名女性，还在'果腹与贞操'的较量中，较之贞操，永远会首先满足于果腹要求。我认为，我们女性没有财产和职业，这是真正不能忘却的灾难。"④

花世在此指出日本的家族制度与社会制度是在全面限制女性的经济能力之上建立起来的，其残酷的结果是，女性要想自谋生路，就只能牺牲和出卖自己的性。在女性劳动权利观念薄弱的当时，花世提出这一问题所指向的意义，并没有被充分理解。这一问题与当今女性在工作岗位上的性危机、工作中的性骚扰问题紧密相关，因而，这一问题仍需不断明确深入地加以认识。

安田皋月在论争中，将问题指向了女性贞操的价值道德论方面。皋月

---

① ［日］生田花世：《果腹与贞操》，载《反响》第一卷第5号（9月号），第36页。
② ［日］安田皋月：《生存与贞操》，载《青鞜》第四卷第12号，龙溪书舍1980年影印版，第2—3页。
③ 同上书，第4页。
④ ［日］生田花世：《果腹与贞操》，载《反响》第一卷第5号（9月号），第37页。

眼中的"贞操",并不是指必须对男性守持的东西,而是作为自身生存基底之性权利来把握的,贞操是更加宽泛意义上的体现女性整体人格和道德品质的"珍宝"。实际上安田皋月与西崎花世是从不同角度思考和探讨"贞操"问题的,其论点也非常有见地,值得关注。

花世接着在《反响》1915年1月号上撰文反驳,又将论点转移到未婚女性之纯洁(童贞)的问题上,以往的道德不允许丢弃处女之身,绝不是因为这是罪恶,而是因为处女之身只不过是结婚时的有利条件而已。所以,只要做好结婚时会有不利的思想准备,那么,出卖贞操换取生活,不也是自由的吗?姑娘很珍惜处女之身是为了结婚之际将其身置于有利之处,指出它的功利性和强制性,而自己并不抱有这种功利性。

伊藤野枝与雷鸟对此作出反应,加入论战。野枝在《关于贞操之杂感》(第五卷第2号)中对安田皋月的贞操论提出反驳,借以宣传自己的"贞操"观。以现在的视角来看,野枝的观点最能摆脱传统女性贞操观。野枝首先坦诚表明,自己并不具备一套完整的贞操观,在对花世的生活苦难表示同情的同时,也尖锐地指出花世将"保全处女之身的意义仅仅当作一个利益问题",其认识是错误的。她说:

> 假如我在那种场合牺牲了处女之身换取面包,不如由我自己毫无留恋地丢弃处女性,而且我将在其他方面来培养自己。我知道这决不是可耻的行为。现在要结婚的、已经结了婚的以及即将结婚的男性中,真正地直到结婚为止都保持纯洁的人,有几人呢?这样一想,与女性的温柔比较起来,男性的随意令人讨厌恼火……①

在近代日本社会状况下,作为女性的基本生存权利的性权利,只有完全处于被国家和社会彻底利用的境况中才得以确认,如果对此缺少清醒的认识,问题就只能围绕着近代的社会性别意识观念所硬性要求的一夫一妻的性道德展开论争。而这种论争的结果,无论如何最终都是女性自身将自己的脖颈勒住而已。野枝似乎发现了这一陷阱,她说,若问为什么处女的

---

① [日]伊藤野枝:《关于贞操之杂感》,载《青鞜》第五卷第2号,龙溪书舍1980年影印版,第8页。

称号就那么至尊呢？如果回答不出其中的理由，就要"打破习俗"。① 然而，她却没有指出随意放任的男性之性的不合理性。

雷鸟则认为问题不在于"处女重要还是不重要"，"处女保持到何时为止，是为其自身而重要"。② 雷鸟的议论只是局限在近代恋爱幻想的框架内。笔者以为，本应是对剥夺了女性之性权利的社会提出抗议的一场论争，却在一时盛行的近代式恋爱幻想中归结到个人的私事上并就此止步，颇有遗憾之感。但以女性之口、之笔来直接议论被传统视为禁区的贞操问题，毕竟需要极大勇气，因而这一论争有着积极意义。

二 "堕胎论争"

由野枝继平塚雷鸟负责编辑的《青鞜》，虽存在明显不足，但也可以看到自觉向社会问题靠近的趋向。在"贞操论争"之后，原田皋月（安田皋月）在《青鞜》上发表小说《狱中女写给爱人的信》，由此引发了一场关于生育决定权的"堕胎论争"。

原田皋月的小说采用书信形式，描写由于堕胎罪而被判入狱的"女人"与法官之间的对话。在当时，法律严禁堕胎，不仅堕胎者本人，而且手术施行者也要依照刑法第212—226条，处五年以下徒刑。这是国家对受胎生育的管制措施，但却不向男性问罪。皋月在小说中，通过"女人"对法官问罪的抗议，阐述了自己的思想。当时参与论争的几位女性原田皋月、平塚雷鸟、伊藤野枝等，她们自身正面临着妊娠的现实。这篇作品与其说是小说，不如说是提出了一个尖锐的问题。男女肉体上的关系如宿命般，却与女性的意志无关，生育不过是物理性地制造生命，对此，皋月主张女性的选择权，生与不生的自我决定权。在避孕不被允可、堕胎不得不接受处罚的时代，小说中"女人"的主张是对法律、对国家强制性掌控和干涉女性之性的否定。其中废除堕胎罪的主张，是强烈而鲜明的女性权利的伸张。

由原田皋月作品提出的尖锐问题，引发了野枝、雷鸟、山田和歌

---

① ［日］伊藤野枝：《关于贞操之杂感》，载《青鞜》第五卷第2号，龙溪书舍1980年影印版，第11页。
② ［日］平塚雷鸟：《处女之真价》（原载《新公论》，1915年3月号），收入雷鸟的第三部文集《致现代之男女》，南北社1917年版，第1—12页；另见《毋宁礼赞女性之性——平塚雷鸟新性道德论集》，人文书院1977年版，第48页。

（WAKA，1879—1957）之间的一场论争。野枝在《青鞜》第五卷第6号上发表的《私信——致野上弥生》中指出，堕胎"是有充分价值，需要认真思考的问题"。① 关于皐月所说的"具备作父母的资格"，野枝抱有不同的看法，认为只要没有特别的缺陷，人人都可以成为父母，这是一种"自然"。她说："皐月似乎认为胎儿在腹中时是自己身体的一部分，但是，我却认为即使是在自己的体内，孩子也照样有着自己的'生命'，这个生命虽然很孱弱，虽然很不完全，却有他自己的生活。"② 她不赞成皐月将胎儿看作母体附属物的说法，认为胎儿从受胎的瞬间起就是一个完备的生命体。她说："我的确从内心对拥有长久'未来'之生命怀着尊敬之意。"③ 对法律将堕胎定为犯罪，野枝则不以为然，她反对堕胎，其主张充满了对生命的赞美。野枝此时身为一个孩子的母亲，体内正孕育着第二个孩子，她以自身的感受对胎内成长着的生命阐发议论。野枝所说的"自然"，也许可以用"本能"一词来替换，其受孕意识更加具有身体感受性。

然而，平塚雷鸟则指出单纯的生命赞歌不能够解决问题，她在《青鞜》第五卷第8号（1915年9月）上撰写《关于"个人"生活与"性"生活间的争斗》，该文以爱伦·凯的妇女论为基础，指出内含于女性之性中的"个的原理"与"种的原理"的冲突，认为避孕是"智力发展进步的文明人的特权、义务"，④ 并从五个方面的理由肯定了堕胎，即保护母性、生活艰辛（经济理由）、种族责任（优生学）、强奸（性暴力）、女性自主性地选择没有孩子的人生（生殖自我决定）。雷鸟将日本女性所苦恼的问题，放在精神生活与家庭生活的矛盾之上，肯定了生活于近代社会的女性选择自己精神生活的权利，也肯定了作为自我抉择结果的堕胎。并且认为，如果国家将堕胎视为犯罪，那么同时在其他方面就应该有保护母子的法律，或者有必要设立"育儿院"等社会福利机构。雷鸟的论说体现了保障母子生存权的观点。

---

① ［日］伊藤野枝：《私信——致野上弥生》，载《青鞜》第五卷第6号，龙溪书舍1980年影印版，第74页。
② 同上书，第76页。
③ 同上书，第78页。
④ ［日］平塚雷鸟：《关于"个人"生活与"性"生活间的争斗》，载《青鞜》第五卷第8号，龙溪书舍1980年影印版，第11页。

山田和歌在《关于堕胎》中站在基督教的立场反对允许以贫困为由的堕胎。和歌认为，正如偷盗一样，堕胎和避孕无论在什么样的窘困状态下都是邪恶的，也都是极大的罪恶，任何情况下的堕胎都不能认可。① 她主张，由于经济原因影响生育，在没有稳定的经济保障时就不应建立配偶关系，同时，要保障劳动者最低薪金以抚养母子，为失去抚养人的母子设立母性保险、母亲养老金等，实现社会保障以保障母子的生存。②

女性的身体应该是属于自己的，是她在体验和经历着自己的生命，因此，她也有权利决定自己的需要，自己的价值。女性更有权利去要求获得自己的空间，发出自己的声音。"将母性看作是对男性中心主义的一种挑战；怀孕和生育打破了自我与他人、主体与客体、内部与外部的对立。"③ 如果说法国女性主义理论家朱莉亚·克莉斯蒂娃的符号学具有某种反抗男权中心的革命性意义的话，那么可以说，这一意义早已蕴含在原田皋月的小说中了，她针对女性的生殖自我决定权，提出了尖锐的社会性别问题。传统意识把女性当作生育孩子的工具，皋月对此加以反叛，向国家管理体制发出质疑，将问题提升至社会层面而不再仅仅停留于个人立场。然而，她的观点在当时没有得到充分理解与延伸，而是被框限到堕胎的是与非这一个人问题层面。

三 "废娼论争"

日本的公娼制度始于 16 世纪丰臣秀吉④时代，在一些特定的地域合法地集中经营娼馆妓院，形成花街柳巷。江户时期某些藩主、城主曾经取缔娼妓，但目的不是维护女性人权，而是惧怕藩内子弟被梅毒所害。明治维新以后，西方基督教教义（尤其是新教伦理）及其天赋人权、平等博爱、一夫一妻制的思想传入日本，对日本社会产生影响，冲击了日本人的

---

① [日]山田和歌：《关于堕胎》，载《青鞜》第五卷第 8 号，龙溪书舍 1980 年影印版，第 34 页。

② 同上书，第 37 页。

③ 朱立元主编：《当代西方文艺理论》，华东师范大学出版社 1997 年版，第 352 页。

④ 丰臣秀吉（1537—1598）——战国、安土桃山时代的武将。曾跟随织田信长，称羽柴秀吉，本能寺之变后，灭掉明智光秀，平定四国、北国、九州、关东、奥羽，统一日本。其间于 1583 年（天正十一年）筑大阪城，1585 年为关白，第二年赐丰臣姓为太政大臣。1591 年将关白让与养子秀次。为了征服明朝出兵朝鲜，战中病逝。

传统伦理观念，有识之士开始怀疑公娼制度的存在是否有悖于"文明开化"。西方各国也指责日本政府公然认可娼妓制度、人身买卖制度和一夫多妻制的合法存在，对明治政府标榜的"文明开化"提出质疑。

随着西方人权思想的传入，废娼论的主张也纷纷提出。1872年（明治五年）10月2日，政府突然颁布《娼妓解放令》（太政官达第295号），规定与妓院有长期、短期契约的娼妓、艺妓及奴婢将获得解放。日本的娼妓似乎被解放了，然而实际上这只是日本政府为应付国际舆论、维护外交上的体面而已，《娼妓解放令》并不是要真正废除娼妓制度。就在宣布实施"解放令"的同时，还规定允许"自愿卖淫"的妓女和艺妓在色情场所服务。

《娼妓解放令》对解决卖淫问题起不到实质性作用，却由此带来另外一个结果，即关于"废娼"的大讨论。不过当时的废娼言论或出于"富国强兵"的立场，或只是考虑到娼妓的存在对国家、社会造成的负面影响，而没有追究卖淫问题的实质。

进入明治二十年代，以群马县的废娼运动（1887年）为导火线，废娼论者与存娼论者之间展开激烈论争。其中主要有岛田三郎（1852—1923）的"政府废娼论"、岩本善治（1863—1942）的"道德废娼论"、伴道之助的"经济废娼论"、小岛官吾的"社会废娼论"。与之相对的则有长谷川泰（1842—1912）的"卫生存娼论"、角田真平（1857—1919）的"法律存娼论"，同时还有警察当局的"治安存娼论"。[①] 木下尚江（1869—1937）主持的《东京日日新闻》和岩本善治主持的《女学杂志》始终站在废娼论的前沿。岛田三郎认为，公娼的存在是国家的堕落，暗娼的存在是个人的堕落；废娼运动是向社会丑恶势力开展斗争的一种形式。明治时期的"自由民权论"者也将废娼主张视为自由民权运动的一部分。

福泽谕吉是明治时期最具影响力的思想家，他的存娼论也颇具代表意义。明治以后，屡屡倡导一夫一妻制的福泽谕吉，却将在日本资本主义原始积累期被掠夺而牺牲沦落为艺、娼妓者痛骂为"人非人"（畜生），而且依靠这种"人非人"的丑业来守卫"良家女子"之纯洁，以维持"社会秩序"。在福泽谕吉的眼里，娼妓是保证男性占主导地位的社会安宁和

[①] 女性史综合研究会：《日本女性史》第四卷·近代，东京大学出版会1982年版，第239页。

秩序的镇静剂，因而，他认为公娼制度必须保留。

与废娼论争相应的是废娼运动的展开。《青鞜》关于废娼问题的论争，正是在全国性废娼运动激烈展开的时期。《青鞜》关于废娼这一长期历史问题的论争意义，在此已不是以往仅仅来自男性的议论和主张，通过《青鞜》的论争，呈现出女性自身对于妇女问题中重要问题之一的废娼问题的关注和认识。

"堕胎论争"之后，点亮《青鞜》最后辉煌的便是伊藤野枝与青山菊荣（山川菊荣）之间围绕废娼运动展开的论争。首先，野枝在《青鞜》第五卷第 11 号（1915 年 12 月）上发表论文《论傲慢狭量且不彻底的日本妇女的公共事业》，针对日本妇女矫风会①在宴席上不使用艺妓招待的运动摆开论阵。野枝在文中彻底批判所谓的妇女界或妇女运动的活动，认为这只是上层妇女的虚荣心和交际机构，除此之外没有其他的存在意义。接着，野枝提到妇女矫风会的废娼运动，她强烈反对矫风会的领导人原封不动地继承封建制度下武士阶级的道德，是立于儒教式歧视他人立场的废娼运动。她指出，从前"卖春"是没有教养、没有技能的女性不得已而从事的"职业"，不能视此为卑贱。矫风会的那些人将身处卖淫世界中的女性称为"贱业妇"，"可以说，她们对人性几乎完全是盲目的，她们作为形式化、愚劣、没有灵魂的普通宗教信仰者，是将所有的信念都放在完全没有通融的规定之上的迷信者"。②

野枝认为公娼成为一个社会问题，有着长期的历史根源。但是，她过于情绪化地表达自己的看法，过于强调那是"男子自然的需求"，"有它必然存在的理由"③，给读者造成肯定卖淫论的印象，似乎也在表明认可公娼制度是男性的本能要求与长期历史延续下来的基础。青山菊荣便指出了她的这一缺陷。菊荣在这一时期与平民社有所接触，充分掌握了社会主义理论，因而，她的议论具有较强的理论说服力。菊荣接过野枝的发言，

---

① 全称为"日本基督教妇女矫风会"，最早为"东京妇女矫风会"。成立于 1886 年，会长为矢岛楫子，会刊为《妇女新报》，至 1893 年发展为全国性妇女组织。此会积极从事废娼运动、争取妇女参政权运动、制定卖春防止法运动、禁止核武器运动等，高举三大目标：世界和平、纯洁教育、防止烟酒危害。该组织存续至今，是日本历史最久的女性团体。

② [日] 伊藤野枝：《论傲慢狭量且不彻底的日本妇女的公共事业》，《青鞜》第五卷第 11 号，龙溪书舍 1980 年影印版，第 10 页。

③ 同上书，第 11、12 页。

她一方面赞成野枝对慈善事业的批驳；另一方面认为，公娼制度是日本封建制度的特殊产物，是可以打破的（《关于日本妇女的社会事业致伊藤野枝氏》，第六卷第 1 号）。野枝也在同一期《青鞜》上发表《致青山菊荣》，随后菊荣又在 1916 年第 2 期上作出回应，撰写《进一步澄清论旨》一文。

在同一年里，菊荣又在《新社会》上发表《现代生活与卖春妇》（1916 年 7 月），认为导致卖春的一般原因是"由于私有财产制度的确立产生了贫富悬差和妇女的屈从"；"将男性之性欲视为绝对不可抗拒的力量，这种男女道德标准之差助长了其发展"；"贞操与通奸及卖淫制度是互为一体的"。[①]

恩格斯在谈到资本主义社会娼妓卖淫现象的危害时指出："自古就有的杂婚制现在在资本主义商品生产的影响下愈变化，愈适应于资本主义商品生产，愈变为露骨的卖淫，它在道德上的腐蚀作用也就愈大。而且它在道德上对男子的腐蚀，比对妇女的腐蚀要厉害得多。卖淫只是使妇女中间不幸成为受害者的人堕落，而且她们也远没堕落到普通所想象的那种程度。与此相反，它败坏着全体男子的品格。"[②] 菊荣也正是立于相同的立场否定了野枝的"男子性欲自然说"，而是主张一种"道德品质论"。

伊藤野枝认为，"卖淫"是现今女性职业稀少情况下不得已的"职业"，要在扩大女性职业范围方面谋求解决之道。青山菊荣则主张，要更正一味地将男性的性欲看作不可抗拒力量的性的二重规范，通过社会变革如经济发展解决女性职业问题。

野枝认为，只要这个世界上有贫困存在，卖春就不会消灭。她从妇女运动领导者那里看到"废娼"这一词语中所包含的对同性的蔑视，尽管她的语言力量不足，却竭尽全力地提出反论。

经过 90 年之后，最早对《青鞜》进行全面系统性研究的女性史研究专家井手文子重新回顾了这场论争。她认为，青山菊荣的理论有其薄弱的一面。现在，依照禁止卖春法废除了公娼，但是"性"作为女性最后的"商品"被买卖的现实并没有绝迹。非但如此，在个人"自由"的掩盖下

---

① [日] 铃木裕子编：《山川菊荣评论集》，岩波书店 2004 年版，第 29、36、45 页。
② [德] 恩格斯：《家庭、私有制和国家的起源》，载《马克思恩格斯选集》第 4 卷，人民出版社 1972 年版，第 71 页。

却做着更大的交易。作为知识分子的菊荣拥有形式上的逻辑性，却不了解贫穷百姓的生活，菊荣的道德观也带有浓厚的士族阶级的色彩，她认为庶民百姓的道德恐怕要宽松一些。①

在整个世界范围内，起源甚早、历时甚久，迄今尚无任何一个国家能彻底禁绝的娼妓卖淫现象，是危害人类社会的一个巨大毒瘤，尤其是官方所允许的娼妓公开卖淫对社会的危害最大。因而，废除娼妓制度、取缔娼妓业是一个极端重要的社会问题。由于政治、经济、法律、文化等多重因素的长期交互作用，女性处于任人蹂躏的卑贱地位是一个世界性现象。女性处于卑贱地位不但使女性自身处于痛苦之中，而且也阻碍了男性的自由发展。马克思和恩格斯在《共产党宣言》中说："每个人的自由发展是一切人的自由发展的条件。"② 为了让一切人都能自由发展，必须首先解放处于卑贱地位的苦难女性。

《青鞜》在展开这一系列论战的时候，迎来了1916年。由第一次世界大战带来的经济窘况、物价飞涨，这些情况，在《青鞜》上也有所反映，《青鞜》最后一期（第六卷第2号），成了一本薄薄的（仅93页，创刊号除去广告，正文有134页）、没有封面画页的、索然寡趣的册子，封面取而代之的是野枝的呼吁《致诸位读者》（译文请参看附录E）。

在《青鞜》提出的诸多问题中，以上围绕着女性的性别特质提出的社会性根本问题，尤其引起人们的关注。在激烈论争中，各家见解明显不同，但是她们并不怯于观点上的对立，而是大胆地展开论争。在论争过程中，近代日本社会的性意识、性观念所内含的矛盾被凸显出来。为了维护以男性为中心的家族制度，单方面要求女性遵守贞操、禁止堕胎、认可公娼制度，同时又硬性要求女性做好男人性欲望的善后工作，论争将这种矛盾纠缠状况直接摆到人们面前。但是，女性自身还未能完全摆脱男性中心社会的社会性别观念、性意识，因而，出现了当论争还没有被完全消化便不了了之的倾向。这些方面虽不免令人感到遗憾，但这些问题不是以往那种从男性管理者的立场提出，而是立足于女性切身的问题意识而展开，其论争的实质，从今天的观念来看也是颇具高度的。鹿野政直在《近代日本思想指南》一书中总结性地评价了三大论争的意义，他说："贞操、堕

---

① ［日］井手文子：《〈青鞜〉的女性》，海燕书房1975年版，第233页。
② 《马克思恩格斯列宁斯大林论妇女》，人民出版社1978年版，第51页。

胎、公娼这三个问题从正面直接迫近父权家长制及性之核心，从唯有女性才具备的视角切入，提出在男性那里几乎完全被忽视的问题，有着划时代的意义。"[1]

鹿野政直从思想史的角度对《青鞜》发起的三场论争的价值和地位加以评价，应该说，鹿野的观点是日本思想研究者对这三场论争的公允评判。至此，明治初期由明六社知识分子所倡导的开启民智的启蒙运动，在妇女问题方面包括男女平权、女子与男子接受同等教育、一夫一妻制的新型婚姻观念等，到了明治末年大正初期发展为以青鞜社为代表的知识女性自觉的自我解放的要求和追求。

《青鞜》集中了当时思想最活跃、认知水准最高的一批知识女性的思想言论。尽管执笔者各自的倾向不同，但无论现在还是当时，对女性来说，议论的都是女性自身的紧迫问题。《青鞜》为年轻女性提供发表言论的机会和空间，并赋予她们以自信，这一点无疑是《青鞜》对社会作出的最大贡献。

---

[1] ［日］鹿野政直：《近代日本思想指南》，岩波书店1999年版，第282页。

第五章

《青鞜》的文学价值

《青鞜》最初是以"女性文学杂志"为主要目的创办的，无论其后来的走向如何，在评论和研究《青鞜》时，如果抛开其文学内容进行认识和考察，我们所得到的认识一定不会全面。因此，在《青鞜》研究中，关于《青鞜》的文学话题是不可或缺的内容。如果以《青鞜》小说为研究对象，考察其中的女性意识，将是探索和揭示《青鞜》小说与《青鞜》后期提出的多项女性问题及论争的内在联系的一种途径。如果再进一步突破传统的研究视角，从女性作家角度来审视，也许能对《青鞜》的文学作品作出全新的解释和评价，重新确立《青鞜》文学在日本女性文学史上的地位。我们不妨将其放在世界文化史的多维视野中，凭借当代女性主义批评理论加以辨析。

英美派女权主义批评的重要代表人物伊莱恩·肖瓦尔特（Elaine Showalter）认为，女性文学传统是持续的，既有青史留名的大作家，也有更多被湮没的一般作家，应该同时注意到历史上"女作者的文学声誉稍纵即逝的现象"和"一小群女作家在世时几乎不停地在文学上走红，身后却从后世记录上消失"[1]这样的事实。

那么，在《青鞜》文学中有没有应该重新给予关注的被湮没的作家呢？是否有必要将她们载入女性文学史当中呢？笔者以为，这个问题的答案应该是肯定的。

第一节 女性写作者创作和发表的园地

回顾日本近代文学史，为女性提供投稿、发表园地的杂志有1905年（明治三十八年）创刊的《女子文坛》。通过《女子文坛》成长起来的作

---

[1] 朱立元主编：《当代西方文艺理论》，华东师范大学出版社1997年版，第348页。

家，其后多数都加入到《青鞜》中，生田花世就是其中之一。《女子文坛》于1913年（大正二年）8月停刊，从时间上看，它与《青鞜》有两年时间并行发刊。

尽管女性写作者在《青鞜》创刊前已然成长起来，但能够为更多希望通过文学开拓人生之路、探索新的生存方式的女性提供言说空间的女性杂志还远不能满足需要，《青鞜》则是当时唯一为女性自己创办的杂志，并且在创办之初，"力图发展女性文学"就是其主要目的，因而它成为专为女性写作者提供创作园地的刊物。

一 《青鞜》之文学

《青鞜》创刊之初立足于"女性文学"，这是不可否认的事实。加入青鞜社的成员估计超过90人，整个杂志的执笔人员达150人。[①] 集结于青鞜社的女性虽然在观念的深浅强弱上存在差异，但希望通过努力成为一名被社会普遍认可的女性作家，则是多数青鞜女性追求的目标。当时，女性写作者要在一流杂志上发表作品，必得具备有力的支持者。首先，她们各自进入男性作家门下开始创作，在绝对以男性为中心的文坛上，只有依靠和借助男性的扶助才能打进文坛。因而，女性依靠自己的力量，只为女性而创办《青鞜》，越过以往的藩篱，女性不再去介意男性的目光，"解放自我"（创刊号《编辑室寄语》）成为可以发表言论或主张的场所与空间，为女性书写者创造和提供了勾画人生姿态的舞台和展现自我内部风景的园地。

女性写作者所涉及的写作领域多限于小说、短歌、诗歌等文学作品类型，能够书写评论的女性，仅有与谢野晶子等人已获得文坛认可，年轻作者几乎没有。雷鸟本人并没有执着于文学创作的打算，甚至说"不知怎么回事，就是讨厌带着作家之名的人，尤其是所谓的女作家"，[②] 她想写一些有关宗教的内容，抱着"想试写一些批评或评论"的想法。[③] 为此，雷鸟最初就想把杂志办成一份评论杂志。但是，前已述及，如果《青鞜》一开始就是以评论杂志的面目出现，也许就不能集结起那些怀有文学热望

[①] 重复的可能性也存在，如笔名的更换使用、结婚后更换夫姓等原因。参见堀场清子《青鞜时代》，岩波书店1988年版，第134页。

[②] ［日］平塚雷鸟：《女性原本是太阳》，大月书店1971年版，第281页。

[③] 同上书，第282页。

的女性了。

那些对文学寄予热望的年轻女子多认为文学创作是探索式的生存方式，比如生田花世说："我面临为什么活下去的问题，带着这一问题，追寻到了文学，除此之外没有别的东西"，"女人要开拓自己的道路就别无他法"。① 也就是说，当时的女性除了成为"良妻贤母"的生存道路外，别无他途，唯一对女性开放的是文学这扇门窗。这也是集结于《青鞜》的女性们的共同感触。雷鸟也在《自传》中回顾《青鞜》创刊前后的年代说："那时，年轻女性对文学的憧憬，对于今天的人们来说，无论如何都是难以想象的。"② 青鞜社成员中年龄最小的小林哥津（子）在加入《青鞜》前，是有着"投稿癖"名声的学生，读过《青鞜社章程》第一条之后，她说"那句话印在我的眼底"，也就是被"女性文学"的字样所吸引，认为加入青鞜社后，"可以忠实地表达所谓的自我"。③ 这正反映了那时文学女性喜悦、期盼的心声。

《青鞜》作为女性解放杂志，它的历史作用和地位往往得到了普遍关注和强调，但是它作为"女性文学杂志"在女性文学史上的地位却长期被人们淡漠、遗忘。原因在于《青鞜》刊载的小说篇幅过于短小，在同时期，发表于《青鞜》的小说几乎没有引人注目的"力作"，留在文学史上最有名气的作品，大概就是创刊号上田村俊子的《生血》。但《青鞜》并不是田村俊子创作发表的主要阵地，而且她在《青鞜》创刊之前早已成名。

新女性主义批评之会编辑的《解读〈青鞜〉》（学艺书林1998年版）中分析说，人们对"《青鞜》文学方面的评价之所以较低，是因为相对于掌控着明治以后文坛的男性作家的评价之轴，《青鞜》的文学不是迎合性的，因而被排除在外"。④ 在最近的研究中，已开始将女性主义、社会性别视角放入《青鞜》文学，使《青鞜》呈现出新的意义，通过女性主义批评、社会性别视角进行评价，有可能从女性问题的侧面得到评价和探讨，《青鞜》迄今为止在文学史上不被看重的评价或许会有一个较大转

---

① ［日］生田花世：《〈青鞜〉之回忆》，载《国文学解释与鉴赏》1963年第9期。
② ［日］平塚雷鸟：《女性原本是太阳》，大月书店1971年版，第291、340页。
③ ［日］平塚雷鸟：《一年》，载《青鞜》第三卷第2号，龙溪书舍1980年影印版，第91页。
④ 新女性主义批评之会编：《解读〈青鞜〉》，学艺书林1998年版，序言第2页。

机，但是在作出重新评价的同时，需要注意不能因此而忽略了其他更多的要素和多样性，要避免出现顾此失彼的情况。

另外，《青鞜》的小说篇幅短小，作为一个整体找出其中的共同点，是否能成为研究"青鞜小说"的一种方法，值得探讨。青鞜女性作为这一团体中的写作者，她们和《青鞜》一起，在女性书写的整个历史中应该拥有什么样的地位？这是一个需要重新认识和理解的问题。

那么，青鞜女性是在什么样的实际状况下，一边寻求独立，一边通过写作进行阐述和表现自我的呢？

二 《青鞜》的女性作者

（一）安田皋月

由《青鞜》引发的女性问题的三大论争，其中两次都是由安田皋月（原田皋月，1887—1933）首先挑起的。安田皋月是新潟县长冈一个士族家庭的女儿，毕业于东京府立第一高等女学校。1912年入青鞜社，针对生田花世的《果腹与贞操》，首先由她提出反论，围绕着贞操问题展开了一场论争。接着，她又创作了小说《狱中女写给爱人的信》，再次引发一场关于堕胎问题的论争。进行贞操问题论争时的皋月，正处在与音乐家原田润热恋的过程，为了贯彻其爱情信念，她说："20年的时间，我由年长者抚养长大，从9月29日起为了生存起见，尽管资本极其匮乏薄弱，也要将自己的力量拴在生命线上开拓生存之道。"[①] 她开了一家水果店，谋求独立生活。在自由恋爱结婚被视为不道德的年代里，皋月为了贯彻自我，在经济上也要争取独立。皋月是极其有志向的女性，她写道："我为了充分发挥自我而活着。"[②] 与原田润结婚后的皋月，由于丈夫的工作原因随之移居大阪。大正中期，平塚雷鸟创建新妇女协会时，皋月协助雷鸟组成大阪支部，担任理事，在机关报《女性同盟》第5期上撰写《女性的职责与经济上的独立》，文中说："所有妇女问题，……从根本上可以归结为经济上独立能力的欠缺"[③]，"对女性创造下一代人类的这一应视为

[①] [日] 安田皋月：《生存与贞操》，载《青鞜》第四卷第12号，龙溪书舍1980年影印版，第1页。

[②] [日] 堀场清子编：《〈青鞜〉女性解放论集》，岩波书店1991年版，第249页。

[③] [日] 原田皋月：《女性的职责与经济上的独立》，载《女性同盟》第5期（2月号），新妇人协会1920年版，第2页。

重要使命的社会贡献,人类社会当然应给予回报"。① 在这一主张的背后,潜藏着皋月痛苦的生活体验,她的第二个孩子由于患病留下后遗症导致残疾,她受到周围人们的责备,说那是由于皋月埋头写作,对孩子疏于护理而造成的。后来,由于丈夫患病并失去工作职位,一家人重新回到东京,依靠皋月的裁剪手艺生活,不久被迫离婚。她带着孩子靠裁剪维持生计,但依然保持强烈的写作志向。最终由于病魔缠身,艰苦的生活难以维持,在46岁时选择了不归之路。

(二) 上野叶(子)

上野叶(子)(1886—1927)的评论文章,是青鞜女性书写者中的佼佼者,这也是至今一直受到公认的。上野叶(子)生于岐阜县,作过临时教员,她不顾母亲的反对,入读东京女子高等师范学校,毕业后在福井高等女子学校任职。尽管已经与海军军官结婚,但她仍旧继续工作。这一时期,她的论文《妇女问题与文部省的态度》(收入《叶子全集》第1卷)对文部省的女子教育方针发出强烈的批判之声。叶子常常随丈夫工作地点的转换而不断迁居,但她从没有放弃过自己热爱的教育工作,每每就地任教,在讲台上向女学生传授她严肃认真的生活态度,在她教过的学生中,有后来与雷鸟一起担任新妇女协会重要工作的奥梦女绪(MUMEO)、伊福部敬子等人。叶子为《青鞜》撰写的文章,逻辑性强,结构严谨。在第二卷第10号刊载的《从进化方面看男女》中写道,虽然现状是"女性职业还没有开放很多",② 女性也同样"需要大量的职业,以谋求自营自立的生活之道",并且主张:"总之,希望多一个女人抱有'不成为男人累赘'的决心,如果不时常保持独自谋生的信念,那将仍是'被男人养活',因此而存有自卑的想法是不应该的。"③ "现今正缺乏女性职业,女性的工资低廉。但是,如果全世界的女性拥有这种决心,站立起来,就会赢得相当多的工作"。④

上野叶(子)在《青鞜》不仅撰写出优秀的评论文章,也创作发表

---

① [日]原田皋月:《女性的职责与经济上的独立》,载《女性同盟》第5期(2月号),新妇人协会1920年版,第4页。

② [日]上野叶:《从进化方面看男女》,载《青鞜》第二卷第10号,龙溪书舍1980年影印版,第78页。

③ 同上。

④ 同上书,第78—79页。

描写女性现实生活的小说。她在第五卷第1号（新年号）上发表的小说《初为人妻》，描写在东京独自生活的女性与住在中京（名古屋）的恋人结了婚，原以为自己与恋人是平等相处的，可一旦成为丈夫，男人对妻子恭恭敬敬的寒暄"您回来了"，只是"嗯"了一声点点头敷衍了事，妻子被无礼相待，觉得受到了侮辱。丈夫优哉游哉地工作，并以应酬为借口冶游不归，妻子苦恼之余最终的选择是"反正已迈出了作妻子这条妥协之路，还是尽量自在地能走多远就走多远吧"。① 叶子在结婚、生子之后仍旧继续工作，她看到了周围很多主妇们没有收入的悲哀。遗憾的是，她的生命仅仅走过了42个春秋。在她离世之后，她的丈夫编辑了《叶子全集》（全2册）以表纪念。

（三）岩野清（子）

岩野清子（远藤清，1882—1920）是青鞜社中最具斗争精神的成员，懂得利用法律争取和维护女性权利。清子生于东京神田，幼年丧母，因某种缘由她继承了祖母的户籍，成为远藤家的户主，而实际上她与父亲两人一起生活。由于父亲的工作不顺利，清子从东京府的教员培训班毕业后当了教员，之后又从事过记者、家教等工作以维持生计。对清子来说，生存就是工作，它意味着"女性之独立"。明治三十年代，清子与平民社的女性们一起参与了旨在为取消将女性排除在政治之外的《治安警察法》第五条的修改运动，此时，清子已拥有相当明确的"妇女问题"意识。接到青鞜社发给她的入社邀请信后，她立刻答应同意入社。在第三卷第1号的"附录"上清子发表《作为人男女是平等的》，在文中她强调男女本质上的平等。《思想独立与经济独立》（第三卷第3号）一文中也充分体现出清子的思想和行动。她在同一期的"编辑室寄语"中语气更为强烈地质问道："如果女人因为被男人养活而抬不起头来，那么，被官员、公司或报社雇用的男人对其上司或资本家也应该抬不起头，也就不能拥有作为个人的权利和主张吗？"② 她还写道："我们并不因为来自生活方面的压迫而扭曲思想。"③ 清子之后的人生，正如她的宣言那样，她与丈夫岩野泡

---

① ［日］上野叶：《初为人妻》，载《青鞜》第五卷第1号，龙溪书舍1980年影印版，第81页。

② "编辑室寄语"（岩野清），载《青鞜》第三卷第3号，龙溪书舍1980年影印版，第116页。

③ 同上书，第117页。

鸣之间围绕着离婚问题进行诉讼，而且寸步不让，"我决不妥协，也决不屈从"①；她说，"只是为了维护法律上'妻子的位置'，这不是为了个人自己，而是为了世间众多不幸的妻子，为了主张妻子的权利"。② 遗憾的是，离婚判定后，她和新恋人的幸福婚姻生活只是昙花一现，1920 年（大正九年）12 月由于宿疾胆结石复发突然去世，年仅 39 岁。

　　以上各位女性给我们展现出她们在艰难生活中的坚定主张"女性之独立"，并以极大的勇气与男权展开斗争，开辟自己的生存之路。青鞜女性无论个人的境况如何不同，她们手中的笔写出的都是她们自己的生活、自己的思想和人生追求；青鞜女性的文学是用女性话语表达的对现实的不满与抗争，并引导着妇女走向解放。

　　女权主义文学批评诞生于 20 世纪 60 年代末 70 年代初的欧美，至今仍在继续发展。它是西方女权主义运动高涨并深入到文化、文学领域的成果，因而有着较鲜明的政治倾向。它是以妇女为中心的批评，其研究对象包括妇女形象、女性创作和女性阅读等。它要求以一种女性的视角对文学作品进行全新的解读，对男性文学歪曲妇女形象进行了猛烈批判；它努力发掘不同于男性的女性文学传统，重评文学史；它探讨文学中的女性意识，研究女性特有的写作、表达方式，关注女作家的创作状况；它声讨男性中心主义传统文化对女性创作的压抑，提倡一种女权主义写作方式，女权主义批评在发展过程中广泛改造和吸收了在当代西方影响很大的新马克思主义、精神分析、解构主义、新历史主义等批评的思路与方法，体现了它的开放性，增强了它对父权中心文化的颠覆性。③

　　在《青鞜》诞生了一个多世纪的今天，即使仅仅站在女性主义文学批评的立场来观照《青鞜》文学和那些女性写作者，也能使我们重新发现一个全新的世界，可以说，青鞜女性不仅写出了自己的心声，同时也发出了先于时代觉醒的女性的呼声；她们的写作为自己树立了一个时代的新的女性形象，为女性文学史增添了一页新的内容；她们正是用女性的写作方式颠覆着家族制度下的父权中心文化，努力唤醒着被压抑了的女性意识和文化。她们的呼声跨越时空来到我们的面前，即便在今天也没有完全失

---

① ［日］尾形明子：《不自欺——泡鸣与清子之爱》，筑摩书房 2001 年版，第 148 页。
② ［日］平塚雷鸟：《女性原本是太阳》，大月书店 1971 年版，第 576 页。
③ 参见朱立元主编《当代西方文艺理论》，华东师范大学出版社 1999 年版，第 342 页。

去其光彩和价值。

第二节 《青鞜》在女性文学史中的地位与影响
——以小说为中心

《青鞜》总计出版了六卷52册，小说总数有170多篇（翻译小说除外），执笔者计48人。在《青鞜》四年半的历程中，培养出近50名小说创作者，这一事实在文学史和女性史上，都应引起人们的关注和研究兴趣。《青鞜》所刊载的文学作品既是生活在那个时代的女性们的"自我表述"，也是青鞜女性对既成社会秩序发出的激进的批判性言说。

一 小说在《青鞜》中的地位

《青鞜》与同时期的其他文学杂志如《昴》、《白桦》、《三田文学》等一样，除小说之外，也刊载诗歌、俳句、戏剧、翻译、感想、评论等作品。但是，从创刊号上登载的11篇作品目录的标题分类来看，还不能明确判断出"小说"与"小品"之间是以什么为标准进行区别划分的。《青鞜》各期标出的作品分类，也无法判明是依据作者的示意，还是依据编辑者的判断进行的，但有一点可以断定，那就是《青鞜》对刊载的作品在有意识地进行区别和划分。

那么，小说在《青鞜》中占有什么样的位置呢？如果单纯从统计数据上看，《青鞜》每卷各期刊载的小说平均数如下：第一卷4篇，第二卷4篇，第三卷2篇，第四卷3篇，第五卷4篇，第六卷5篇。第三卷的小说作品最少，其后又渐次增多，也就是说，小说的刊载正处于上升趋势时《青鞜》停刊了。第三卷的小说作品减少的原因可以考虑到两点：其一，关系到雷鸟一直以来的办刊意图和编辑方针。前文也已经说到，雷鸟并不以"发展女性文学"为办刊的最终目的，也没有以成为女性作家为立身之本，甚至对所谓的"女性作家"抱有某种程度的"反感"，相对来说，评论、随笔在雷鸟的心目中也许有着更高的价值；其二，出版第三卷的1913年正是青鞜社受到社会攻击最猛烈的一年，而且青鞜社自身也开始主动迎战，举办青鞜社演讲会，向世人表明自己的主张和严肃态度，对"新女性"的自我定义进行阐述。到1913年9月青鞜社成立两周年之际，重新改组青鞜社并修改《青鞜社章程》，再次回到雷鸟的"促进女子觉醒"的主题上。这样看来，第三卷小说的相对减少有主客观两方面因素。但尽管如此，青鞜社自新章程确立以来，"女性文学"的字样虽然淡出，"创作"、"评论"、"表述生活及思想"等占据主导,① 但是，希望通过"小说"这一表现手法来"表述生活及思想"依然是女性和青鞜社成员的强烈愿望。因此，作为主编的雷鸟也感觉到有必要推出"小说号"专集。

二 《青鞜》的两期"小说号"

《青鞜》推出过两期"小说号"专集，即第二卷第 4 号（1912 年 4 月）和第四卷第 4 号（1914 年 4 月），而且在两次小说号之间又出版了一次《青鞜小说集　第一》（东云堂 1913 年 2 月版）。在第五卷第 5 号的特别号（1915 年 5 月）上较多地刊载了小说，包括没能在小说号里出头露面的作品，从中大体上可以窥见创作小说的女性作者阵容和规模。

在第二卷第 4 号的特辑中，刊载了九位作者的小说：尾岛菊（子）的《老》、加藤绿的《执著》、茅野雅（子）的《湖畔之夏》、杉本正生的《习作之一》、林千岁的《乙弥与哥哥》、上田君（子）的《归旅》、岩野清（子）的《暗斗》、神崎恒（子）的《打字员》及荒木郁（子）的《书信》。以上作品，除尾岛菊（子）的《老》之外，其余小说均以女性为主人公。这些女性主人公述说着男女之间的冲突、婚姻生活的矛盾与伪善，在职业中不能尽情发挥自我的苦恼等，都是当时新女性们所共同面对的、不能摆脱也无法解决的问题，尤其是加藤绿的《执著》和杉本正生的《习作之一》颇富创意，都力图塑造出新的女性形象。

第四卷第 4 号的小说特辑，正好是在第一次特辑的两年之后，其间经历了《青鞜小说集　第一》的出版和修改《青鞜社章程》（1913 年 9 月）。这一辑中刊载了十位作者的小说：山田和歌的《拔野草》、野上弥生（子）的《新生命》、国分正生（杉本正生）的《合奏》、川上俊（YOSHI）的《红木芽》、浜野雪的《蝙蝠》、松井静代的《京都玩偶》、斋贺琴（子）的《夜车》、安田皋月的《佐渡节》、加藤绿的《别后两三天》以及伊藤野枝的《惑》。其中初次发表小说作品的创作者有四人：山田和歌、浜野雪、松井静代、斋贺琴（子）。两辑中再次收录作品的作者有二人：国分正生（杉本正生）和加藤绿。"编辑室寄语"中明确表示，

---

① 《青鞜社章程》，第三卷第 10 号，第 138—139 页。（请参看附录 D）

"尽可能介绍新露面的女性作家"。这期特辑除去附录等页数不计，小说部分的页码由 106 页增加到了 203 页。

阅读以上作品，可以看到《青鞜》小说呈现给我们的是社会生活的多样性，它们似乎在拒绝那种将《青鞜》小说归结为某种固定模式的做法。这些作品相互触通、相互映照，为读者提供多方面、多角度的问题。比如，围绕着生育问题，生产中的女人，其想法就和有过孩子的女人有所不同。野上弥生（子）的《新生命》描写女主人公兼子生产第二个孩子时的"产痛"，在妊娠过程中，她担心会生出畸形儿，因而心生恐惧，而体贴的丈夫却在身边对自己创造新生命抱有信心，但丈夫却体会不到女性对生育子女怀有的矛盾心理和苦恼；在加藤绿的《别后两三天》中，女主人公抱着才出生两个月的婴儿对丈夫说："女人被迫要生孩子，就什么也做不成了。"由于生育，使女性的生活行动受到制约，给女性带来了矛盾与不安。

松井静代的《京都玩偶》和加藤绿的《别后两三天》描写的都是与同居男人暂时离别后，重新进行自我思考的女性。在《京都玩偶》中，为了新生活，女人送走了去乡下筹钱的男人，虽然沉浸在别后的悲情中，但随着一个个独眠之夜的逐渐适应，她又觉得与男人一起生活也许会毁了自己将要长出的"新芽"，于是决心自己一个人继续迈向新的路途。但是，当她收到男人在旅途中寄来的京都玩偶，感受到男人的体贴温存，又再次陷入对男人的思恋中。加藤绿作品中的芳子，在分别之后仍感到孤寂，重新打量自己的内心，与男人在一起时，自己如何真正地失去"自由"，芳子的这一想法转变为探知其他女性立场的念头。她的一位女朋友说："自己呢，是以思念丈夫来代替思念别人的，只想着丈夫的事。"下一个来访的女友一边哄着婴儿一边说，女人就是因为生了孩子而被男人捉弄，无法做事，不能忍受成为丈夫和孩子的牺牲品。而木村的妻子，不顾及丈夫的感受，把男友们约到家中玩游戏牌。芳子看着这些女友，思考着包括她自己在内的所谓女人的存在。

总之，《青鞜》作品采用各种"女人"的立场来追寻相对的作为"女性"的生存和质疑女性生存的社会艰难性。在多样化的思考面前，也将读者带入思考的旋涡中，使读者认识和理解了生活于同时代的女性们千姿百态的生存状况。

法国女权主义理论家露丝·伊瑞格瑞（Luce Irigaray）曾提出了颠覆

父权制的"女人腔"主张，这一主张对于理解《青鞜》小说颇有价值。"女人腔"是指与男性理性化语言相对立的一种非理性的女性话语方式。她认为，在男权理性化社会中，女性被看作从行为到语言都是非理性的，这种非理性的女性说话方式永远在滚动、变化中，意义不定、无中心、跳跃、隐秘、模糊等是其特征，这就是与女性语系相对应的"女人腔"。伊瑞格瑞描述这种女人腔道："在我们的唇间，你的和我的，许多种声音，无数种制造不尽的回声的方法在前后摇荡。一个人永远不能从另一个人中分开来。我/你：我们总是复合在一起。这怎么会出现一个统治另一个、压迫另一个的声音、语调、意义的情况呢？一个人不能从另一个中分开，但这也不意味着它们没有区别。"[①] 正因为"女人腔"具有包容对立双方于一体的功能，就消解了父权制坚持的男女二元对立，否定了父权制对女性的统治与压迫。

用今天的女性主义思想理论的眼光回望《青鞜》的女性写作者各自的"女人腔"，看到的正是她们对父权制压迫的反抗和争取自我发展的艰难历程。

《青鞜》时代的女性们带着对自我表现的一种热望而从事小说创作，至今却没有被广泛阅读，这也是今天常被提起的一个问题。原因何在？曾经参加过《青鞜》的人物有很多都留在了人们的记忆中，比如平塚雷鸟、伊藤野枝、尾竹红吉、荒木郁（子）、加藤绿等人，而《青鞜》小说却很轻易地就被人们淡忘了，也许其中原因之一在于《青鞜》的作品一直以来被认定是不成熟的作品。然而，历史走到了今天，是否有必要对这些所谓"不成熟"的作品进行重新阅读与评价？《青鞜》小说在文学史中没有记忆、没有篇幅的历史是否能通过《青鞜》杂志的回归于世而有所改变？笔者以为，《青鞜》回归的本身就说明了其价值所在，不正是因为《青鞜》作品的"不成熟"，才蕴含和体现了青鞜女性自我表现的探索精神，在表现的强烈愿望中体现的是言说的复杂性和困难性；在思想的不完整中显现的是自我的丰富性和多样性。

青鞜女性自身对《青鞜》的小说有着积极的评价。她们"通过所有的一切进行阐述，觉醒中的我国年轻妇女，与旧道德、世俗思想作斗争的苦闷、自觉的恋爱，这应当成为失去了妇女生活目标的处于精神危机中的

[①] 朱立元主编：《当代西方文艺理论》，华东师范大学出版社1999年版，第355页。

妇女之精神"。[①]"通过所有的一切进行阐述",这是多么大的一种勇气和努力,也体现出青鞜女性宽宏的视野和包容精神。明治维新后,在急速摄取近代自我观念的时代中,女性不能从女人这一性别规范中得到自由,表现其过渡期中女性的多样性,《青鞜》小说欲表现的就是其不能解决的苦恼。在现在看来,正是由于其不成熟才向今天抱有相同烦恼的人们发出了疑问,才蕴含了共同生存于现代社会的多种可能性。

第三节 《青鞜》对外国文学的翻译介绍[②]

《青鞜》刊载了很多翻译作品,在全部52册中,只有第五卷第6号和第8号没有刊载翻译作品,大体上每期都刊出一两篇。与同时期的文学杂志《昂》、《白桦》、《三田文学》相比,《青鞜》中翻译作品所占比例相当。尤其是1913年(大正二年)最多,第三卷第6号翻译作品占到将近八成。这一年正如人们所言,"最近在读书界,最显著的现象之一是翻译的流行";[③]"没有像今年这般出版翻译作品的年份"。[④] 看来在翻译作品盛行之时,《青鞜》也敏感地、及时地反映了时代动向。

《青鞜》的翻译作品主要有:濑沼夏叶翻译的契诃夫(1860—1904)、布基西切夫、普希布谢夫斯基的作品;雷鸟翻译的埃德加·爱伦坡(1809—1949)的作品;增田初、神近市(子)翻译的莫泊桑(1850—1893)的作品;野上弥生子翻译的缪塞(1810—1857)、索妮亚·柯瓦列夫斯卡娅(1850—1891)的作品;伊藤野枝翻译的马科尔(1872—1911)的作品;山田和歌翻译的奥利弗·舒莱娜(1855—1920)的作品;浅野友(子)翻译的阿那托尔·弗朗斯(1844—1924)的作品,等等。如果对《青鞜》的翻译作品进行分门别类,可以分为"小说、戏剧"类和"评论"两大类。在以往的《青鞜》研究中,重点探讨过濑沼夏叶翻译的契诃夫作品,平塚雷鸟翻译的爱伦坡、爱伦·凯,伊藤野枝翻译的埃玛·戈德曼等,尤其认可翻译爱伦·凯著作的价值,认为它们发挥了引导探索

---

① "编辑室寄语",载《青鞜》第四卷第4号,龙溪书舍1980年影印版,第204页。

② 受文献资料所限,本节内容主要译自水崎野里子的论文《外国文学的接受与评价》和岩田奈奈津的论文《〈青鞜〉的翻译作品》。

③ [日]岩田奈奈津:《作为文学的〈青鞜〉》,不二出版2003年版,第201页。

④ 同上。

女性解放问题的作用。

一 平塚雷鸟翻译的爱伦坡作品

在《青鞜》上刊载的埃德加·爱伦坡的作品有：《影子——比喻》（第一卷第1号）、《沉默》（第一卷第2号）、《语言的力量》（第一卷第3号）、《黑猫》（第一卷第4号）、《红死魔的面具》（第二卷第2号）、《艾洛斯与查米欧的谈话》（第二卷第3号）、《肖像画》（第二卷第5号）、《一桶白葡萄酒》（第二卷第6号）、《仙女岛》（第二卷第7号）、《群众中的人》（第二卷第8号）、《梅尔斯特罗姆的旋涡》（第二卷第11号）、《梅尔斯特罗姆》（第二卷第12号），共计12篇，最后两篇刊载时标明"雷鸟译"，其他均未标出译者姓名。在日本，平塚雷鸟并不是翻译爱伦坡作品的第一人，但发表在《青鞜》上的《语言的力量》、《肖像画》、《艾洛斯与查米欧的谈话》、《一桶白葡萄酒》、《仙女岛》这五篇作品都是首次翻译的。

平塚雷鸟翻译爱伦坡作品原因何在？据雷鸟说，在成美女学校的"闺秀文学会"时，跟随生田长江等人阅读过爱伦坡、屠格涅夫、莫泊桑等人的作品后，就想进行翻译。① "盐原事件"后，雷鸟独居信州期间，在远离喧嚣的静谧中，每晚埋头阅读爱伦坡的作品并为此而倾倒。她回忆道：

> 在这种远离人寰的山里，在夜的寂静与孤独中，而且是在昏暗的小油灯的灯光下进行阅读，有那么一种中世故事的情趣，对爱伦坡幻想性的、神秘的诗的兴趣更加浓厚了。……对于此时过着脱离现实生活的我，爱伦坡的多有奇异空想的散文诗是非常有意思的，是独一无二的东西。②

雷鸟在当时脱离于现实生活而被爱伦坡的作品所吸引，爱伦坡作品的幻想性、神秘性和奇异性使她感到兴味浓厚，而且给她带来启示：人类只有在深沉的冥想中才能看到现实本身的神秘。雷鸟在《青鞜》第二卷第3

---

① ［日］平塚雷鸟：《我走过的路》，新评论社1955年版，第59页。
② ［日］平塚雷鸟：《女性原本是太阳》，大月书店1971年版，第255页。

号上创作的短篇小说《降神》,述说神降临在一个男人身上,向信徒传达天启的故事。这一短篇小说显示出与爱伦坡的近似性,也可以看到雷鸟对于"神秘"的关注。

关于平塚雷鸟翻译爱伦坡的作品,评论界给出两种解释,一种认为是出于"文学修行的热忱","翻译成为与文学的连接点",① 以及当时雷鸟对文学本身抱有一定的关心;第二种解释认为,由于雷鸟被"神秘的死亡世界"所吸引,到处都是荒凉的景色,被那些恶魔似的怪异世界引向一个不同寻常的世界,即将雷鸟的关心置于超越日常之处。② 平塚雷鸟"对死亡世界的探求,显而易见反映在对爱伦坡作品的选择倾向上"。③ 此外,爱伦坡的文学在当时评价很高,这也可以说是《青鞜》谋求振兴女性文学,从创刊号起翻译爱伦坡短篇作品的缘由。④

雷鸟翻译的爱伦坡作品实际拥有过多大范围内的读者,现在并不清楚,1910年(明治四十三年)8月,森鸥外在《文艺俱乐部》上翻译发表了《旋涡》之后,爱伦坡的作品翻译出现了一年时间的空白,然而《青鞜》打破了这一年期间的空寂,使读者再度读到爱伦坡的作品。《青鞜》从创刊号起就预告,准备出版由青鞜社同人翻译的《爱伦坡散文诗集》,每期都刊出预告,而且其进展逐渐具体化,一直刊登到1913年(大正二年)为止,但直到《青鞜》最后停刊,这一文集也没有面世。

关于《爱伦坡散文诗集》未能出版一事,雷鸟的记忆并不明确,《自传》中说,"《青鞜》被社会舆论的狂风包围着,急速转向了妇女问题",⑤ 这也许是其原因之一。实际上雷鸟决心把女性问题作为自己的研究中心,从第三卷第1号(1913年1月)起,开始转向翻译爱伦·凯的著述。《爱伦坡散文诗集》发行广告的最后刊载是在1913年2月号上,4月号的"编辑室寄语"中说,"今后逐步介绍有关妇女问题的书籍"⑥,

---

① [日]子安美知子:《〈青鞜〉运动的展开与终结》,载成濑正胜编《大正文学之比较文学研究》,明治书院1968年版。
② [日]井手文子:《平塚雷鸟——近代与神秘》,新潮社1987年版,第86页。
③ [日]佐佐木英昭:《"新女性"的到来》,名古屋大学出版会1994年版,第145页。
④ [日]岩田奈奈津:《作为文学的〈青鞜〉》,不二出版2003年版,第204页。
⑤ [日]平塚雷鸟:《女性原本是太阳》,大月书店1971年版,第450页。
⑥ "编辑室寄语",载《青鞜》第三卷第4号,龙溪书舍1980年影印版,第174页。

可以看到雷鸟的兴趣已由爱伦坡的文学作品转向以爱伦·凯的思想为理论基础来思考和探索女性问题。

二 濑沼夏叶翻译的契诃夫作品

濑沼夏叶（1875—1915）毕业于信奉俄国东正教的尼古拉女子教会学校，在那里她学习俄语，毕业后留在母校任教，很快对俄国文学投入关注，并且拜入尾崎红叶①的门下，从事俄国文学翻译。夏叶如今作为翻译家在文坛拥有一席之地，也创作过短歌、诗、小说、随笔等。

夏叶在契诃夫（1860—1904）去世后的第四年即1908年（明治四十一年）10月，已经出版了《俄国文豪契诃夫杰作集》，从1912年（明治四十五年）2月起成为《青鞜》后援人，在《青鞜》刊载过契诃夫的《伊凡诺夫》、《万尼亚舅舅》、《樱桃园》等译作。

濑沼夏叶1912年2月加入青鞜社，为《青鞜》注入了新的力量，增添了新的亮彩。在日本，濑沼夏叶是第一个直接通过俄语翻译契诃夫作品的人，当时翻译俄罗斯文学多通过英语进行转译。1903年（明治三十六年）在《新小说》上刊登的《月与人》、《相册》是契诃夫作品在日本最早的译作。在《青鞜》第三卷第4号（1913年）上发表的《樱桃园》译本，其准确性在当时也颇受好评。夏叶的译作还被搬上了舞台，1919年（大正八年）《万尼亚舅舅》由新剧协会第一次在有乐座公开上演，奥村博史（原名奥村博）扮演特雷金这一角色。但那时夏叶已经离开人世。

夏叶对契诃夫的作品评价说，"契诃夫的作品，哪怕读上一篇，都不会让人觉得乏味，其作品带有一种说不出的轻快、和谐的语调、自然的幽默和难以忘怀的情趣"。②

关于《樱桃园》，在评论史和演出史上有所争论，它是一出喜剧抑或悲剧？契诃夫本人说《樱桃园》是喜剧，在夏叶之后，契诃夫在日本曾被认为是"绝望的诗人"，而从20世纪后半叶开始，以评论家松田道雄（1908—1998）和文学家、评论家伊藤整（1905—1969）为代表试图将

---

① [日]尾崎红叶（1867—1903）——小说家。1885年（明治十八年）与山田美妙等人一起成立"砚友社"，创刊《我乐多文库》。小说富于技巧，文章透着艳丽的气息，出自其门第的成名作家有泉镜花、小栗风叶、柳川春叶、德田秋声等。作品有《二人比丘尼色忏悔》、《伽罗枕》、《多情多恨》、《金色夜叉》等。

② 新·女性主义之会编：《解读〈青鞜〉》，学艺书林1999年版，第161页。

《樱桃园》当作喜剧来解释。

夏叶对契诃夫作品的把握有着相当的现代性。其一，她看到在契诃夫作品的幽默表层之下，有着深层的要素，夏叶将这些深层的要素称作契诃夫的"厌世主义"。她说："契诃夫的脚本中，似乎有很多极其认真的悲哀般深邃的东西，人物等也呈现出相当深刻的性格。……想象一下在我眼中所反映出的契诃夫这一人物，怎么看都是幽默的、乐观的，然而在另一方面，他的脚本里表现出的厌世主义，却让人觉得他是一位很沉着的人。"[①]

夏叶所说的"厌世主义"即"幽默"，它与人生中深沉严肃的要素之间的矛盾，显示出如何解读契诃夫作品的重要意义。当代对《樱桃园》的评论，也没有全部舍弃这一深层要素，对《樱桃园》进行解释的难度依然存在。夏叶在理解到契诃夫作品深层要素的同时，又将其把握为"幽默作家"，这一解释应该说是走在现代之前的。

其二，夏叶的现代性还体现在她对以契诃夫为代表的俄罗斯文学中描写的女性形象的关注和兴趣。在《俄罗斯之女》这篇随笔中，契诃夫描写的女性与陀思妥耶夫斯基、屠格涅夫、托尔斯泰等人笔下的女性有所不同，契诃夫描写的女性有两种类型：

> 第一种他描写的是那种随处都清楚表明的性格，用一句话来说，就是浅薄的、没有深思熟虑的，即愚蠢的女人，虽是如此，却又是最可爱的人物，……他刻画的另一种类型，深陷于被缚境遇，不由自主地渴望自由的女性，而且一边听着内心压抑自己的理性之声，一边又在追求着自由、寻找摆脱的路途，亦即刻画了受束缚的女人。[②]

濑沼夏叶例举前者的代表人物是"可爱的女人"中的阿琳卡，后者的代表是《万尼亚舅舅》中的叶琳娜·安德烈乌娜。夏叶在加入《青鞜》三个月后的一篇随笔《文学中出现的喜欢的女性与讨厌的女性》（1912年5月1日《读卖新闻》）中，指出《樱桃园》中的朗涅夫斯卡娅是她喜欢

[①] ［日］濑沼夏叶：《契诃夫的短篇与脚本》，载《文章世界》第五卷第4号，1910年2月15日，第70页。

[②] ［日］濑沼夏叶：《俄罗斯之女》，载《明信片文学》第七卷第4号，1910年4月1日，第2—5页。

的女性，觉得她是那种"好似温柔甜美之爱的血潮在全身溶解涌动着的女性，很是让人喜欢"。①

夏叶的《俄国文豪契诃夫杰作集》曾经受到自然主义代表作家岛崎藤村（1872—1943）的正面评价，可以推知当时以岛崎藤村为代表，有相当一部分人都曾读过夏叶直接由俄语翻译的契诃夫作品。当时二叶亭四迷（1864—1909）是著名的俄国文学翻译家，但由于他本人不喜欢契诃夫的作品，没有翻译过契诃夫，因此我们可以断言，在日本，夏叶才是为契诃夫的读者作出贡献的第一人。有人指出在日本文学家中，受到契诃夫影响的作家有正宗白鸟（1879—1962）、广津和郎（1891—1968）、三上於兔吉（1891—1944）等。另外，太宰治（1909—1948）也应该是其中之一，他的《斜阳》（1947 年）明显带有《樱桃园》的影子，是将契诃夫的《樱桃园》和《海鸥》巧妙地移植到日本小说中的范本。

三 《青鞜》刊载的其他译作

《青鞜》除了刊载雷鸟和濑沼夏叶的译作外，其他人的译作也不少，如增田初、榊缨（神近市子）、野上弥生子、浅野友（子）、伊藤野枝、山田和歌等人分别翻译了莫泊桑（1850—1893，法国）、安德烈耶夫（1871—1919，俄国）、缪塞（1810—1857，法国）、索尼亚·柯瓦列夫斯卡娅（1850—1891，俄国）、马科尔（1872—1911，英国）、奥利弗·舒莱娜（1855—1920，南非、英国）等名作家的作品。尤其是 1913 年（大正二年），正值翻译热潮的高涨，《青鞜》第三卷刊载了以下译作：② 野上弥生子译，缪塞《近代人的自白》（第 1 号，未完）。

增田初译，希延基维奇（1846—1916，波兰）《向着那新希望多的地方》（第 1 号、第 5 号、第六号，未完）。

濑沼夏叶译，布基西切夫《东北风》（第 1 号、第 3 号）。

契诃夫《樱桃园》（第 3 号、第 4 号、第 5 号）、《伊凡诺夫》（第 6 号、第 7 号、第 8 号、第 9 号、第 10 号、第 12 号）。

浅野友（子）译，阿那托尔·弗朗斯（1844—1924，法国）《未来王国》（第 5 号、第 6 号、第 7 号）。

---

① 新·女性主义之会编：《解读〈青鞜〉》，学艺书林 1999 年版，第 164 页。
② ［日］井手文子：《〈青鞜〉解说·总目录·索引》，不二出版 1987 年版。

伊藤野枝译，马科尔《响之影》（第5号、第6号、第7号、第9号、第10号）。

野上弥生（子）译，索妮亚·柯瓦列夫斯卡娅《索妮亚·柯瓦列夫斯卡娅自传》（第11号、第12号）。

山田和歌译，奥利弗·舒莱娜《三个梦》（第11号）、《生之神的恩赐》（第12号）。

1913年也是青鞜社动荡的一年。这一年，生田长江与《青鞜》脱离关系，10月青鞜社更改章程，《青鞜》也开始从文学杂志到女性解放思想杂志的路线变更，这一变更是立于研究爱伦·凯、埃玛·戈德曼等人提出的女性问题基础之上的，而这时翻译的小说也颇能体现《青鞜》关注女性问题的倾向。我们从浅野友（子）翻译《未来王国》、野上弥生（子）翻译的《索妮亚·柯瓦列夫斯卡娅自传》中即可看出这一倾向。

《未来王国》是阿那托尔·弗朗斯（Anatole France）的长篇小说《白石之上》（1905年）的最后一章。没有特别的故事情节，以对话形式指出现世社会制度的缺陷，梦想着理想的社会。翻译部分的内容描写了西历纪元2270年的未来社会，浅野友（子）将这部分内容译出，也许是因为被文中所描写的生活在欧洲共产主义社会制度下的女性所吸引。

在小说中的共产社会里，女性发生了令人向往的变化。首先是外在的变化。女性"留短发、有着快活的精神面貌"，穿着"平底鞋"，身上是"与男性相同的服装"。这些外在形貌表明女性在行动、服装和发型上无所限制，呈现出一种自由解放状态，由此带来的结果是，消除了由社会性别形成的所谓"女人味"，从20世纪陷入迷惘的"我"（男性）完全被那些"有品位、有威严"的女性们迷住了。

其次，女性各自拥有适合自己的工作。女性与男性之间，婚姻和家庭不受法律束缚，在"所谓人只属于自己"的信念下进行恋爱，相爱男女的结合相伴终生并不罕见。由于家庭观念的消失，"旧时代充满伪善的社会"下抚养私生子的耻辱和女性所感到的不幸也不存在了，子女大体上由男女双方共同抚育。

如此，女性便从性别角色中解放出来，进而从家庭中解放出来，成为"未来王国"的女性。这对青鞜女性来说，有着较深的启迪意义，她们那时还在明治民法统治下的父权家长制社会中，探索着自我（女性）解放与自我实现的道路。

在青鞜社重组并更改章程后，从1913年（大正二年）12月至1915年（大正四年）2月，前后分12次连载了野上弥生（子）翻译的《索尼亚·柯瓦列夫斯卡娅自传》。

索尼亚·柯瓦列夫斯卡娅是欧洲第一位女性大学教授、俄罗斯杰出的数学家，也是一位知名作家。研究德国文学的学者子安美知子对弥生子翻译的这部自传评价说，它"成为妇女问题的助力"。[①] 如今，在《野上弥生子全集》（全23卷，岩波书店1980—1982年版）以及《野上弥生子全集第Ⅱ期》（岩波书店1987年版）中，提到"索尼亚·柯瓦列夫斯卡娅"的地方很多，人们几乎可以想象野上弥生（子）与之产生共鸣和对其倾倒的程度。

在1912年（大正元年）前后，文学青年在阅读《索尼亚·柯瓦列夫斯卡娅》时都充满了感动，而且青年们关心最多的是索尼亚与作家陀思妥耶夫斯基的逸事，数学家索尼亚的人生充满波折而又华丽。弥生子作为这部著作的最早翻译者，也同样感怀于索尼亚的求知上进心。但是，与华丽的人生外观形成对立的是索尼亚的内心苦恼，也就是女性所存在的烦闷和矛盾纠葛，这些都对弥生子产生着吸引力。

弥生子在《青鞜》上发表译作是28—29岁之时，在此期间，她与野上丰一郎[②]结婚。他们两人为了从"家"的束缚中摆脱出来，履行契约结婚，丰一郎支持她不断地学习，在他们身上似乎投射出索尼亚的影子。

青鞜社在1913年10月重新修改章程，迈向女性解放征程，通过《未来王国》、《索尼亚·柯瓦列夫斯卡娅》、《三个梦》等译作的刊载，触动并唤起《青鞜》读者，起到了促使人们关心女性问题的作用，这一点非常重要。

青鞜女性对外国文学、评论的翻译介绍，一方面打破了旧有的观念价值体系，借助西方的观念意识思考女性问题，同时也是将寻求和探索女性自我解放的视野延伸和扩展的实践活动，这项活动也是青鞜女性在整个日本近代化框架中"东"与"西"这条线索上的活动。在打破旧的观念与习俗的同时，就存在着如何在自我的内部建构新的观念与价值体系的问

---

① ［日］子安美知子：《〈青鞜〉运动的展开与终结》，载成濑正胜编《大正文学之比较文学研究》，明治书院1968年版。

② ［日］野上丰一郎（1883—1950）——号白川。夏目漱石的门人，英国文学研究者，法政大学校长。在"能乐"的研究中开拓出新领域。著书有《能乐的研究与发现》、《能之幽玄与花》等。

题，对西方意识观念的植入与消化，可以说是形成和树立新观念的一种手段。青鞜女性无疑也在利用这一手段丰富着新女性的形象和内容。

第四节 "《青鞜》文学"文本的现代意义

《青鞜》作为"女性文学杂志"起步，可是它的"文学"与同时期的文学是否同质？显然，集结于《青鞜》的女性们，她们都有着各自的文脉和立场，其文本中应当包含相当多样而复杂的诉求。如果借用现今的社会性别理论和女权主义批评的视角来重新阅读她们的"文学"，那么，其中所包含的与那些所谓权威性的"文学"不同质的方面就显而易见了。《青鞜》这份杂志的类别构成并不是整齐划一的，写作者诉求的复杂性也是产生类别界限难以划分的原因之一。是否可以说，《青鞜》的独特性质也体现在它的不定形性、脱逸性和不整合性方面呢？

一 女性主义文学批评观照下的《青鞜》文学

后现代女权主义者们主张：以往的女权主义者是用男性语言说话，现在我们要用女性语言说话。与此旨意相同的主张，其实我们在《青鞜》创刊号与谢野晶子的卷首诗《山动之日来临》(《漫言碎语》)中就已经读到："只希望以第一人称写作/我们是女人/只希望以第一人称写作/我们，我们。"她向女性写作者们呼吁，要带着充分的自信，打破传统的"男性话语"，以女性自己的语言进行创作和书写，这是超越时代的观念和主张。

《青鞜》的女性写作者们正是与谢野晶子这一主张的实践者，她们通过自己的笔，书写出自己的语言，述说着自己的故事。正因为这样，《青鞜》的异质性和诉求的多样复杂性，才可称之为"《青鞜》文学"。

无疑，如果用当今女性主义文学批评和社会性别视角来重读《青鞜》文学，在我们面前一定会呈现出与以往有所不同的形象和内涵。阅读的性别倾向起码会产生两种积极作用：第一是扩大作品内涵，丰富审美感知；第二是修正我们的一些错误观念，帮助达到人类的自我觉醒。[①]

[①] 参见林树明《多维视野中的女性主义文学批评》，中国社会科学出版社2004年版，第63页。

英国作家、女权运动家、女性主义理论家弗吉尼亚·伍尔夫（Virginia Woolf，1882—1941）指出，妇女的作品有自己的传统，充溢着她们自身的性别特征。然而，一位妇女要成为作家，在其成长的道路上有着无数的障碍。① 《青鞜》的女性写作者们面临的"障碍"是什么？她们"觉醒"到的问题又是什么？显然，首先引起人们关注的就是那些曾经被禁的作品，荒木郁（子）以她的《书信》对封建家族制度下压制和束缚女性的婚姻制度、不公平的法律条文和虚伪的两性双重道德标准提出了抗议和挑战，而所谓的"通奸题材"并非其文本的实质性内容，揭露封建婚姻制度将女性置于不公平的地位，使妇女成为男性附属物的实质，才是作品的真正立意。

法国派女性主义批评的一条重要理论便是"女性书写"（female writing）或"阴性书写"（feminine writing），女性的身体、女性的差异渗入语言和文本，女人的创作由身体开始，女性的身体是创作的基础，女性语言和真正的女性写作将呈现包括肉体在内的女性的全部体验。② 埃莱娜·西苏（Helena Cixous）和凯洛琳·G. 伯克（Carolyn G. Bok）两人就是这一理论的倡导者。西苏就女性写作提出了"描写躯体"的口号，这是与男性写作完全不同的，因为女性"通过身体将自己的想法物质化了；她用自己的肉体表达自己的思想"，西苏赋予女性写作以女性解放的特殊功能。她希望通过写作活动引导妇女觉醒，走向妇女真正的解放。③ 在女性主义批评所提倡的这一意义上，回望荒木郁（子）的《书信》，可以看作是《青鞜》文学中一个"女性书写"的代表文本。站在这一视角上，再次读到文本结尾处的"不到五天时间，就可以触到你那红唇了吧"这样的语句时，就不会仅仅停留于"通奸"这种标签式的表面理解。它是女性渴望冲破徒有表面形式的、虚伪的家庭和婚姻的思想体现，是不为不合理的道德观念所束缚的形象表达。

在西苏看来，女性写作应不受传统思想和写作形式的束缚，轻论说而富于开创性。妇女作为受压抑的性别，其写作具有真正强大的革命力量，

---

① 参见林树明《多维视野中的女性主义文学批评》，中国社会科学出版社2004年版，第65页。

② 同上书，第44页。

③ [法]《美杜莎的笑声》，载张京媛主编《当代女性主义批评》，北京大学出版社1992年版，第195页。

这种力量一旦爆发，必将汇成一股具有破坏性的力量。① 女性写作的力量正在于此，因而，荒木郁（子）的《书信》被加上"败坏风俗"、"毒化社会"的罪名也就不难理解了。

原田皋月以她的《狱中女写给爱人的信》这一文本，对国家规定的"堕胎罪"打出了另一面抗议和质疑的旗帜，点燃了一场"堕胎论争"的战火。这场论争引起的问题，直到今天也没有得到彻底解决，那就是"女性生育与否的自由"问题和"女性之性的自我决定权"问题，其中与国家政策和人类总体发展之间的冲突显而易见，那么，它们在多大程度上能够得到保障呢？美国黑人女性主义理论家贝尔·胡克斯认为，"女权主义者的一个中心问题一直是为妇女争取控制自己身体的权力的斗争"。② 原田皋月问题意识的尖锐性，其价值不是可以用简单的"败坏风俗"来盖棺定论的。

1945年第二次世界大战结束，在新的《日本国宪法》所提倡的男女平等的理念下，女性获得了参政权，同时对认定女性为无能力者的民法进行修正，废除了只处罚妻子一方的通奸罪等法律条文，进行一系列有关女性权力的法律制度改革。但是，堕胎罪却依然原封不动地保留了下来。

日本在战败后，由于粮食短缺，减少人口成为当务之急，推动堕胎合法化的优生思想兴起。优生思想认为，"质"差的人口增加将会给国家造成负担，在此基础上应该认可堕胎。但是，1948年制定的日本《优生保护法》并没有废除堕胎罪，只是补充了许可堕胎的例外条件。1996年起，《优生保护法》只限于符合母体保护法中的规定条件才不适用于堕胎罪，允许堕胎。"堕胎罪"依然在刑法中存在，只是在词语表述上改为现代形式而已。

迄今，在日本堕胎罪依然存在争议，争议的焦点在于：其一，堕胎者本人（女性）是否应受到处罚。如果女性为了恢复自身健康而接受堕胎的医疗行为，必须受罚的理由何在？继而，由于堕胎女性在身体上、精神上受到损伤，更进一步在法律上被追讨、受处罚，是否应当？其二，作为导致女性妊娠另一方的男性是否应当免责？那么，随之产生的另一疑问就

---

① 鲍晓兰主编：《西方女性主义研究评介》，生活·读书·新知三联书店1995年版，第127页。

② ［美］贝尔·胡克斯：《女权主义理论：从边缘到中心》，晓征、平林译，江苏人民出版社2002年版，第63页。

是，对男性也加以处罚是否合适？还有，妊娠者本人并非自愿而被迫堕胎的情况下，堕胎罪的罪名是否成立？

与争取堕胎合法化相关的问题是"阻止优生保护法改恶运动"，旨在反对在优生保护法中增加因担心胎儿有重度精神或身体障碍等情况下允许流产的条款。而残障者团体则主张人的"生存权利"。

在这一问题的发展过程中，女性主义者的主张也有所改变，即从"生与不生是女性的自由"，转变为"（无论是否残疾）要创造可以生的社会、想生的社会"，对一向将残障者的残疾认为是一种"不幸"的这一社会价值观提出质疑。

中国的计划生育政策不能说与此问题无关。我国自20世纪70年代以来，大力推行计划生育政策，并将有关规定列入宪法。我国与日本在各自不同的国情下，制定出相应的国策，生与不生的问题，不仅关乎妇女自身的身心健康和"自我决定权"，同时也是整个人类繁衍和发展的重大问题。所以，如何最大限度地保障女性的权利，同时顾全国家和整体人类的利益，这是今后要共同努力的方向。

笔者以为，"《青鞜》文学"是一个宽泛广义的概念，它应该包括《青鞜》这份杂志上所有出自女性写作者之手的文本，除了小说、短歌等之外，当然还包括直接阐述它们思想观点的论说篇章。福田英子的《妇女问题之解决》和雷鸟的《致世间妇女》也是遭到过禁售处罚的文本。

福田英子的《妇女问题之解决》，导致《青鞜》受到第二次禁售处罚，其罪名是"危害安定秩序"。文中涉及"危害安定秩序"的内容，如认为"共产制的实现是妇女解放的最大关键"。[1] 文中提出"妇女问题之解决"的三点主张，第一，"所谓绝对的解放，并不是作为妇女的解放，而是作为'人'的解放"[2]；第二，"与妇女的解放一同也必须进行男子的解放"[3]；第三，"实现共产制度的同时，恋爱、结婚自然而然将是自由之事"。[4]

在《青鞜》所有对妇女问题的评论中，只有福田英子的这篇文章采

---

[1]　[日] 福田英子：《妇女问题之解决》，载《青鞜》第三卷第2号，龙溪书舍1980年影印版，附录第5页。

[2]　同上书，附录第3页。

[3]　同上书，附录第4页。

[4]　同上书，附录第5页。

用了"阶级"的观点，主张通过社会制度的彻底变革来实现妇女的解放，并大胆抨击日本家族制度，否定传统观念。她所描绘的理想之国是"在彻底的共产制的世界里，恋爱也是自由的，家庭保留下来，但是没有私有财产，所以，不存在为金钱和名誉的婚姻"。她说："共产制度实施的同时，所有一切科学知识、机械力都是为了万民平等而使用的。因而，如当今繁重的家庭劳动，能够极其简易且清洁地进行，所以无需家庭女佣，妇女的生活在时间和体力方面就会有更多的富余。至此才在事实上有了妇女的解放。如果没有这样的前提，即使获得参政权，法院、大学以及其他政府部门为妇女开放，能够进入这些部门的也仍旧只是一部分权力阶级的妇女而已，普通多数妇女依然不得不被排斥在外。而且与男子之间进行的阶级斗争一样，在妇女之间也将进行阶级斗争。"①

女性主义文学批评以女性主义思想为理论基础，其显著的特点在于具有很强的政治性和个人色彩。马克思主义的女权主义认为，在阶级社会中，权力只能使少数中产阶级妇女受益；而大多数妇女就像大多数男人一样遭受压迫，直到资本主义经济体系被共产主义所取代。这一观点认为，妇女解放的关键在于妇女进入有偿劳动市场，在于妇女参与阶级斗争；只有到了共产主义社会，妇女受压迫的基础——她们对男性的经济依赖性才能消失，孩子公共抚养和家务劳动的公共承担将免除妇女的家务负担，使她们能够充分就业。仅仅通过寻求正义并不能实现这一变革，因为这一变革是经济发展的特殊阶段的产物。因此，性别之间的平等不是意志的产物，而是特殊历史环境的产物。②

显而易见，福田英子所主张的妇女问题的解决，与当今的马克思主义女权主义思想有着几乎同样的内容，这显示出福田英子作为女性解放运动先驱者的锐利目光。所谓"危害安定秩序"的"危险性"在于，她公然挑战既成的社会制度，希望通过制度的变革，使妇女摆脱旧有秩序的束缚，具有对资本主义制度的革命性和对父权家长制度下婚姻形态的颠覆性。这种反体制的言论，必然不会被当权者所容。但是，从另一方面来考虑，这种希望通过社会制度的变革来推进社会进步与发展的主张，正寄托

---

① [日]福田英子：《妇女问题之解决》，载《青鞜》第三卷第2号，龙溪书舍1980年影印版，附录第6页。

② 李银河主编：《妇女：最漫长的革命：当代西方女权主义理论精选》，生活·读书·新知三联书店1997年版，第3—4页。

了女性对理想社会的向往，在某种意义上可以说，反体制的倾向也正是一种推动社会进步的力量。

福田英子的目光犀利之处在于，她不仅看到了在阶级社会中家庭私有制是妇女处于家庭劳动奴仆地位的症结所在，而且也看到了妇女解放根本上就是整体人类的解放问题，在女性之间也存在着阶级对立。因而，妇女问题的解决，不仅要解决性别压迫，同时也要解决阶级压迫，即消灭私有制、消灭阶级才是妇女解放之正途。

正如这篇文章的题目所示，福田英子的主旨并不在于分析妇女受性别压迫、地位低下的根本原因，而在于认识到男女没有享受到平等权利的现实状况，因而提出妇女走向解放的理想设计。但是，当代女权主义者凯琳·萨克斯（Karen Sacks）在肯定了恩格斯将财产与性别关系联系起来考察的基本思路后，认为在不存在私有制的无阶级社会里，妇女也未必能取得与男性平等的地位。她说：

> 我对无阶级社会男女的地位比阶级社会更平等的理论持保留意见。我还认为，男性拥有财产不一定是大男子主义的基础。首先，并不是所有的男人都拥有财产；第二，在很多阶级社会里，甚至在男性统治为主要模式的社会里，女人和男人都拥有财产，有财产的妻子在处理家庭事务时有很大的权力。但是我们要看到，阶级社会在家庭和公众领域间造成了鲜明的对立，家庭中的权力不会演变成社会的权力或地位。还有，阶级社会中家庭的政治和经济的独立性非常有限，妇女在公共领域里明显处于不利的地位，它妨碍了家庭中的平等。[①]

凯琳·萨克斯的观点似乎可以用来补充和指正福田英子"理想设计"的缺陷，同时也给我们提供了一个启示："公众领域"与"私人领域"的概念，也是我们继续思考和探索"妇女问题之解决"时可参利用的视角之一。

继福田英子《妇女问题之解决》后不久，平塚雷鸟也由于《致世间妇女》一文，被警视厅高等检阅部门传唤，定为"危害安定秩序罪"。尽

---

① 林树明：《多维视野中的女性主义文学批评》，中国社会科学出版社2004年版，第103页。

管如此，雷鸟还是将这篇文章收录到1913年（大正二年）5月由东云堂出版的名为《圆窗边》（也有人译为《来自圆窗》）的评论集中，但在出版的同时随即遭到禁售处罚。这本书主要集结了雷鸟从《青鞜》创刊起在不足两年时间里所写的文章，其中收录了之前《青鞜》第三卷第4号上发表的评论《致世间妇女》，其内容被认为反对国家倡导的良妻贤母主义方针。雷鸟在一个月之后，将这篇文章删去，书名改为《有插闩的窗下》再次出版，意思是雷鸟居室里打开的圆窗被关闭上了，以此表示与禁售处罚相对抗的寓意。

书中雷鸟的序文，首先给人一种不可思议的印象，她说她想使自己本身成为"永远流动不息的生命火焰"，[1]但是，那是不可以停步的流动，"如果回头看，'死'就会张开大大的手"，因而"我必须勇往直前地迈进"。[2] 其实，在《青鞜》著名的发刊辞中，也反复出现了"死之恐怖"、"黑翅之死的强迫观念"之类的词句，而超越于"死"则是发现"潜在天才"，这就好似"无中生有"般的催眠状态。在日本女子大学校期间，雷鸟参禅之时曾突然泪流不止，她体验了连擦去眼泪的工夫都没有的恍惚感；在发刊辞《女性原本是太阳》中，她说出自己的灵魂从肉体脱出的幻想；在"盐原事件"后，雷鸟退隐到信州时撰写过一篇题为《高原之秋》的散文，文章描写她在信州时的生活体验：俯瞰日本阿尔卑斯山脉，而自己"围绕着太阳转了三圈"[3]；还有卷末的《降神》，描写一家人在病人面前，通过灵媒听取神旨；在《我的眼瞳》中有这样的描写，"我的眼瞳"推开石造的门扉时，看见大堂的那边仅一只眼，其实是本人自己的"眼瞳"。[4]

雷鸟一方面捕捉着"死神"的出没，另一方面又在克服和超越于此的过程中，不断言及"冥想"、"催眠"、"神灵附体"等奇异世界，这里不难看到雷鸟通过参禅所体验的"见真本性"（大彻大悟）的影响，那么，在这些表面文字下潜伏着雷鸟怎样的思想活动和矛盾纠葛呢？

关于雷鸟的这类文章，常常被认为"不可理解"、"非合理的"，或者说是"禅的影响"。但是，这些观念性的言说，是否仅仅是明子（雷鸟）

---

[1] ［日］平塚雷鸟：《圆窗边》，东云堂书店1913年版，（序）第2页。
[2] 同上。
[3] 同上书，第262页。
[4] 同上书，第246—247页。

一个时期的青春"彷徨"？"盐原事件"被大肆渲染为社会丑闻，明子置身于"新女性"被攻击的旋流中，不停地追问"自我是什么？"，"苦闷"也好，"破灭"也罢，她都放在自我本身的责任中承担起来，这样，便常常成为"反近代的"、"非合理的"一种表现。明治国家将近代化（西欧化）作为国家方针，在"近代"之名下，歧视、压迫和全面奴役女性，而以青鞜女性为代表的先觉者则对此进行全身心、全灵魂的抵抗，体现出先锋女性内在的抗争精神。

"我看见神，是我知道神之时；神看见我，神知道我"，这是雷鸟寻求自我的灵魂呼唤，也是她欲打破男性话语体系的束缚，力图在"神秘"中寻求女性人格和精神独立，正如先前对男性自称代词的借用一样，雷鸟以自己特殊的文本，在另一维度或更高层次上创造着自己的"言说体系"。

二 斋贺琴（子）的反战小说《战祸》①

除了以上遭到禁售的青鞜女性写作者的文本外，在其他《青鞜》作品中值得重新挖掘其价值和意义的篇章还有很多，如岩野清子、加藤绿、生田花世、尾竹红吉等人，她们留下的文本，都值得多角度地进行阅读与分析。这里笔者必须提到一篇具有永恒价值的反战作品——斋贺琴（原田琴子）的《战祸》。

斋贺琴（子）1892年（明治二十五年）出生于千叶县。她在东京家政女学校期间，读到成美高等女学校宫田修校长所写的关于平塚明（子）和"盐原事件"的文章，对此深有所感，于是转入成美高等女学校，后又进入日本女子大学校，然而学业并不如其愿，琴子中途退学。斋贺琴曾受邀参加了青鞜社研究会，在《青鞜》第四卷第4号上发表小说《夜车》。小说以自己的亲身经历为素材，讲述了家中继承人姐姐去世后，家人强迫自己与"姐夫"成婚的纠结与冲突。后来，斋贺琴（子）通过和歌杂志《潮音》与原田实（爱伦·凯著作的译介者，后为早稻田大学教授）相识，结婚时由于两人都是家中的唯一继承人，他们不得不再次与传统的家族制度作斗争。斋贺琴（子）也将这一生活经历创作成作品《少女时期》（《万朝报》连载）和《不宽恕者》（《国民新闻》连载）。

---

① 在《青鞜》上发表时的分类归入"感想"中。全篇中文翻译请参看附录F2。

小说《战祸》是《青鞜》发表的唯一反战作品，刊于1915年（大正四年）11月的第五卷第10号，正值第一次世界大战最为激烈之时，日本为了扩大在中国的利益而参战，强行占领了我国山东青岛等地，并提出所谓的对华"二十一条"要求。作品描写日俄战争期间，在自己家乡发生的"由于战争而引起的悲剧"。

在这篇小说的开头部分，作者写道："我认为人类的历史是战争的连续"，从太古人类智慧不发达的时候起，直到科学文明显著进步的今天，在多少代多少世纪之间，人类一路上彼此制造着流血、虐杀、侵略，咒骂过去野蛮而自夸于今日之文明，然而，实际上今日文明却以较过去更为残酷的手段进行着称之为"野蛮的虐杀、侵略"。[1] 作者想到战争的残酷性和直接间接给人类带来的灾难，便质疑至今所谓"文明之恩泽"和"科学之贡献"，祈愿并希望绝对不要发生战争。

阿胜是这篇小说的主要悲剧人物，国次是她的丈夫。阿胜的故事从她过门成为人妇讲起。由于战争，在"户数不足二千的偏僻乡村小镇"[2]，很多人作为"活人祭"——牺牲品而出征入伍。国次在出征前一年迎娶了年仅16岁的媳妇阿胜，"姑娘仅有16岁，像玩具娃娃一样"。[3] 丈夫出征后，阿胜与幼小的女儿阿绢还有"老态龙钟"的太爷（国次的祖父）一起生活。"年轻新娘很不走运，也难以置信她那悲惨的命运"[4]，她所居住的那座老屋连白天都照不到阳光，很阴暗，椽子也很低。

随着战争的推进，人们的爱国之心、同仇敌忾之心被煽动起来，报纸上"以夸张的文字"大书特书战争的胜利。亿万民众狂醉于战争，一天到晚只是期盼着号外的到来，一听到似乎是发送号外的铃响，就对手里的工作完全置之不顾，正在挖萝卜的、正在打麦的，无论何人大家都光着脚一溜烟地跑去，争先恐后要先抢到那张号外。"我某军大捷，所向披靡"，只要看到这一类的字句，就一起高声欢呼。亿万之众真的如同天真无邪的孩子般。起先在首都东京举行的祝捷会，也开始在全国流行起来。小镇上的人头脑里除了祝捷会的事情以外，什么事都不再考虑，商人停止进货，

---

[1] ［日］斋贺琴：《战祸》，载《青鞜》第五卷第10号，龙溪书舍1980年影印版，第88页。

[2] 同上书，第90页。

[3] 同上书，第92页。

[4] 同上。

农民放下田里的活计，忘我地制作一些饰物。商家的店头还极其炫耀地装饰着军人木偶、军舰、城寨等物。

可是，就在这"欢呼雀跃"欢闹场面的背后，却掩藏着战争受害者的创痛、怨恨和泪水。从东京蔓延至全国的"祝捷会"，在阿胜居住的这个小小的镇上也举行了数次，人们唱着义勇的军歌，挑着灯笼列队行进。然而，在队列走过之后的寂静中，一个在甲午战争中失去一只臂膀的老兵却在说："在内地也是如此喧闹吗？想想那些亲历战场的人们吧，岂能有祝捷会的从容？！"① 和老人搭腔的榻榻米店铺的女店主则说："是啊，老爷爷，您呢还身有所感。我呢，想起儿子的事，像这般庆典什么的，真是觉得痛恨啊！"② 因为她的独生子应召出征了。

阿胜呢？阿胜看护的老太爷神志恍惚，嘴里不断地说着"国次被杀了，国次被杀了……"就这样死去了。阿胜和孩子两人被丢在又大又阴森的家里，孤苦伶仃地等待着国次凯旋。对于阿胜的处境，作者只能用"凄凉"和"悲惨"来形容了。祝捷会的夜晚，阿胜独自躲进没有地板的房间黑暗处流泪，她的无助和孤寂无处可诉，只能隐伏在举国欢庆的热闹背后，只能隐伏在祝捷人群的视线之外。"战争什么时候停止呢？每个人的心里都黯然浮出这样的疑问，而且只能发出不为人知的绝望的叹息。"③ 阿胜终于疯了。几次企图自杀都被邻人救起，但最终还是跳井身亡了。

整个小说中，出自阿胜的口，只说了一句完整的话和一句不完整的话。那句不完整的话是阿胜的无奈和无助，"一点也，一点也没有的"（指来自阵地的消息）④，可是在这半句话中，不知掩埋了阿胜多少的泪水和叹息。如若无人问起，就连这半句话，阿胜也绝不会说出口的，并且也没有机会说出口，甚或不被允许说出口。那句完整的话则是阿胜强作笑颜说出来的："阿桂，感冒好了吗？还像婴儿一样让人背着。"⑤

阿桂即这篇小说的叙述人，当时还是小学生，祝捷会的夜晚，由于感冒体力不支，由家里的佣人背着出门观看那些列队游行而欢闹的人群，不

---

① ［日］斋贺琴：《战祸》，载《青鞜》第五卷第10号，龙溪书舍1980年影印版，第98页。

② 同上书，第98页。

③ 同上书，第100页。

④ 同上书，第96页。

⑤ 同上书，第97页。

料却在黑暗的小屋里看到饮泪啜泣的阿胜。"阿桂，感冒好了吗？还像婴儿一样让人背着。"这句话阿胜似乎也是说给自己听的，即便身体有所不适，也应该像个"大人"一样，不能有娇气。阿胜自己也是依照"大人"的标准来要求自己的。即便内心多么渴望得到来自阵地的消息，即便在生活中那么希望有个依靠，但她为了国家，不能示弱，不能让任何人看到自己的伤心和流泪。阿胜就是这样一个成熟懂事的"大人"。

不久，战争结束，阿胜的丈夫国次"平安凯旋"，一年后娶了新妻，阿胜的女儿阿绢在叔父（国次的弟弟）家里孤独地长大，在一家工厂里做工。可是，看上去身体硬朗结实的阿绢却突然病亡。"阿胜"——作者为主人公起了一个颇有深意的名字，胜利者却并非阿胜本人，日俄战争取得了胜利，国次也幸运地躲过战争的劫难而"顺利凯旋"，可是，阿胜却失败了，被残酷的命运打败了。"阿胜"这个名字像是一种讽刺，又似乎是能够给予这样一个柔弱而凄惨的女子唯一的安慰。

战争的硝烟弥漫一天，阿胜般悲惨人们的命运就会延续一天，阿绢可以说就是第二个阿胜。只要有战争的存在，妇女、儿童以至全体国民就不会有幸福可言，就像"国次"这个名字所暗示的那样，国民个体的存在和利益得失是排在国家利益之后的。只要战火在延续，男人就会继续被要求为国捐躯，而女人不仅要为"家"作出牺牲，同时还要为"国"作出贡献。与男性相比，女性背负着"家族制度"的枷锁和"国家体制"的重担。国次的爷爷，疯疯癫癫的老太爷完全由带着幼女孤苦生活的阿胜看护照料，这就是"家族制度"所要求的、作为"良妻贤母"所应尽的义务。小说的作者在揭露战争残酷的同时，也在批判"家族制度"对女性无情的压迫。

作者最后写道："十年前战争的残余一直持续到今天"，"那场大战的影响哪怕是小小的一部分也实在令人恐怖"。"我"脑中浮现出"离开国家与国家的关系，自由广阔而美好的人类世界"。[①] 斋贺琴（子）在第二次世界大战中，也创作反战和歌，战后仍继续保持着反战斗志。令人遗憾的是，作者所祈望的美好世界至今依然没有实现，战争至今也没有离开过人类的历史。作者呼唤和平的声音一直回荡在今天女性反战文学的上空。

---

① ［日］斋贺琴：《战祸》，载《青鞜》第五卷第10号，龙溪书舍1980年影印版，第103页。

战争文学在日本近代文学中占有相当重要的位置。明治维新后，政府在富国强兵政策下，于1873年（明治六年）公布征兵令（1927年改为兵役法），由此实现了全民皆兵的理念，战争从以往特定阶级的专项事物转变为所有"臣民"的"义务"。征兵制度的对象只限于男性，但因此认为战争与女性无关，则是一个错误认识，处于阵地后方的女性，首先是战争的受害者，作为士兵的母亲和妻子，她们所遭受的战争创伤，并不亚于战场上丢掉性命或身体伤残的男性。阿胜正是这样一个女性。"这个世界（战争）无论给男人还是女人，都带来了许多损失"。①

近年来，人们用社会性别理论多角度地研究女性与战争的关联，不只是看到女性在战争中作为受害者的一面，同时也看到了女性作为国家体制内所掌控的"资源"，尤其是在对外战争中，自觉或不自觉地成为战争的加害者，第一次世界大战中的欧洲妇女如此，甲午战争、日俄战争中的日本妇女也是如此。女性与战争的关联似乎被限定于坚守阵地后方，但是，女性成为被驱使到战场上的男性士兵们的精神支柱，起到鼓舞士气的作用，却是国家所期待的。女性对这一期待的回应便产生出诸多问题。

与谢野晶子在大正民主运动中，立于"孕育生命的妇女"的立场，发表了反对军国主义的见解，但是，当日本大举侵略中国而宣称为"国家利益"并将此举加以正当化宣传之时，她却接受了这一理论，并且成为美化侵略、讴歌战争的御用者，她于1931年创作的《日本国民晨朝之歌》，对战争大加赞美。② 令人感到遗憾的是，不仅与谢野晶子一人如此，作为时代女性精英的平塚雷鸟、高群逸枝、市川房枝，她们在战争期间也都被统括进国家体制的意识形态观念中，她们的思想也完全被侵略战争所利用。她们对侵略战争的宣传与协助行为，也是当今讨论战争与女性问题时，人们一直在追究的问题。

在日本近代文学史上，从1937年（昭和十三年）日本发动全面侵华战争以后，出自女性作家之手的战争文学开始大量增加。内阁情报部组织的"文笔部队"，派遣记者、从军作家，获得大量的战争情报，扩大各种媒体的宣传作用。林芙美子（1904—1951）、佐多稻子（窪川稻子，

---

① ［澳］亨利·理查森等：《女人的声音》，郭洪涛译，广西师范大学出版社2003年版，第189页。

② ［日］大越爱子：《近代日本的社会性别》，三一书房1997年版，第166页。

1904—1998)、小山衣登子（ITOKO，1901—1989）等女性作家都曾前往战地。①

战争是文学中的永恒主题之一，斋贺琴（子）的《战祸》于1915年就提出了女性与战争相关联的尖锐问题，在第一次世界大战时，她敏锐地抓住了这一主题，先于那些派往侵华战场上的从军女记者、女作家而触及战争这一题材十多年。然而到目前为止，在日本女性文学史中，对女性作家的战争文学研究都是从1937年以后以及二战、"原爆"或殖民地文学的研究论起，斋贺琴的《战祸》几乎被人遗忘殆尽，这是需要引起关注的一件事情。现在，如果我们站在社会性别视角上，将这一作品放在战争与社会性别这一问题框架中，它便呈现出文本的时代超前性和现代的多层面意义。斋贺琴在《青鞜》上留下唯一的反战作品，既是对《青鞜》的贡献，也是对女性文学的一大贡献。笔者以为，这样来评价《战祸》的文本意义并不过分。雷鸟在《自传》中也曾说："大正三年（1914年）7月第一次世界大战爆发，《青鞜》上几乎看不到有所反映。其中，斋贺的这份感想是极其珍贵的。"②

《青鞜》留给今天的遗产，显而易见，已经远远超出文学的范畴，可以说，《青鞜》不仅在当时成为女性创作和发表自己文学的园地，使女性文学的丰富多样得以展现，而且现今《青鞜》依然在多种意义上拥有强劲的生命力。集结于《青鞜》的女性写作者以及她们的作品曾经被历史尘埃所湮没，但是今天她们没有从身后的记录上消失，有幸被人们重新认识。其实，《青鞜》文学正是继承和发展了明治时期一流作家樋口一叶的文学，成为连接昭和女性文学以及战后女性文学复兴的过渡，因而，在《青鞜》文学中蕴藏着女性文学的多种可能性，这一价值不可忽视。这份遗产是厚重的，值得我们多层面、多方位地进行研究与考察。

---

① ［日］渡边澄子编：《为学习女性文学者编》，世界思想社2000年版，第41页。
② ［日］平塚雷鸟：《女性原本是太阳》，大月书店1971年版，第568页。

结　语

明治以来，日本社会、政治、经济的变化，在女性史上也产生了不可忽视的影响。长久以来，女性一直被封锁在"不看"、"不闻"、"不言"的"三不主义"无知状态中。终于，她们开始发出自己的心声，这就是以平塚雷鸟为中心，依靠女性自己的力量创刊于明治最末年（1911年）的《青鞜》，它为大正时期的女性能够用自己的语言表达自我的需求奠定了基础。无论《青鞜》的创办者与参加者的最初意图如何，但在客观上开拓了一条妇女运动之路，它的历程虽然如彗星般短暂，但它长长的彗尾使今天的人们依然能够看到它的光与影。

一　《青鞜》的历史贡献

一百年前的日本，还是一个没有女性人权意识与观念的时代，但是，年轻的女性们追求男女平等，开始在社会运动道路上探索，这就是"青鞜运动"。《青鞜》的女性也许还没有历史使命与自觉，还意识不到自己的言行将会激发女性新的使命感和勇气，但是，今天当人们重新回望时，应该认识到在思考男女平等还没有真正实现的问题时，依然有必要发展性地继承她们的奋斗目标。这就是《青鞜》在今天仍被关注的基本理由。

集结于《青鞜》的女性被"女性文学杂志"这面旗帜所吸引，但由于受到世人的攻击，她们意识到"自我"与女性受到社会制度压迫和限制之间存在着矛盾，《青鞜》随着女性自我意识的逐步觉醒，转变为围绕女性问题发表言说和进行抗争的杂志，成为日本女性解放运动的源头。《青鞜》创刊号上，除了两篇"女性解放宣言"之外，作为文学提出具有"青鞜特色"的女性问题作品，最知名的就是田村俊子的《生血》，另外，森茂（子）的《死之家》、物集和（子）的《七夕之夜》也从不同角度提出了女性问题。

《青鞜》从第三卷第1号（1913年1月）起，开始明显地由"女性文学艺术杂志"转向"女性文学、思想杂志"。日本民众在1912年（大正元年）年末的大正政变①中进一步加强了权利意识，与此相应，《青鞜》也有意识地提出女性解放问题（1913年2、3月）。于是，她们在小说、评论中，探讨女性思想上、经济上的独立，进而以女性视角更加深入地描写女性对社会性别的平等追求。这些问题直接表现为男女关系、夫妇问题，借助语言描写，揭露和批判了在日本旧有婚姻制度、家族制度下女性受到沉重压迫的内在实质。新女性则集聚起全身心的能量，想要冲破并丢弃在男女关系、夫妇关系中以旧秩序、旧道德束缚女性的传统之网。

《青鞜》第三卷为其最盛之时，通过翻译西方女性思想家、政治运动家的各种著作，如爱伦·凯的论说（雷鸟译）、埃玛·戈德曼的思想（伊藤野枝译）、缪塞的理论（野上弥生子译），从中吸取丰富的精神营养，开阔了视野，明确指出旧体制下的家族婚姻制度阻碍着女性的自立生存。雷鸟的《致世间妇女》（1913年4月）因否定了作为女性生存方式的良妻贤母主义，而被认为"败坏风俗"、"危害安定秩序"，遭到禁售处罚，这使雷鸟认识到女性追求与男性同样的平等，必将与国家权力相对抗。

《青鞜》从第五卷第1号（1915年1月）起，发行权由雷鸟之手移交伊藤野枝，《青鞜》成为没有固定成员的个人杂志。《青鞜》在原发起人全部撤去后已不复原貌，但是，作为女性发表自己言论的园地，《青鞜》继续承担和发挥着历史性作用。青鞜女性在经历了社会的猛烈抨击和诽谤后，愈发变得坚强起来，她们走出《青鞜》，在《反响》、《新公论》、《中央公论》等杂志上也开辟新战场，针对"女性问题之核心"（堀场清子语）的贞操、堕胎、公娼等问题展开论争。在今天，这些都已成为载入女性史册的业绩。

1916年，进入第六卷的《青鞜》在形象上已毫无生气可言了，封面撤去画作，只有白底黑字的编辑者寄语《致诸位读者》②。尽管如此，这一期作者的名字中仍有斋贺琴（子）、山田和歌、野上弥生（子）、吉屋信子等人，这些名字，在当今都是被公认的女性佼佼者。

---

① 大正政变——改"明治"年号为"大正"后，连续发生的两次政变。1912年末，由于增设两个师团的问题，导致第二次西园寺（公望）内阁总辞职；1913年2月，第一次护宪运动推翻了第三次组阁的桂（太郎）内阁。近来，大正政变一般多指后者。

② 日文不足700字，译文请参看附录E。

森鸥外曾经在《沉默之塔》（1910年11月）这篇文章中说，"如果以因袭之目光观看艺术的话，所有艺术都显得危险"，"学问也因打破因袭而前行。如果被一国一时代之风尚所掣肘，学问便死去"，"无论哪国、何世，在踏上新路的行人背后，必定有反动者之群寻找可乘之隙，而且利用某种机会加以迫害"。[1] 鸥外是《青鞜》的支持者，他的妻子森茂（子）也是《青鞜》的有力后援人。"打破因袭而前行"之路是"新的道路"，"反动者"必定对行走这条道路的人"施加迫害"，"新的道路"是险峻的，行走此道者需要勇气。《青鞜》的女性应该说是行走在这条道路上的探险者。

《青鞜》的历程虽然短暂，但这份杂志以及聚集于此的女性们掀起的波澜，已浸入社会这一土壤中，它培养了女性们行动的力量，带动了以女性为主体的多种杂志的创办出版，将不同侧面的女性问题呈现于社会。《妇人公论》（1916年1月创刊）便是其中之一。《妇人公论》是一份以广大女性读者为对象的商业性妇女杂志。1924年3月，《妇人公论》在第100期纪念号上刊发特集"本刊创刊当时我国妇女界之回想"，从中可以看到《青鞜》以及《青鞜》的女性掀起的波澜及历史影响。

《青鞜》创刊100周年之际，日本一些相关机构组织了多项纪念活动。其中，2011年9月10日，平塚雷鸟的母校日本女子大学的"新女性"研究会、日本女子大学文学部、文学研究学科与NPO法人平塚雷鸟会、雷鸟研究会、日本女子大学平塚雷鸟研究会共同举办了以"今天，世界阅读的青鞜"为主题的《青鞜》创刊100周年纪念国际研讨会。

2011年9月17日，大阪人权博物馆举办特别展览"摩登女郎 青鞜时代"，并由女性史研究专家、NPO平塚雷鸟会会长米田佐代子（1934—   ）作了纪念演讲《〈青鞜〉与女性主义——倾听从青鞜时代传递的声音》。演讲中，米田介绍了自己的最新研究成果，并且也关注到亚洲地区目前对平塚雷鸟的研究现状。从米田的演讲中可以判断出我国大陆目前还未着手的一些研究课题，而在韩国、新加坡以及我国台湾已初有成果。

《青鞜》创刊百年集会执行委员会于2011年9月3日举办了主题为"当今，活在青鞜中"的集会纪念活动。活动中，今天的女性对青鞜的女性

---

[1]《营建中　青年》（森鸥外全集：2），筑摩书房1995年版，载青空文库（http：//www.aozora.gr.jp/cards/000129/files/3336_23054.html）。

们维护女性尊严、追求自由解放的行动深表感慨，并对青鞜的女性们怀着一腔感谢，从她们的行动、思想阐述和人生中获取力量。参与活动者表示将与广大的民众共同建设男女都能充满活力地生存的社会。此次纪念活动的旨意书中说："举办纪念活动，不是为了议论百年前曾经有过这样的女性，而正是现在我们才要读《青鞜》，活在青鞜中，百年前以及这百年间女性们从中所获取的力量，我们将带着这份力量走向未来、走向下一个百年。"[①]

二 《青鞜》研究在日本近代女性史上的地位

日本近代女性史通常也和日本近代史相同，从明治维新起，以王政复古令（1868年）为标志将历史划分为两段。在日本近代史的通常观念中，日本的19世纪70年代首先是激荡一时的维新变革，接着叙述文明开化的诸种情况。那么，所谓的明治维新和文明开化，对女性来说意味着什么？妇女解放运动家市川房枝在其著作《市川房枝自传（战前篇）》（1974年）的卷首部分，记录自己的出生状况时写道："我生于明治二十六年（1893年）5月15日，这是明治宪法公布后的第四年，也是禁止妇女政治集会活动及政社法公布后的第三年。"[②] 在通常的历史记录中，1890年（明治二十三年）举行第一届总选举，开设议会，一部分男性获得参政权。然而，市川房枝将这一年作为女性政治权力被剥夺的年份来认识。与部分男性获得参政权形成对照的是，女性不仅没有被赋予参政权，反而被剥夺了获得参政权的可能性。这正是女性史所具备的眼光，也许距历史真实更为接近。1999—2000年，由山川菊荣纪念会策划的"山川菊荣连续学习会"也充分认识到同样的问题，指出关于明治维新的认识，男性和女性有着不同的视点。[③] 在女性史中，女性作为生产者和生活者（即女性作为主体性的存在），其历史的连续性、其生活中的执行能力，经过明治维新这一特殊历史时期，女性的生态和思想处在怎样的气氛当中，这是现阶段中一个很重要的研究课题。

大约在20世纪60年代以后，日本历史学界兴起民众史研究，出自以

---

① 《青鞜》创刊100周年集会，http://blog.goo.ne.jp/seitoh100。
② 转引自鹿野政直《妇女·女性·女士》，岩波书店1989年版，第61页。
③ 山川菊荣连续学习会：《走向二十一世纪女性主义》，http://www5f.biglobe.ne.jp/~rounou/myweb3_101.htm。

民众为主体的立场,将幕末维新时期作为贯通的历史过程来把握,在此,历史划分不以"王政复古"为界点来两分历史,大体追溯到1871年的"废藩置县"。民众史研究将民众放入历史当中加以补充,显示出其独特的存在意义。民众思想史研究权威鹿野政直认为,女性史研究也应该如民众史研究一般,具备既成历史学所没有的独特视角,有必要重新划分女性史的历史时期,而不是仿照和承袭近代史的做法。①

迄今为止,在日本近代女性史研究领域主要形成了两大研究路径,一条以知识女性以及中产阶层女性为对象,设定为自我追求的类型框架,如基督教女性、与谢野晶子、青鞜社、市川房枝等大体上划归这一路径的研究对象;另一条以劳动妇女为对象,设定为走向阶级解放的类型框架,如女工哀史、无产妇女运动等为主要研究内容。

随着这两条研究路径的形成,女性史研究的基本模式固定下来,但同时,由于这种研究路径被不断传承,因而形成某种壁垒,即女性史中的女性形象被模式化,硬性划分为忍耐顺从型、同性压抑型、解放志向型等,成为一种相对固化的女性形象,如景山英子(福田英子)为女性民权运动家,与谢野晶子就是吟诵《乱发》的感性诗人及履行自由恋爱的女性第一人,鸠山春子代表着良妻贤母主义,平塚雷鸟则是女性"天才"解放与各种理念的化身。如此造成对女性史中的女性人物难以进一步深化和突破的认识局面。那么,打破已形成的研究壁垒,其中女性的生活层面将是有待着力开拓和进行深入研究的领域,能够更加丰富研究成果。

基于以上史学界对日本近代女性史历史时期划分的思考,近代女性史的起始点未必一定要遵循以明治维新为标志的惯常做法。站在一般民众史的立场,青鞜运动作为一种自发的市民性质的社团运动,在任何一部近代女性史著作中都应是不可或缺的部分。鹿野政直指出:"缺失了《青鞜》的女性史,不能称之为反映了市民历史意识的作品。"② 无疑,青鞜社的存在,在近代女性史上有着相当重要的意义。那么,以女性为生存主体,自觉地唤醒女性的自我解放意识,青鞜社首先发出了"女性原本是太阳"的解放宣言,在反抗传统的家族制度和婚姻制度中,在打破和穿越男性话语霸权的探索中,艰苦地创建着女性自己的"言说体系",寻求内心的独

---

① 参见近代女性史研究会《女性们的近代》,柏书房1978年版,第14页。
② [日]鹿野政直:《妇女·女性·女士》,岩波书店1989年版,第70页。

立和自由，争取经济上的独立和谋求职业的权利。青鞜社运动在多种意义上，显示出女性主体意识浮现于社会，女性问题作为重要的社会问题而受到世人的普遍关注。《青鞜》在明治最末年的诞生，也正象征和宣告着一个女性旧时代的过去和一个新时代的到来，从这一意义上说，如果学界形成女性史新的时期划分，那么《青鞜》的诞生成为其中划分的重要标志之一，未必没有充分的理由和可能性，《青鞜》迄今的地位也许会随之发生新的变动。

《青鞜》的文学作品长期处于受冷落的境遇，人们一般认为《青鞜》未曾培养出真正的文学名家，其作品多属于生活体验，因而缺少文学质感，但是，这些出自女性真情实感的流露和表述，已经显示出不同于文坛上以男性作家的价值判断为标准尺度的"另类"性质，从这一点来说，青鞜女性已经在某种程度上拥有了自己的"语言"，形成某些成分的自我表述体系，犹如雷鸟始终在创造着自己的言说体系一样，青鞜女性对自我表述的探求，可以说已经获得了部分成功，因而，她们的作品在今天才能依然保持生命力和可读性。

所幸的是，20世纪70年代以后，人们开始尝试从女性史的角度对《青鞜》进行重新评价。"妇女解放运动"、"国际妇女年"等一系列词汇与行动重新唤起人们对平塚雷鸟及《青鞜》的关注。另外，从女性主义视角展开的女性史研究也有所进展，近几年来一个比较突出的特点就是，开始从各种话语意义上对《青鞜》加以讨论，不仅提出《青鞜》直接面对的与"家"制度、恋爱、婚姻等相关的诸多问题，而且还有《青鞜》围绕着"性"与"国家"的尖锐矛盾而进行的抗争，最终走向它的极限。

《青鞜》从它创刊之日起直至今日，对其进行的诸种评论都离不开围绕女性们的社会现实。人们不能选择自己诞生的时代，从这个意义上说，《青鞜》同样也是一个"时代之子"，在这里，不应仅仅局限于狭义的文学史范围来评价《青鞜》的存在意义，更多的还应将其放在女性史等广义的历史坐标上去考察和研究它的存在意义及历史影响。

三 《青鞜》的局限性

今天，我们在看到《青鞜》的历史地位及影响的同时，也应看到它留下的遗憾和不足，这是由《青鞜》自身的局限性所决定的。《青鞜》留给今天的遗产主要有两大部分：一是"青鞜文学"；二是对女性问题和社会性别问题的探讨。由于时代的局限性,《青鞜》这份遗产本身自然也存在着局限性,这一点是必须指出的。

《青鞜》所处的时代,天皇专制一统天下,封建的政治制度依然根深蒂固,虽然有议会、内阁的存在,但并不属于国民,只对天皇负责。表面上看建立了近代国家、资本主义制度已然确立,但是,国民并不拥有真正意义上的公民权利,这种状况一直持续到第二次世界大战结束。国民被忠孝一致的道德所笼罩,国民生活也被家族制度下父权家长的绝对权力所束缚。女性在这些束缚和制约下,既没有财产权也没有继承权,更谈不上参政权。在家族制度下,女性不是作为个人生存于社会,而是作为"家"这一集团中的女儿、妻子、母亲而生存,埋没于家族中默默无闻地生存和奉献被认为是女性的最高使命。因而,女性长期被禁锢于狭小的生活圈子,视野所及十分有限,无论是文学体裁的选择还是对社会问题的思考都受到相当大的限定,或者说,容易停留于想象或理想的世界,缺少与现实生活的直接联系。

首先,《青鞜》在文学上的局限性体现出其文学规模小、篇幅小,没有创作出宏大的作品,因而其影响力也受到限制。从明治末年到大正的文学史中,《青鞜》一直没有被作为重要话题引起人们的重视和探讨,在多数著作和教科书中,常将《青鞜》与《白桦》相提并论,把它定位在"理想主义"、追求"自我扩充"的文学和艺术运动中。从《白桦》走出了众多的作家、艺术家,形成影响甚巨的文学派别,与此相比,尽管《青鞜》上也出现了与谢野晶子、田村俊子、野上弥生子等知名作家,但并没有形成一股"青鞜派"势力,多数青鞜社成员都以默默无闻而告终。《青鞜》的五位发起人,除了平塚雷鸟之外,其余几位可以说都没有留下显著的业绩。直到20世纪70年代,《青鞜》在文学史上一直被认为没有产生重要的、令人瞩目的作家和作品。之所以给人们造成这样一种印象,其原因之一就是青鞜文学都是一些"小作品"的缘故。1913年2月,由东云堂出版的《青鞜小说集 第一》收录了18篇自《青鞜》创刊以来发表过的作品,除去野上弥生(子)的《京之助的小盹儿》和尾岛菊(子)的《老》两篇外,其余16篇作品的主人公都是女性。由于女性生活范围狭小,创作空间受限,因而她们最容易操作和最能准确把握的便是与日常生活息息相关的内容,或是女性自身的生活经验,只注重自我感受性和趣味性的自我式叙述。伊藤野枝就曾对青鞜女性的"小圈子"提出批评，她说："大家在《青鞜》杂志上发表一点主张就是'全部'了。聚集在一起谈话，也只是限于自己生活当中的微不足道的事件而已。穿着别人送给的衣物，吃着别人送给的食物，住在别人送给的屋子里，盘算着小小的自我完成。几乎没有什么与实际生活相接触。"① 因而，青鞜文学中的小说，缺少戏剧效果，对于她们来说，自己和狭小生活周边的问题就是一切，没有余力构筑更加宏大的场面。

其次，青鞜作品的影响力之所以受到限制，还在于其作品缺乏更广阔的社会视野，多数作品的关注点集中表现女性在家庭生活中的压抑，在现实生活中所处的苦境，或是表现女性内心的苦闷和挣扎。青鞜社成员多数是地方上的地主阶层或旧有的中层出身，如生田花世、加藤绿、斋贺琴等，她们在接受女学校或女子大学教育的过程中接触到近代思潮，将自我发展的可能性寄托于文学。《青鞜》作为文学并不是提出了新主张或新思潮，而是走向觉醒的女性在文学这一位置上展示的自我主张。因而，自我与自我理想的实现，才是诸多知识女性集结于《青鞜》的主要原因。还有，雷鸟无论对易卜生《玩偶之家》还是对苏德曼《故乡》的评论，都是只注重人物的内在，没有从社会角度加以深刻的分析。认为玛格达的离家出走，是出于军人家庭旧有的家族制度的压迫，但是，因为不是真正意义上的自我意识，所以不能认为她是新女性。雷鸟完全没有触及日本女性的现实，而且对禁止此剧上演也没有表示出关心。青鞜社成员对西欧这些社会剧或文学的高远形象，只是抱着漠然的共鸣和同情来理解，而没有把它们作为社会问题与日本的现实相印照的意识。因而在《青鞜》转向妇女问题杂志之前，雷鸟以及青鞜社都缺乏广阔的社会视野。

雷鸟曾指出："青鞜运动作为妇女运动原本是极其初步的，仅仅是'女性也是人'等数语便可言尽的所谓妇女觉醒的第一声而已。"② 《青鞜》在刊出妇女问题的文字之后，始终对妇女问题抱着关心态度的，除平塚雷鸟外还有上野叶（子）、伊藤野枝、岩野清（子）、加藤绿、山田和歌等人，而青鞜社的其他成员仍旧站在出发点上，仅仅立足于文学，并没有积极地将处于家庭中的个人问题作为妇女问题进行研究。雷鸟在

---

① ［日］井手文子：《青鞜》，弘文堂1961年版，第161—162页。
② ［日］平塚雷鸟：《女性原本是太阳》，大月书店1971年版，第571页。

《自传》中对此也表达过遗憾。

再次，《青鞜》不曾关心处于社会下层的广大劳动妇女的需求和疾苦，自然也不能获得广大女同胞的支持，这是《青鞜》的阶级局限性所带来的结果。青鞜女性都接受过中等以上的女子教育，相对于一般的劳动妇女来说，青鞜女性拥有较为自在和优越的生活条件，因而她们能够一味伸张自我、我行我素。而广大劳动妇女直接关心的是改善生活环境、改善劳动条件、提高工资待遇等与实际生活息息相关的问题，显然，青鞜女性相距大多数劳动妇女的生活关心点太远，她们自身意识观念的超前性必然会脱离现实社会太远，社会对她们的接纳度和容忍度有限，也与多数妇女同胞相疏离。

青鞜女性多数出生于城市中上游阶层或乡村没落地主阶层，她们所处的社会阶层和生活环境决定了她们不了解也不关心下层社会，甚至还会产生阶级偏见，轻视劳动妇女，认为她们既无知又愚蠢，也决定了她们不可能关心到下层社会广大民众的生存、就业与同工同酬等权利要求，在客观上使她们远离社会最基层的劳动民众。因而，《青鞜》以及青鞜女性的主张也得不到众多妇女的支持，她们的阶级局限性在客观上注定了《青鞜》无法长久存立。

最后，《青鞜》对女性问题的认识多出于感性认识，缺少理论上的说服力，这是《青鞜》在思想上的局限性。雷鸟以及青鞜社的女性，将"自我"作为思想表述的出发点，囿于近代的个人主义思想，因而对女性问题的认识，也就鲜有从政治上、社会制度上、女性的经济地位和法律保障等方面进行的深入思考。对自由解放的追求，只是考虑从外界的压迫和束缚中摆脱，求诸与现实社会隔离的自我内部，而不是采取具体的达成目标的方法并积极凝聚斗争的力量。

就在《青鞜》创刊的前一年，日本发生了历史上堪称空前绝后的"大逆事件（幸德事件）"，这是一起被认为社会主义者谋划暗杀天皇的政治事件，对整个社会造成了冲击性影响。"大逆事件"以后，社会主义者几乎被一网打尽，日本政治越来越走向反动，就连《昆虫社会》这样的科学书籍，也因为有"社会"两字而遭禁。显然在《青鞜》诞生之际，日本整个社会正处于最黑暗、最紧张的政治气氛中。在政治的严冬季节里，知识分子的精神被封冻起来了。高压政策加速了政治与个人的隔绝，知识分子自我闭塞的倾向越趋加重。在政治自由与言论自由被剥夺了的

"时代闭塞"[1]状况中，女性意识的变革受到阻碍，即使她们想要冲出思想的界限也会受到阻碍，不被允许。

雷鸟在《自传》中始终没有提及"大逆事件"的影响，并且说"关于幸德事件，也未曾抱有过特别的关心"。[2] 1912年（明治四十五年）7月30日，明治天皇的死讯传出，整个明治时代的帷幕即将落下。当时的报纸用大号字体连篇累牍地歌颂明治天皇的功德，却用小号字体报道首都劳动者街区的各小学校缺少食物的儿童急剧增加。《青鞜》对这些社会动向不曾做过任何报道，她们对自己生活范围以外的事情似乎全无关心。

青鞜女性没有将社会问题、政治问题纳入与女性自身的解放问题相关联的视野里，因此，《青鞜》在思想方面的局限性既是青鞜女性自身思想不成熟的结果，也是当时客观历史条件下不可避免的结果。

---

[1] 出自石川啄木于1910年8月所写《时代闭塞之现状》。文章在他去世之后发表，收录于《日本文学全集12 国木田独步 石川啄木集》，集英社1967年版。

[2] ［日］平塚雷鸟：《女性原本是太阳》，大月书店1971年版，第281页。

附录 A

《青鞜》略年表

1911年（明治四十四年）第一卷

6月　青鞜社发起人会

9月　《青鞜》创刊
　　　发起人：中野初、保持研、木内锭、平塚明、物集和
　　　青鞜社章程（全12条）
　　　文艺协会研究所试演《玩偶之家》，松井须磨子扮演的娜拉受到好评

10月　集体评论《海达·加布勒》

11月　上野叶、小林哥津入社

12月　冈本佳野（KANO）入社

1912年（明治四十五·大正元年）第二卷

1月　尾竹一枝（红吉）入社
　　　于大森的森之崎富士川举办新年会
　　　附录　娜拉（《玩偶之家》特集）

3月　安田皋月入社
　　　冈田八千代编《闺秀小说十二篇》，博文馆

4月　小说特集号

18日　由于荒木郁的《书信》禁售
　　　青鞜研究会开始（讲师生田长江、阿部次郎等）

5月　文艺协会公演苏达曼的《故乡》，以破坏家庭秩序为由，被禁演六天

6月　青鞜社迁往本乡区驹込蓬莱町万年山内
　　　红吉开始撰写"编辑室寄语"
　　　附录　《玛格达》

7月	在此前后,"五色酒(鸡尾酒)"、"吉原登楼"事件
8月	雷鸟在茅崎与奥村博相遇
	神近市(子)入社
9月	《青鞜》发售处为东云堂
	伊藤野枝入社
	"新女性"(《新潮》)
10月	于莺谷的伊香保庆祝《青鞜》一周年
	大杉荣、荒畑寒村创刊《近代思想》
11月	野枝帮忙《青鞜》编辑工作
	红吉退社
12月	冈本佳野《小小的嫉妒》(青鞜丛书,东云堂)

1913年(大正二年) 第三卷

1月	雷鸟开始翻译爱伦·凯。将这一年的研究中心课题放在妇女问题上
	附录 "关于新女性及其他妇女问题"
	《中央公论》刊载雷鸟的《我是新女性》,新女性议论高起
2月	青鞜社文学研究会计划
	15日青鞜社第一次公开演讲会
	《青鞜小说集 第一》(东云堂)
	附录 "关于新女性及其他妇女问题",福田英子《妇女问题之解决》
3月	新真妇女会成立(西川文子、宫崎光子、木村驹子)
4月	青鞜社文学研究会招募会员(未实现)
	雷鸟《致世间妇女》
	20日文部省规定取缔妇女杂志反良妻贤母主义妇女论的方针
	25日《青鞜》被认为扰乱日本妇女传统美德,受到警察局高等检阅部门传唤处分
5月	青鞜社第一次有了独立事务所(巢鸭町字巢鸭1163)
	生田长江与青鞜社分袂
	雷鸟《圆窗边》(东云堂)
6月	下旬,雷鸟与奥村博前往赤城山
	"近来的妇女问题专号"(《太阳》)

7 月　　"临时增刊妇女问题号"，"平塚明子论特集"（《中央公论》）

8 月　　伊藤野枝《动摇》

9 月　　野枝的第一个孩子出世

10 月　更改青鞜社章程（全 16 条）、青鞜社改组

　　　　招募辅助团会员

　　　　与东云堂的关系了断

1914 年（大正三年）第四卷

1 月　　雷鸟离开父母独立，与奥村博开始共同生活（同居）

　　　　西崎花世《恋爱及生活困难》

　　　　附录　"集体评论《华伦夫人的职业》"

2 月　　《青鞜》发行量减少

　　　　雷鸟《关于独立致双亲》

　　　　荒木郁子《火之女》（尚文堂书店）

3 月　　尾竹一枝等人创刊《番红花》（至 8 月）

　　　　伊藤野枝译《妇女解放之悲剧》（东云堂书店）

4 月　　小说号

　　　　生田长江、森田草平创刊《反响》

5 月　　革新纪念号

9 月　　（休刊）

　　　　生田花世《果腹与贞操》（《反响》）

10 月　雷鸟将编辑工作委托于野枝，与奥村博前往御宿

　　　　雷鸟《现代与妇女生活》（日月社）

12 月　安田皋月《生存与贞操》

1915 年（大正四年）第五卷

1 月　　雷鸟将发行权转让伊藤野枝，编辑兼发行人移交伊藤野枝（东京市小石川区竹早町门牌 82 号青鞜社内）

　　　　雷鸟《青鞜与我——关于将〈青鞜〉转让野枝一事》

　　　　野枝《关于承接青鞜一事》

　　　　野枝解散会员制，打出新的运营方针"无规章、无方针、无主义、无主张"

2 月　　野枝《关于贞操之杂感》

　　　　原田皋月《关于见到生田花世一事》

生田花世《喜爱周边之事与童贞之价值——关于青鞜 12 月号安田皋月的责难》(《反响》)

3 月　编辑兼发行人伊藤野枝（东京市小石川区指谷町门牌 92 号青鞜社内）

28 日，濑沼夏叶去世（41 岁），《青鞜》刊上没有提及

雷鸟《处女的价值》(《新公论》)

4 月　大杉荣《处女与贞操与羞耻》(《新公论》)

5 月　特别号

6 月　原田皋月《狱中女写给情人的信》，引起"堕胎论争"

野枝《私信——致野上弥生》

7 月　通告"在 9 月号上关于堕胎避孕的思考希望尽多地听取多方意见"

野枝由于生产回到九州老家，其间，日月社的安藤枯山接手杂务，生田花世帮忙编辑

8 月　（休刊）

野枝第二个孩子出生

岩野清与泡鸣分居

9 月　四周年纪念号

雷鸟《"个人"生活和"性"生活之间的斗争——致野枝》

发售所更换为日月社（本乡区元町 2 丁目 25 号）

岩野清提起诉讼向泡鸣要求同居

妇女矫风会决议全面废除公娼

11 月　斋贺琴《战祸》(《青鞜》上留下的唯一的一篇反战感想)

岩野清《爱的争斗》（米仓书店出版部）

12 月　伊藤野枝《论傲慢狭量且不彻底的日本妇女的公共事业》

雷鸟的第一个孩子出生

1916 年（大正五年）第六卷

1 月　青山菊荣（山川菊荣）《就日本妇女的社会事业致伊藤野枝氏》

野枝《致青山菊荣氏》

吉屋信子《断章》

《妇人公论》创刊

2月	青山菊荣《再次澄清论旨》
	野枝《再致青山氏》
	吉屋信子《小人物》
	由于第一次世界大战影响，纸张价格成倍上涨，《青鞜》页数减少
	《青鞜》最后一期第六卷第2号，无限期休刊（全52册）
4月	伊藤野枝与辻润分手，投奔大杉荣
7月	*Beatrice*（贝阿特丽切）创刊（第二年4月废刊）
11月	叶山日荫茶屋事件

附录 B

平塚雷鸟略年谱

（M = 明治，T = 大正，S = 昭和）

1886年（M十九年）2月10日，出生于东京市麴町区，父亲平塚定二郎、母亲光泽。取名为明（明子），姐姐平塚孝。

1887年（M二十年），1岁。父亲随同会计检察院院长巡游欧美，第二年回国，带回许多西洋物品。

1889年（M二十二年），3岁。大日本帝国宪法颁布。

1892年（M二十五年），6岁。进入富士见小学校。

1894年（M二十七年），8岁。移居曙町，转学诚之小学校。成绩优秀，但声带发声困难，音乐课最棘手。

1898年（M三十一年），12岁。就读东京女子高等师范学校附属高等女学校（御茶水）。

1900年（M三十三年），14岁。《治安警察法》颁布。

1901年（M三十四年），15岁。对御茶水的良妻贤母教育进行反抗，受倭寇、拜伦等"英雄"吸引，和班里好友组成"海盗邦"。

1903年（M三十六年），17岁。御茶水高等女学校毕业。前一年夏天，攀登富士山计划被父亲一口否决。之后，苦恼于和父亲之间的冲突，希望进入日本女子大学校入读英文专业的愿望又被父亲反对，在母亲的调解下，对父亲提出的条件"如果是家政专业的话"作出让步，入学就读。

1904年（M三十七年），18岁。入学后的一段时间心醉于成濑仁藏的女子教育思想以及他的实践伦理讲义，但是很快对全校"成濑宗"的氛围感到不适。在"自己为何"的疑惑中，开始进入"青春彷徨"时期。

1905年（M三十八年），19岁。通过女子大学好友木村政子的介绍，去日暮里的两忘庵参禅。

1906年（M三十九年），20岁。从日本女子大学校毕业。获得禅名

"慧薫"。结识浅草海禅寺僧人中原秀岳，以"突然的接吻"表示"客气"一下。

1907年（M四十年），21岁。在成美女子英语学校学习英语，参加生田长江主持的"闺秀文学会"，结识森田草平。

1908年（M四十一年）22岁。自创小说《爱的末日》成为与森田草平开始交往的契机。3月21日深夜离家出走，与森田一起走向盐原温泉深处的尾头岭，准备以死"贯彻自我终生之体系"，但是未果，成为"有学养的男女殉情自杀未遂"的一大丑闻事件。之后在蛰居状态下继续热衷于参禅。

1909年（M四十二年），23岁。森田草平的《煤烟》在《朝日新闻》上连载。

1910年（M四十三年），24岁。与中原秀岳有了初次性体验。

1911年（M四十四年），25岁。在生田长江劝说下，9月创刊《青鞜》（东云堂发行），在创刊号上使用"雷鸟"这一笔名撰写《女性原本是太阳——青鞜发刊之际》。

1912年（T元年），26岁。《青鞜》第二卷第4号禁售。尾竹一枝（红吉）入社。两人"同性恋"成为话题。在茅崎与奥村博（1916年改名博史）相遇。

1913年（T二年），27岁。在《中央公论》发表《新女性》，针对社会非难进行反论。接触到爱伦·凯的《恋爱与结婚》，开始在《青鞜》上翻译刊载。第一本评论集《圆窗边》禁售，改书名为《有插闩的窗下》再次发行。

1914年（T三年），28岁。1月离开父母家，不履行法律程序，与奥村博步入共同生活。在《青鞜》第四卷第1号上发表《关于独立致双亲》。

《青鞜》脱离东云堂自主发行。由于发行量减少和管理事务的保持研（子）回乡，雷鸟负担增加，经营面临困难。身体状况欠佳，由日月社出版评论集《妇女与现代生活》，填补亏损后，将编辑工作委托伊藤野枝，前往千叶御宿海岸度假。此时雷鸟受到大杉荣、岩野清（子）等人批评，"应该走出书斋走向社会"。

生田花世在《反响》上的文章《果腹与贞操》引起"贞操论争"。10月，野枝向雷鸟请求"希望转交编辑工作"，《青鞜》发行权"转让"

与野枝。

1915年（T四年），29岁。从御宿回到东京。跟随山田嘉吉学习沃德和爱伦·凯。

加入"堕胎论争"。

第一个孩子（曙生，女）出生，作为"私生子"登入自己的户籍。

1916年（T五年），30岁。《青鞜》2月号以后未能继续发行，无限期休刊。

1917年（T六年），31岁。第二个孩子（敦史，男）出生，同样登入自己的户籍。

1918年（T七年），32岁。和与谢野晶子之间展开"母性保护论争"，山川菊荣、山田和歌等人也加入论争。

1919年（T八年），33岁。由市川房枝作向导，在爱知县内的纤维工厂视察。构想成立新妇女协会。

要求"修改治安警察法"、"制定花柳病男子结婚限制法"的运动。提供自家住房为事务所。

1920年（T九年），34岁。在《女性同盟》上发表《关于社会改造妇女之使命》。

1921年（T十年），35岁。在《女性同盟》上撰写《军备缩小问题》。

健康状况不佳，夏天以后与家人一起在千叶竹冈海岸静养，冬天前往那须温泉。事实上是离开新妇女协会运动。

1922年（T十一年），36岁。生活在枥木县佐久山町，长女入佐久山小学校。初秋前往盐原温泉。

新妇女协会要求修正治安警察法第五条的请愿成功，在雷鸟提议下，12月协会解散。

1923年（T十二年），37岁。直到春天滞留于伊豆山温泉，4月回东京居住于千驮谷，长女转入成城小学校（长子入秋季班）。

1925年（T十四年），39岁。移居千岁村乌山。不参加社会活动，专心于育儿和探索自然。

1926年（S元年），40岁。结识高群逸枝，产生共鸣。

1927年（S二年），41岁。于成城学院住宅地自家设计建筑房屋，并迁居入住。

1928 年（S 三年），42 岁。在第一届普选中，呼吁妇女团体支持提出妇女选举的无产政党。此期间共鸣于克鲁泡特金的"相互扶助论"，日后参加了东京共同劳动社消费工会。

1930 年（S 五年），44 岁。于成城成立消费工会"我们的家"，担任会长。从这一年起，就消费工会积极地发表见解。

参加高群逸枝主持的"无产妇女艺术联盟"，在《妇女战线》上撰文《关于参加妇女战线》。

1933 年（S 八年），47 岁。在《妇人公论》等刊物上撰写非议共产党的文章，受到"将新闻报道囫囵吞枣"的批判。

1938 年（S 十三年），52 岁。在统制经济下，"我们的家"经营困难，被吸收合并到家庭购买工会中。

1940 年（S 十五年），54 岁。在《照耀》上撰写《纪元二千六百年颂》。

1941 年（S 十六年），55 岁。父亲定二郎去世。在《妇人公论》上撰写《悼念亡父》。

递交与奥村博史的结婚申请，改奥村姓，使"私生"的长子成为"嫡出"。（长女已结婚）

1942 年（S 十七年），56 岁。疏散到茨城县小文间村。过着自给自足的农耕生活。

1945 年（S 二十年），59 岁。在东京大空袭中，曙町的父母家全部烧毁。

1947 年（S 二十二年），61 岁。迁回成城自家。

共鸣于宪法的和平条款，与内村鉴三等人热衷于学习有关和平问题。

1949 年（S 二十四年），63 岁。加入世界联邦建设同盟。学习世界语。

由"妇女日"大会颁发感谢信。写作《答"妇女日"大会上的表彰》。

1950 年（S 二十五年），64 岁。与甘特瑞特·恒子、上代多野（TA-NO）、野上弥生子、植村环一起联名发表要求全面讲和的《关于非武装国日本女性的讲和问题之希望要项》。

1951 年（S 二十六年），65 岁。与上代多野、市川房枝等人组建"反对再军备妇女委员会"。

1953年（S二十八年），67岁。就任全日本妇女团体联合会（日后为日本妇女团体联合会）会长、国际民主妇女联盟副会长。

1954年（S二十九年），68岁。向国际民主妇联递送要求禁止核武器的《日本妇女的申诉》，为世界母亲大会成立创造机会。

母亲光泽去世。

1955年（S三十年），69岁。出版第一部自传《我走过的路》。

与下中弥三郎、汤川秀树一起成为呼吁世界和平七人委员会成员。

展开"主妇论争"。

1958年（S三十三年），72岁。购买成城中心部住宅迁居，院中种满树木、花草。

与"野鸟之会"的中西悟堂深交。

1960年（S三十五年），74岁。与各界女性联名，发表要求废除安保条约的声明。

1962年（S三十七年），76岁。组建新日本妇女之会，成为代表委员。

担任妇选会馆理事。

1964年（S三十九年），78岁。奥村博史去世。

1966年（S四十一年），80岁。反对美国发动的越南战争，为结束越南战争组建"越南谈话会"，以后从事多方面活动，呼吁反战，设立"越南母子保健中心"筹集募捐。

1967年（S四十二年），81岁。呼吁"建立光明革新都政之会"。

1970年（S四十五年），84岁。与市川房枝等人一起发表声明《际于安保条约固定期限结束日六月二十二日之申诉》。身披黄色彩带上写"取缔安保建设和平日本"，在自家周围与二十几名女性一起示威游行。

健康欠佳住院。

1971年（S四十六年），85岁。5月24日去世。

1973年（S四十八年）自传《女性原本是太阳》完成出版。

附录 C

女性原本是太阳

女性原本是太阳
——写于《青鞜》发刊之际

原本，女性确实是太阳，是真正的人。

如今，女性是月亮。依他人而生存，借他人之光而生辉，有着病人般苍白的脸庞。

现在，《青鞜》发出了婴儿的第一声啼哭。它是由现代的日本女性自己动手动脑所创。现在女性所做的一切，只能招来嘲笑。我很清楚，那嘲笑之下隐藏的东西。而且我毫不畏惧。可又能如何？女性自身给自身抹上的羞耻与侮辱之悲惨。难道谈到女性就只能是供呕吐的吗？

非也非也，所谓真正的人——

我们作为今日之女性已尽吾辈所能。竭尽心力所产之子乃是这《青鞜》。那么，无论她是低能儿，还是畸形儿，抑或是早产儿，那也没有办法，暂时应该以此满足了。究竟是否竭尽心力了呢？啊，我们还是满足吧。在此，我将更多的不满足从女性自身刷新了。

难道谈到女性就是没有力量的吗？

非也非也，所谓真正的人——

然而作为我，这个盛夏炎炎烈日之下诞生的《青鞜》散发着极度的热量，我们不能忽视这猛烈的热诚。

热诚，热诚！我们只凭这一点。所谓热诚，即是祈祷力、意志力、禅定力、神通力，换言之，即是精神集中力。通往神秘的唯一大门，我们称之为精神集中。

如今我提到了神秘。然而我所讲的神秘并非动辄被言及的现实之上，抑或脱离现实，由指尖、发梢、神经分支所描绘的赝品的神秘，亦非是梦。我先要声明，那是在我们的主观之底层，人类冥想之深处，才能见到的现实，那才是我所讲的神秘。

我想在精神集中的中心寻求天才。天才就是神秘，是真正的人。天才无所谓男女。所谓男性女性的性别差异只存在于精神集中的中下层之自我中，属于应死应灭的化身之自我，而不可能存在于最上层的不死不灭之真我。

我过去并不知道有什么男性女性。许许多多的男男女女时常进入我的心底，然而我从未将他们作为男性抑或女性来看待。然而过剩的精力自身所带来的各种没有章法的行为已经难以救治，最终陷入疲劳。

人格的衰弱，实际上这才是第一次将女性同时也将男性展示在我眼前。如此我从这人世间学到了死这个词。死！死的恐怖！曾经游离于天地之间，生死岸头，如今在死亡面前，踯躅者、毁灭者，称之为女性也。

曾经住在统一的世界，如今于纷繁世界中时断时续呼吸者、不纯者，称之为女性也。

而且，有些毫无气概的宿命论者不知道命运就掌握在自己手中，一想到女性们要与他们协调步调，我的脊背就冷汗直流。

我哭了，忧郁地哭了。为我那日夜弹奏的竖琴的琴弦之松弛，为我的调子之变低。

当我知道自己有了性格的时候，我被天才所遗弃。就像飞天羽衣被夺去的仙女，就像被捉上岸的美人鱼。

我叹了口气。哀伤地叹了口气。为我的恍惚，为我那失去的最后的希望。

虽说如此，苦闷、损失、疲惫、心乱、破灭，支配这一切的主人却总是我自己。我总是拥有作为主人的自己的权利，满足于作能够支配自己的自由自主的人，从不后悔陷于自我毁灭，无论接二连三地发生什么样的事都没有阻挡我在自己的道路上前进。

啊，我故乡的黑暗，那绝对的光明！

用自身充溢的光辉和温热照亮全世界，孕育万物的太阳是否是天才呢？是否是真正的人呢？

原本，女性确实是太阳，是真正的人。

如今，女性是月亮。依他人而生存，借他人之光而生辉，有着病人般苍白的脸庞。

我们必须找回被遮蔽的我们的太阳。

"发现遮蔽的我们的太阳，发现潜在的天才"，这是我们内心不断的呼喊，是抹不去消除不掉的渴望，是由一切烦琐的零碎的本能统一起来的最终的整个人格的唯一本能。

这种呼喊，这种渴望，这种最终本能才是热烈的精神集中。而且天才的高贵宝座在终极之处闪耀。

青鞜社章程第一条中写有以他日发挥女性天才为目的之类的话。我们女性无不是潜在的天才。是具有可能性的天才。这种可能性不久终将成为事实。只是，由于缺乏精神集中，虽具有伟大的能力，却总是潜在其中，最终也没有成为显在能力而了却一生，让人不胜遗憾。

"女性的心情乃是表面，乃是浮在浅水里的轻佻浮躁的泡沫。而男性的心情在深处，其水于地中的凹窝中疾走。"查拉图斯特拉如是说。长久以来被定格于从事家务中的女性完全钝化了其精神集中力。家务只需要分配注意力和不得要领。因为这种境遇并不适合发现潜在于注意力集中的天才，所以我讨厌一切烦琐的家务。

烦琐的生活能使性格多面化、复杂化，然而这些多面化复杂化的东西往往与天才的发现成反比。

对于潜在的天才，恐怕没有人抱有怀疑。今天的精神科学不也证实了这一点么。18世纪中叶，奥地利的安东·麦斯麦［Franz Anton Mesmer（1734—1815）医师，使用催眠疗法］① 发起催眠术，所有与宗教、哲学无任何接触的人也对此抱有热诚和忍耐，其结果，使其成为今日学者们严肃的研究课题。对于催眠术多少有些理解是毋庸置疑的。无论多么纤弱的女性一旦进入催眠状态，得到某种暗示，忽然便会显示出一种堪称灵妙、不可思议的伟大力量，可使无变有，起死回生，而不学无知的乡下女人突然熟练操纵外语、吟诗作赋这样的事也时常在我们面前被证实。而且谁都有过这样的体验，在非常时候，比如火灾、地震、战争等时候，却会作出日常所想不到的举动。

学者说，所谓完全的催眠状态，应是停止一切自发活动，而进入心无杂念的精神状态。如此便与我所讲的发现潜在天才的状态是一致的。很遗憾我没能进入催眠状态所以不敢断言，但是至少可以说是类似的境界。

心无杂念到底是什么？不是在祈祷之极，精神集中之极点所达到的忘我吗？不是无为，恍惚吗？不是虚无吗？不是真空吗？

---

① 译者注。

实际这里就是真空。正因为是真空，才是取之不尽的智慧的大宝库。是一切活力的源泉。是原始以来，经过植物、动物、人类走向无极的一切能力的福田。这里没有过去和未来。只有现在。啊，潜在的天才。我们心底最深处的情意的火焰中自然的智慧种子啊。全知全能的自然之子啊。

"法国有我罗丹"。

罗丹是显在的天才。他拥有伟大的精神集中力。以没有一丝放松的非常时的心作为平常心。他无论是精神生活的节奏，还是肉体生活的节奏，一定是可以随地自由变换的人。是不是真的呢？他笑那些等待灵感的奴隶般的艺术之徒。他只要开动意志就总是有灵感，他才可称为持有成为天才的唯一钥匙的人。

我曾祈愿一日三餐，傍晚乘凉谈笑的时候也能拥有非常时的心情，在我看到《白桦》的罗丹专集之后受到了很多启示，当时无知的我连罗丹这名字也是初次听说。而当我在其中找到了许多自我的时候，痛感能够共鸣之处的时候，我是多么的不胜欢欣。

自那以来，在那些关门闭户、独坐密室的夜晚，点点灯火渐白，声音渐高，如暴风雨，逐渐单调，瞬息燃烧的时候，我那五只白鸽，温和的红眼睛，黑眼睛们被一层薄绢一样的眼膜所覆盖，在树上扇扇翅膀安然入睡的时候，我在大海深处独自醒来，我的身体发紧，浑身血脉贲张。这时候，我脑中总是浮现那句话，"法国有我罗丹"。而不知从何时起，我已经与他共奏"自然"音乐——那曾流失的高调的"自然"之乐。

我想起了那"接吻"。那把所有的东西都融于热情的火炉，我的接吻。接吻实际上是"归一"。全部的灵魂啊，全部的肉体啊。紧张之极的圆满的恍惚、安息啊，安息的美，感激的泪滴一定会闪着金色的光芒吧。

日本阿尔卑斯山上那灼热地燃烧着滚滚旋转的日落前的太阳啊，独立于那孤峰绝顶上的我的安静的恸哭啊！

弱小的、疲劳的、不知真面目的，因为难以捉摸的恐怖与不安而不停战栗的灵魂，大脑深处的动摇，压折银线般的声响，睡醒时袭来的有着黑色翅膀的死的强迫观念。然而，然而，一旦自醒时，潜在的天才又来指导我。还没有完全放弃我。不知从何而来，我的身体充满力量。我只是变成强者。我的心变大、变深、变平、变亮，视野扩大，个别的东西不再单一，而是全世界作为整体映入我的眼中。那沉重的灵魂变轻，变轻，从我的肉体脱离，变空了吧。不，我的肉体①变得没有重量，化气而散了吧。我已经完全忘我地沉醉于那不应言表的统一与协调感里。

不知生，亦不知死。如果非要说，那里有永久的"生"，有热铁的意志。这时拿破仑大喊阿尔卑斯是什么，他的面前真是没有任何障碍。

真正的自由，真正的解放，我的身心不会感到任何的压迫、拘束、恐怖和不安。麻木的右手执笔写东西。我不能不相信潜在的天才。我不能不相信我混乱的内心生活能够保持统一，也仅仅是因为这一点。

自由解放！关于女性的自由解放的呼声是很久以前就在我们耳边回荡的。可那又如何？想来所谓的自由、解放的意思是否被严重误解了呢？当然单说女性解放问题，其实其中又包含很多问题。然而，脱离外界的压迫拘束，接受所谓的高等教育，能够广泛就职于各行各业，获得参政权，从家庭这个小天地，从父母丈夫等保护者手中脱离出来过所谓的独立生活，难道这就叫做我们女性的自由解放吗？自然这些也许能为达到真正的自由解放境界提供境遇与机会。然而到底只是权宜之计，是手段，不是目的，不是理想。

话虽如此，我当然并不是像日本大多数的有识之士那样倡导女子高等教育不必要论。男女本是接受同一自然界的物质所生，讨论什么必要不必要，这样的国家，在这个时代，也许能够容忍一时，但是从根本上讲是极端不合理的。

日本仅有一所私立女子大学，男子大学又不肯轻易向女性敞开大门，我对此现状深感悲痛。可是就算我们女性的知识水平线能与男性达到一致那又如何？寻求知识只是为了摆脱无知、不开化的黑暗状态。然而像变形虫那样贪婪获取的知识，一拭眼却发现只有空壳，岂不令人吃惊？而且我们为了脱离这一空壳，岂不是要经历许多苦闷。一切思想都使我们的真正智慧黯然失色，让我们远离自然。把玩知识之徒也许是学者，可到底不是智者。不，相反的，他们是那种最难认清眼前事物真相的近乎盲人之徒。

释迦入雪山，端坐六年方于一夜之间大彻大悟，其言"奇哉，一切众生，皆具如来之智慧德相"，又曰，"一佛成道，眼观法届，见草木国

---

① 雷鸟去世后发行的《平塚雷鸟著作集1》（大月书店，1983年6月）中被改为"我的肉体"，而把它考虑作"魂"的错字似乎更能从意思上讲得通。——堀场清子注（堀场清子编：《〈青鞜〉女性解放论集》，岩波书店1991年版，第28页）

土悉皆成佛"，那是他初次看破事物真相，惊叹自然之彻底。如此释迦便成为真正的现实家，真正的自然主义者。不是空想家，是完全解放自我的大觉悟者。我们从释迦身上看到，真正的现实家必须是神秘家，真正的自然主义者也必须是理想家。我们的罗丹也是如此。他彻底地现实，并找出与现实完全符合的理想。

他不是说了吗？"自然总是完全的，她不制造任何谬误"。他按照自己的意志，服从自然，通过服从自然而视自然为我物，他也自称是自然主义者。

日本的所谓自然主义者们的眼睛，并没有达到能够看到现实的理想之高度。他们缺乏集中力，所以他们的心看不到作为整体的自然。只有在人类冥想的深处才能看到的现实即理想的天地并不轻易在他们面前打开大门。

他们身上哪里有自由解放？那枷锁、手铐、脚镣什么时候才能除下？他们不就是那作茧自缚之徒？不就是那在奴隶境遇里挣扎的可怜之徒吗？

我不忍看那些极度羡慕男性、模仿男性的女性，就算稍微落后也要跟男性走同一道路。

女性啊！与其不在心中堆砌垃圾之山，不如充实于空虚而了解自然之整体。

那么我所祈愿的真正的自由解放又是什么呢？不言而喻，是让那些潜在的天才，伟大的潜在能力十二分地发挥出来。如此必须把那些妨碍发展的东西全都消除掉。那是外界的压迫么？还是知识的不足呢？不，这些也不是完全没有，然而主要的还是我们自己，天才的所有者，天才所寄身的宫殿——我们自己。

我们在游离自己的时候，就会发现潜在的天才。我们必须牺牲自己，为了我们内部所潜在的天才。也就是说要追求忘我境界。（所谓忘我，是指扩大自我的极致。）

只有通过相信我们内部所潜在的天才，通过对天才的不断的呼唤、渴望和最终本能，虔心祈祷、集中精力，才能忘我，别无他法。而这一方法所到达的高高的终点处，天才的宝座将闪耀着光辉。

我愿和所有女性坚信潜在的天才。只是信赖其可能性，而欢欣于作为女性来到这世间的幸运。我们的救世主只能是我们内在的天才。我们已经不能向寺院教会来求神拜佛。

我们已经不再等待上天的启示。我们要通过自身努力来暴露我们内部的自然秘密，自己去创造上天的启示。

我们不再追求奇迹，不再憧憬远方的神秘。我们要通过自身努力来暴露我们内部的自然秘密，自己去创造奇迹和神秘。

我们要不断继续热烈地祈祷，我们要彻底进行下去，直到潜在的天才出世，直到重见太阳的光辉。那一天我们将把全世界、把一切东西视为我物。那一天我们要成为唯我独尊的王者，以我们自己的双脚在自然的核心里自存自立，成为不需要反省的真正的人。而且一定会了解孤独寂寥是多么的快乐与充实。

女性已不再是月亮。

那一天，女性仍然是原本的太阳，是真正的人。

我们要在日出之国的东方，在那水晶山上，营造黄金的大圆宫殿。女性啊，在画你的肖像时，一定不要忘记选择金色的圆天井。

好，就算我半途倒下，好，就算我作为破船的水手而沉于海底，我依然会举起麻痹的双手，用最后一口气呼喊："女性啊，前进，前进！"

现在我的眼里充盈着泪水。泪水充盈。

我必须搁笔了。

然而我还想再加一言。我想《青鞜》的创刊，对于发现女性内部潜在的天才，特别是那些立志于艺术的女性当中潜在的天才来说，是一个很好的机会，我们也是以此为目的的机构，那么从今以后至少一段时间内，《青鞜》的存在，对于去除那些妨碍天才发现的我们心中的尘埃、渣滓、糟粕，是有一定意义的。

我还想，如果不是因为我们的怠惰，努力之后仍然失去《青鞜》的那一天，我们的目的至少能够实现一部分。

最后我热切希望，青鞜社里像我一样的年轻社员，人人都能够发现自己潜在的天才，尊重自己所独有的特性，为了坚持他人所不可侵犯的自己的天职，而不断集中精力，成为热情、诚实、认真、纯朴、天真甚至幼稚的女性。而不要像其他大多数社会上的女性团体那样，有名无实，虚占空职。而且我对此是坚信不疑的。

强烈的需求是产生事实的最确真的原因。

[第一卷一号，一九一一年九月]

附录 D

青鞜社章程

青鞜社章程

第一条　本社力图发展女性文学，发挥各自天赋特性，来日以培养女性天才为目的。

第二条　本社称青鞜社。

第三条　本社事务所置于本乡区驹达林町九号门牌，物集住宅内。

第四条　本社由会员、后援人、特约人员组成。

第五条　凡赞同本社目的之女性文学者、将来以期成为女性文学者以及爱好文学之女子，不论人种皆为社员。以赞同本社目的的女性文坛之大家为后援人。赞同本社目的之男子，限会员认可足以尊敬之士，为特约人员。

第六条　为达成本社目的，成就以下事业。

1. 每月出版一册机关刊物《青鞜》。刊登会员及后援人的创作、评论以及其他特约人员的评论等。

2. 每月招集一次会员修养及研究会。但后援人的出席当随意。

3. 每年召开一次大会，大会上将邀请后援人、特约人员进行讲演、作报告。

4. 偶尔组织旅游。

第七条　会员每月应交纳会费共30分。会费作为月会及大会费用以及为社员、后援人、特约人员发送杂志《青鞜》之赞助费。

第八条　杂志《青鞜》的出版经费，依靠发起人的支出，其维持依靠会员、后援人、特约人员以及其他捐献。

第九条　主干由编辑部、杂务部、会计部组成。

第十条　事务人员为四人，每年轮换一届。由发起人等开始执行。

第十一条　事务人员由会员选举担当。

第十二条　事务人员可以再次当选。

青鞜社章程（修改稿）

第一条　本社以促进女子觉醒，发挥各自天赋特性，来日以培养女性天才为目的。

第二条　本社称青鞜社。

第三条　本社事务所置于东京府下巢鸭町 1–163 号。

第四条　本社由事务人员、会员、后援人组成。

第五条　为达成本社目的、成就以下事业。

1. 每月出版一册机关刊物《青鞜》。在《青鞜》上刊载事务人员、会员、后援人生活及思想。（而且也应当刊出辅助团员的投稿）

2. 出版图书。

3. 时常举办事务人员、会员们的修养及研究会，召开有关事业磋商会。（但后援人的出席当随意）

4. 每年召开一次大会，在大会上邀请后援人进行讲演、作报告。

5. 偶尔组织旅游。

第六条　事务人员、会员、后援人只限于女子。

第七条　事务人员不仅赞同本社目的，且将本社事业视为自己的生命，专门干事直接从事于本社事业，自负其责。事务人员每月分发《青鞜》。

第八条　事务人员从在京会员中选举。

第九条　事务人员为四人，其中两名从事经营，另外两名从事编辑。

第十条　每年 9 月在京会员召开会议，改选事务人员。并可再次当选。

第十一条　视本社经济许可状况，对其劳动付出给予些许报酬。

第十二条　会员不仅赞同本社目的，且将本社事业视为自己的生命，为其分发杂志《青鞜》。

第十三条　希望成为会员者，除地址、姓名、年龄之外，应附以简历和目前状况以及入社动机、十页以上稿件（小说、戏曲、感想、诗歌、评论、翻译皆可）、近期照片寄至本社，提出申请。

第十四条 以赞同本社目的,欣然允诺为杂志《青鞜》投稿的文坛诸前辈为后援人,为后援人每月分发《青鞜》。

第十五条 在经济方面支援本社事业者为辅助团员。

第十六条 依据辅助团员章程征召辅助团员。

青鞜社

附录 E

致诸位读者

《青鞜》最后一期封面——伊藤野枝的"宣言"（1916年2月号）

我想尽量使自己编辑的杂志成为一份出色的刊物，但是，无论自己如何看着喜欢，也确实只有贫乏的内容而已。只凭借我一己微弱之力，无论如何也不能约到使读者诸位满意的名家笔稿。排列在目录当中的笔者，占据多数的是未曾崭露头角的人们。我的耳边每一期都听到贫乏啦无聊啦这样的责怪之声，我却仍坚持编辑着这份没有价值的杂志。但是，我的想法中有一定的理由。我自身对这份杂志除了将其作为苗床之外，并不期待之上的任何价值，我接过这份杂志之际，取消了所有的规则，摆明无规则、无方针、无主义、无主张的态度。想要主义的人士、没有规则便不成的人士，各自去规定好了。我要向所有的妇女提供没有任何主义主张的杂志，所以，请大家自由随意地利用吧。杂志本身除了使其随利用者之意而外不具有任何意义，那时我也是如此表明的。阅读这份贫乏杂志的人士也请谅解这一点，这份杂志除了作为苗床之外，什么都不是。在此萌芽的禾苗将移植何处，哪根苗如何培育——对此未成品抱有兴趣的人士，才能弄清这份杂志自身存在的意义。我以这种不服输的理由为盾牌，无论受到怎样的责怪，我也仍将一如既往地不倦地运作这份贫乏的杂志。

——编者——

附录 F

《青鞜》小说两篇

F1

书　信

荒木　郁

　　冬天傍晚时，我在朝北的四张半铺席大小的房间里写这封信。如果你看到这信上的字，你知道我的手是如何颤抖的吧。而且心神不定这种……真的，我为了写这封信不知花费了多少天。一旦开始写就觉得只是莫名地发抖，心慌意乱。还有，你的身影，你那体贴的不熟练的动作（这对我是不可思议的诱惑）等，如梦幻般地浮现出来，就连最后诀别之日你说的那句惨痛的话——"我们不再见面了"，也在耳边萦绕。

　　但是，今天无论发生什么事，我都必须寄出这封信。

　　我们分别已近半年了吧。我想到其间没有给你写信，就感到恐慌。哎，那么长时间都忍耐过来了呢。可是，秀夫，你稍微想想，我至今不给你写信，你觉得我服侍着丈夫一人，这样就很好吗？

　　世上尽是一些表面形式上的事情，这种事情太多了，其中，没有比夫妇关系之类更奇怪的了。将爱当作极为方便的机器来操作。操作熟练的人，可以得到贞妇啦贤妇啦之类的称号。你还没有走进这种婚姻、夫妇一类令人不舒服的境地，因而是不会明白的。所以，我觉得必须跟你说说。这是为了今后我们两人创造的世界，为了认识到情人的幸福，也为了想让你知道必须这样做，我才写这封信的！

　　我的丈夫总是笑眯眯的，我需要的东西他都会满足我——头饰、戒指、好吃的，还有早上醒来的时候一个长长的亲吻——可是，我一次也没有得到过真心。而且丈夫也不想触及我的心灵。只要看到我的笑容和撒娇的样子（其实这也是男人的空想臆造出来的）就可以了。我也用揽着丈夫衣领的手指，弹掉和服上的灰尘，系上绽开的线头。而且，我是想着你的脖颈周围，第一次触到你那红唇夜晚的欢愉而抱紧了丈夫的脖颈。

之后，一天之中，稀里糊涂鬼使神差般地走出家门观望，并不是期待着丈夫归来，而是为了兴许万一看到你呢，是这样一种期待。我长时间地呆望着天空，悄悄呼唤着你的名字。夹杂着尘沙的冷风漠然无情地吹过我的面前。过往的行人疑虑深重的眼光——这么冷的天你在做什么？——只是嘴上没有说，却是一边走路一边目不转睛地不时回头看。而且有些人觉得我是奇怪的女人，他们转回来好几次从我面前走过，最后到对面电线杆的背阴处吹口哨。我留意到那些人的行为做法，但并不想转回家中，我唱起了孩提时学会的燕子之歌。那首燕子之歌，你也应该知道的吧。所以，在那些无聊的人当中，我动不动就寻找起个头高的、身影与你酷似的人。总之，每当我看见二十四五岁、不卑俗的青年，心就发跳，心里只是强烈地发出呼喊。不知为什么无论怎样都不能让自己的心情平静下来，甚至一心在想眼前过往的人们无论哪一个都得是你。

我的房间是靠近厨房的不很干净的四张半铺席的屋子，不过，朝北的窗户很低，连着后门前的小院子里，长着一些大人能够自由隐藏的草丛。当管道里的水滴答滴答有时像回忆般滴漏的声音清晰可辨时，近邻的说话声、女人高声大笑的声音都已静下来了。我想："这间房里现在只有我自己一人，丈夫睡着了，女佣也鼾声响起，在这样的夜里，什么事都可以做，如果你来的话，让你坐在我的坐垫上，我可以靠在你那年轻的已久违了的膝头。而且右臂揽住你的脖颈，唇与唇相贴……可以营造幸福之时。"想着这种事的夜羽虫钻进了纸拉窗和隔雨窗之间，兴许逃不出去了，急得乱扑棱。我并不觉得是那种情况的声音，我用袖子压住窗户打开了纸拉窗。然后将砚台里的水滴在拉轨上，隔雨窗也就无声地打开了，对吧？哎呀，当拉窗打开时的心情，请你稍微想象一下吧。

你是懂得的吧。女人温柔的"偷窃"心情……

苍白的月亮似乎蔑视着我的举止，不是在瞪着眼羞愧地窥视着我的脸吗？像是被人愚弄了一般感到懊恼，可是……我穿着睡衣走下去到无人的院子里。悄悄摸摸地在草丛中寻找。这种时候身心已完全被你那不在眼前的身影所左右了。

我写到这里松了一口气。我的家庭就是这样，不过夫妇关系这样也能够平安维持下去。我也是贞节妇人之一。但是，我本人并不想得到这样的语词。与其那样，如果是人，我更加希望像人一样地被认认真真的恋人切实地拥抱着，即便这是在恐怖的罪名下所支配的行为……与其过着战战兢兢虚伪的日子，无论形式如何，我更希望走进心与心能够相交融的生活里。

我们也可以见面。从下月初开始正好丈夫不在。

秀夫，去那间屋子吧。那里离你的家、我的家都很近，想回去的话立刻就能回家。你也不至于会说讨厌那个房间吧。小小的玻璃窗上汇集着如同睡了的草原、大海，整个微暗一色之中，那拂晓苍白的星辰闪烁着，不是吗？那时你曾说："那像两人轻轻行走的路标。"

那房间真的很适合我们。

我记得第一夜的所有一切。拂晓的星辰是恋人的路标……你总是说些甜心的话呢。望着那星辰，相拥的两人长时间地诉说着让别人听见会感到害羞的话语。就连海浪也都欢快了似的，我们唱着爽朗的歌，不停地朝着那海岸亲吻，不是吗？更有那幸福的两人留下了忘不掉的纪念。

秀夫啊，请你立刻回信。给我一个"OK"和时间……

不到五天的时间，我就可以触到你那红唇了吧。在那天晚上，我的话还没等说出一句，一定会有东西送到我小小的额头上吧……

（第二卷第四号，一九一二年四月）

F2

战　祸

斋贺　琴

若说人类历史是战争的连续，事实也是如此吧。从太古人类智慧不发达的时候起，直到科学文明显著进步的今天，在多少代多少世纪之间，人类一路上彼此制造着流血、虐杀、侵略，咒骂过去野蛮、自夸于今日之文明，然而，实际上今日文明却以更甚一步的手段使用着称之为"野蛮"的过去的虐杀、侵略。当然，这是从一方面看的事情，但是，现在被称为世界发达国家间的互动干戈之事已一年有余，至今也难以看到和平到来的希望。我一想到战争的残酷性和直接、间接波及的莫大灾害，同时就开始怀疑所谓文明恩泽、科学贡献之类的事。恐怖的战争惨祸一味地牺牲了几多宝贵生灵，不仅使其白骨曝于风雨之中，还给幸免于难的人加上了难以承载的痛苦。对一个国家来说，无论胜败，都是带来损害。为什么人类将高额的费用、时间和知识变成无益而耽于胡乱杀生呢！

人类原本的野性难道是为了喜于流血之事而永久地存在战争吗？如果人类真正地提高、进步了的话，这种愚蠢的惨事就会消灭的吧。抑或战争是为了维持人类生活秩序的一种手段，依靠神而进行的吗？若是那样，岂不是太过残忍的事实吗？

我现在并不想议论战争，而实际上我自己也不清楚可否的理由，也没有经过深入研究后坚定主张的确切思考，我只是作为女性——尤其是属于女性中的懦弱女性，希望尽可能避免战争。不，是希望绝对没有战争。别说是自己从军之事，自己身边的人们——以至人类全部——我不希望让他们遭受战争的灾祸。

请想想看，自己的父亲、丈夫、孩子，在地雷硝烟中、在飞机下，度过危险瞬间的样子；在炮火硝烟的黑暗中，冲锋陷阵的样子；受伤倒在战壕中，两天、三天，痛苦的结果就是自己一人仰天而死的那种心情。

不知是谁人所说："如果妇女置身战场的话，战争就停止了。妇女不忍目睹战争的惨祸。"完全是这样的。将慈悲和爱作为生命的妇女为什么要去杀人呢？我想具有母亲资格的妇女，是决不能置身战场看到流血之事。

我并不是说些道理来听，只想说一说那一年日本和俄罗斯打仗的时候，在我的故乡发生的事情。这也许在当时是司空见惯的事。正因为是司空见惯的事才更要提起注意。可以说那是由于战争而发生的悲剧之一吧。

我的故乡——一个户数不足两千的偏僻农村小镇，出自这里的有军籍的人很多，而且随着战争的爆发不断有人接到出征动员令。那时我在读小学，老师常常带着我们去离开镇子的地方送别出征士兵，这种事就像发生在昨天一样。鲜艳的旗子迎风招展，乐队等喧嚣嘈杂，很多人穿着印有黑色家徽的和服，面色红红地跟来。

人们举着旗子高喊："某某君，万岁！"学生们也一起举起手来高声重复同样的叫喊。活人献祭！出征入伍的本人显出惊慌的神色，难为情地带着受到夸奖似的高兴面容，不停地行礼。然后，向学生、向镇上的人们告别，向他所属的连队走去。那时，我看到向田野那边远去渐渐变小的人影，孩童的心里被一种说不出的寂寞之感袭击着。

我想说的这位主人公就是这样，在偏离小镇的地方听着"万岁"的叫喊声被送别出征。他还没有服完现役，战争就开始了，近在眼前的退役期待也变成了国仇，他立刻从部队去了阵地。

他在我祖母的娘家，在与邻村交界的一条叫做养老川的小河边建有一座屋子，当着农民，在镇上——就在离我家很近的地方，那里也有一座古旧的房屋，两边住处来回走动。

老夫妻俩——我叫他们叔父叔母——有两个孩子，口碑可都不太好，两人都被征兵去了战场，好像是当了野战炮兵。我记得他们个子很高，像是能够着云一样，身体也很硬朗。

两个儿子都被驱使到战场上，父母是何等的心情?! 想起那时叔父叔母那没精打采的、不知是死是活的神情，至今都令我感到战栗。也许顾及到在人面前的缘故，嘴上什么都不说，可是这样更加让人感到他们内心的沉重负担。大家都被战争所煽动，在好似疯狂的喧嚣中，无论醒着还是睡着，心里挂念的只有儿子，无论胜败，只要儿子能够得救就好。可那毕竟是困难之事。

小儿子幸好独身，可是长子在服兵役的前一年娶了新娘，就是附近的，据说娘家是过去的亲戚，姑娘才只有16岁，像玩具娃娃一样，原本是叫来过节的，结果娶进门做了媳妇。

我感到这个还不懂事的年轻新娘很不走运，也难以置信她那悲惨的命运。不到20岁的年轻妻子，和丈夫不在身边时出生的女儿一起生活，还照顾着七八十岁的老公公——忘记说了，是叔父叔母健在的父亲，守着镇上的家。我记得那座老房连白天都照不到阳光，很阴暗、椽子也很低。

那位老公公常年患中风，精神也不太正常，尤其在孙子们出征以后，常说些莫名其妙的话，让年轻的新娘——阿胜感到很为难。

半夜里他嘴里喊着"阿胜、阿胜，不得了了，俄国佬打来了"，在家里满地乱跑，无论怎样安慰都无济于事。听说每晚都这样。

附近的人都说，"真可怜，阿胜也受苦了。"

阿胜总是盘着头发，穿着藏青棉布窄袖衣，洗尿布，耕种屋后的田。我也时而见到过阿胜那令人疼爱的身影，她衣服整洁，看起来是有些内向的人，说话也比较周到。除了自家之外，她对外面的世界一无所知，这样成长起来的阿胜并不具备以一推十的敏锐感知能力，在她身上总能看到一些孩子般的纯真，非常可爱的一个人。她也常常会去河边公婆的家里帮忙。

那时，随着战争进程的渐渐推进，当局用尽各种各样的方法，鼓舞人们的爱国心，使万众同仇敌忾。报纸上大肆进行宣传，每天的报纸都以夸张的字眼、大号的活字，随意称赞那些生死未卜的人为名誉而战、光荣的牺牲者。冷静想想，这真是相当滑稽可笑的谬误。但是，亿万之众狂醉于战争，成为病态的头脑已不觉于此事，一天一天地只是期待着号外的到来，手里完全不做工作，什么都不做，一听到似乎是发送号外的铃响，正在挖萝卜的、正在打麦的，不管是谁都光着脚一溜烟地跑去，争先恐后要第一个抢到那张号外。"我某军大捷，所向披靡"，只要看到这一类的字句，就一起高声欢呼。亿万之众真的如同天真无邪的孩子一般欢闹着。

在小学校关于"战争"之事，也以特别的关注进行教育，向柔顺的、纯粹的、小小的国民头脑中猛烈地灌输"大和魂"，大肆注入尊重"国体"、"皇室"这样的训诫。当然，这也是由于来自当局的训令，但是，与此相比，不如说是作为国民一员的小学教师，在遗传上流淌着这种狂热的大和魂血液之故。

学生们常常参加战死者的葬仪。红白黄，各种各样的旗子寂寥地被风吹卷着，挂着阴云的天空就要开始落雨般的黄昏里，那悲痛的葬仪，的确令人感到不舒服。固定程式的镇长悼词、莫名其妙的和尚念经，成一小时两小时地让学生站在寺庙的院子里。

我有一个忘不掉的记忆。起先在首都东京举行的祝捷会，也开始在全国流行起来，我住的镇子里也举行了此事，虽然觉得被邻近村子抢了先，我们行动得还是要晚一些。

镇上的人头脑里除了祝捷会的事情以外，什么事都不能考虑，说是准备需要一星期，商人停止进货，农民放下了田里的活，忘我地制作一些饰物。我的家里是做买卖的，店里的人一起为了给万国旗染色，煞费苦心。叔父参考着英语词典卷首附的万国旗图标，以此为样本，精心地着上颜色。

当天，在镇上的主要地段——学校前、俱乐部前、寺院前立起了制作粗糙的拱形门，四周都悬挂上那些旗子，缠着红白相间布块儿的柱子纵横交错着，上面写有"奉祝"的灯笼挂在每家每户的门头。在商家的店头还非常炫耀地装饰着军人木偶、军舰、城寨等物。稍前一些日子，我因为感冒、发烧没能加入白天的旗帜队列，不知道怎么回事，窗外的喧闹声传进耳朵里，根本不能老老实实地待在床上，可还是被妈妈训斥着拉回来了。

我就说："背我去的话，一会儿就行。"

到了晚上，我终于耐不住开始央求。妈妈好像也觉得怪可怜的，就说"那可不能让背"。给我在睡衣外加了件外罩。我们从店里没有铺地板的房间那扇门出去，屋外亮堂得令人炫目，很多人在喧闹着，我不由得兴趣盎然。

"快点"，女佣催促着想要背起我。

我不觉扑通被吓了一跳。在没有地板的房间黑暗处有一个小身影蹲在板凳上——那是阿胜。

"哎呀"，女佣也看到她了，嘴里发出叫声。我喊她"姐姐，姐姐"。

"你怎么了？不去看看吗？"

她似乎听到了我无所顾忌地大声说话，突然转过头来，灯光下清清楚楚看见她脸庞上的泪痕。我感到自己的童心不经意间做了坏事，心里过意不去，很是难为情，局促扭捏地不知该做什么，女佣也一样不知所措，就突然说：

"姐姐，一起去吧，去镇上，怎么样？来自阵地的消息……"

"一点也、一点也没有的，"她用将将能听见的低声说着，然后站起身，勉强地笑着说：

"阿桂，感冒好了吗？像婴儿一样还让人背着。"

"嗯"，我也笑了，故意用一种孩子的娇声，硬是催着女佣走出屋外。

正好打着灯笼的队列从镇子那边涌来，狭窄的路面拥满了男女老幼。我让女佣把我放下，我们在一个叫三河屋的绸缎庄的凉台上，等着队列通过。

男学生们只穿着布袜行进，先是雄壮的军歌传入耳中，四五名教师举着同样的纸糊小红灯笼喊着："讨伐呀，征讨呀！"后面跟着镇上的人，各随其好，其中有人跟跟跄跄地乱叫着"万岁、万岁"，嘴里还没完没了地说着。

队列走过之后，悄然安静下来，街上的光亮越发使人感到寂寞。女佣也许是累了，一下子瘫坐在凉台上，就是不背我起来。我也觉得心情怪怪的，默默地凝望着天空。这时，背后传来了说话的声音。

"在内地也是如此的喧闹吗？想想那些亲历战场的人吧，岂能有祝捷会的从容？"

我吓了一跳，悄悄转过头来，是镇上无人不知的那位伤残老人，甲午战争时失去了一条胳膊的固执老兵。

"是啊，老爷爷，像您还记得呢。我呢，想起儿子的事，像这般庆典什么的，真是觉得痛恨啊！"和老人搭腔的是附近榻榻米店铺的女店主，她的独生子应召出征了。

"今晚一夜之间不知会死掉几千人，树木、花草也会变成一片荒原，他们浑身是血滚倒在地上，呼叫着、呻吟着，可是没人过来，临死连一口水都喝不上，挣扎着死去。哎！老板娘，想到自己的儿子、兄弟是这种情景，还能这样欢闹吗？痛快地喝个够，举国一致也不能有吧。比起那样，我们这才是为了国家，哪怕造双鞋子也好啊！"

老人的声音越来越高、越来越尖，碰一下几乎就要呐喊起来，我觉得有点害怕了。

我小声催促着女佣，"回家吧，啊，妈妈还等着呢。"那些没看完的装饰物也不再去看就转回家了。

那天晚上的记忆中，只有阿胜那凄惨的身影和老人那激昂的声音，永远都忘不掉。因为明亮的灯火中那阴冷的心深深地刺进我幼小的心灵里了。

阿胜——之后，阿胜的故事，在这个世上是很凄凉的。和她住在一起由她照顾看护的老公公最后在战争期间死去，就在去世前一周，连人也分辨不清了。

"啊，俄国佬、俄国佬——把国次（孙子的名字）——给杀了、杀了——"，老公公不停地这么说着，扛着扫帚乱跑，在家里洒水，顺手拿起东西就扔，让人很难看管，这样狂暴着、狂暴着就死了。我记得葬礼时，我也穿着白衣去送葬。

阿胜现在还是只和孩子两人一起住在镇上的老屋里生活，偶尔婆婆也过来看看，但是晚上必定回去。空荡荡、阴森森的家里，和一个孩子作伴度过夜晚是多么难熬啊！

战争怎么也打不完，一个月、两个月的，岁月好似哄着人们过去了。祝捷会也两次、三次地举行过了。旅顺陷落、辽阳、沙河、奉天，我方军势所到之处都是大获全胜的喜报。然而，出征的人却一个也没回来，不，接到的消息是今天谁家的儿子死了；听说那边有葬礼，只是听到这一类的恐怖消息，而且更为可怕的是——还要再下达征兵令，就连免去预备、后备的上了年纪的人都被挑选出来了。

战争什么时候停止呢？每个人的心里都黯然浮出这样的疑问，而且只能发出不为人知的绝望的叹息。

阿胜年轻的心里是如何望眼欲穿地等着丈夫凯旋啊。冷漠的公婆之心是悲痛的，但是，阿胜连一句话也不能放在嘴上——而且阿胜终于疯了。

起初她只是头脑发作性地混乱，渐渐病情加重，完全不能恢复成正常意识了。她几次试图自杀都被邻人救起。娘家人担心给她叫来看护人，孩子让奶奶照顾——送到河畔的家中，成了这样一种情况。

这样，阿胜在镇上的家里，只和看护她的人在一起。医生只说是重度的歇斯底里，却不给做任何治疗，对"疯子"这种事感到害怕，连家里人也不靠近。狂了又狂、苦闷再加苦闷，结果阿胜终于死于非命，趁着看护人不备投身于井中。

"真可怜，好好为她念念佛吧。"烧香时母亲这么说。

看到可爱的阿绢由奶奶牵着手笑着，我也落下了眼泪，不由得靠在母亲的衣襟上。

阿胜死了。之后过了两三个月，风传要讲和了，很快缔结了朴茨茅斯条约，终于停战了。阿胜的丈夫——国次也平安凯旋。

欢迎凯旋之日，被众多欢迎的人群包围着，走向镇子的国次是一种怎样的心情呢？我看见身披破旧军装、站立在匆忙搭建起的凯旋门下的身影，看见被满洲的风雨吹打的憔悴面容时，从心底深处涌出了热泪。"啊，要是阿胜还在多好啊！"

还处在孩童时代的我，对复杂的家中事什么都不懂，也没有打听过，也完全不懂大人的心情。不过，之后却有些惦记国次的家里怎样了。年纪还不到十岁的、失去母亲的阿绢可怜得要命。

之后，也就过了一年，阿绢有了一位新母亲，仍是来自近处亲戚方面的人家，阿绢和叔父——国次的弟弟——两人住在镇上的家里，爷爷奶奶和新妈妈住在河边的家里，这是为阿绢上学方便起见做的决定。

不久，阿绢有了弟弟和妹妹，可是那些孩子长大后也没有离开河边的家。阿绢依然在阴森森的家里，做着一些那时流行的加工薄木片的家庭副业之类的活计，并且长大成人了。

最终那个阿绢死了。身体很结实的、杀都杀不死的硬朗孩子，听说突然患了十天的病，就痛苦地死去了。

多么可怜的孩子啊！我这么想着心里一下子堵得满满的。我来到东京后，每次回家都带一些头簪之类的礼物，让她高兴。可是，今年已没有这种快乐了。正值她死后的第一次盂兰盆会，给她供一些喜欢的点心吧。

十年前战争的残余一直持续到今天，丈夫出征不在家期间疯了死掉的年轻妻子，想到他们遗留下来的孩子不幸的命运，就连那场巨大战争影响的极小一部分都实在令人感到害怕。我的脑海里幻影般地浮现出脱离国家与国家的关系、自由广阔而美好的人类世界，它使人怀想起基督教诲的话语："你们要互相爱护。"

为什么人们不能谋求相互的幸福呢？我这么想着而感到悲哀。

（第五卷第十号，一九一五年十一月）

参 考 文 献

日文部分

［1］岩田ななつ：『文学としての「青鞜」』、東京：不二出版 2003 年版。
［2］小山静子：『良妻賢母という規範』、東京：勁草書房，1991 年。
［3］堀場清子：『青鞜の時代——平塚らいてうと新しい女たち』、東京：岩波書店，1988 年。
［4］福田はるか：『田村俊子——谷中天王寺町の日々』、東京：図書新聞，2003 年。
［5］平塚らいてう：『元始、女性は太陽であった——平塚らいてう自伝』完結篇、東京：大月書店，1973 年。
［6］山川菊栄：『日本婦人運動小史』、東京：大和書房，1979 年。
［7］平塚らいてう：『元始、女性は太陽であった——平塚らいてう自伝』上・下、東京：大月書店，1971 年。
［8］佐々木英昭：『"新しい女"の到来』、名古屋：名古屋大学出版会，1994 年。
［9］坂垣直子：『明治大正文学研究：15』、東京：桜楓社，1955 年。
［10］坂垣直子：『明治・大正・昭和の女性文学』、東京：桜楓社，1968 年。
［11］堀場清子：『「青鞜」女性解放論集』、東京：岩波書店，1991 年。
［12］名古屋女性史研究会：『母親の時代——愛知女性史』、東京：風媒社，1969 年。
［13］米田佐代子：『平塚らいてう——近代日本のデモクラシーとジェンダー』、東京：吉川弘文館，2002 年。
［14］外崎光広編：『明治前期婦人解放論史』、高知市：高知市民図書館，1963 年。
［15］外崎光広：『日本婦人論史（上）女権論篇』、東京：ドメス出版，1986 年。
［16］外崎光広：『日本婦人論史（下）婦人解放論篇』、東京：ドメス出版，1989 年。
［17］富田正文編：『福沢諭吉選集』第九巻、東京：岩波書店，1981 年。
［18］福沢諭吉：『学問のすすめ』、東京：旺文社，1967 年。

［19］大久保利謙編：『明治啓蒙思想集』（明治文学全集 3）、東京：筑摩書房，1967 年。

［20］鹿野政直解説：『福沢諭吉選集　第九巻』、東京：岩波書店，1981 年。

［21］鹿野政直：『近代日本思想案内』、東京：岩波書店，1999 年。

［22］鹿野政直：『福沢諭吉』、東京：清水書院，1967 年。

［23］山川菊栄：『女二代記』、東京：平凡社，1972 年。

［24］山川菊栄：『武家の女性』、東京：岩波書店，1983 年。

［25］大越愛子：『近代日本のジェンダー』、東京：三一書房，1997 年。

［26］高橋昌郎：『中村敬宇』、東京：吉川弘文館，1966 年。

［27］外崎光広：『植木枝盛と女たち』、東京：ドメス出版，1976 年。

［28］大久保利謙編：『森有礼全集』第 1 巻、東京：宣文堂書店，1972 年。

［29］『明治文化全集』第 5 巻、東京：日本評論社，1968 年。

［30］村上信彦：『明治女性史・中巻前篇女権と家』、東京：理論社，1970 年。

［31］村上信彦：『日本の婦人問題』、東京：岩波書店，1978 年。

［32］丸岡秀子編集・解説：『日本婦人問題資料集成』第 8 巻・思潮（上）、東京：ドメス出版，1976 年。

［33］丸岡秀子：『婦人思想形成ノート』（上）、東京：ドメス出版，1975 年。

［34］丸岡秀子：『婦人思想形成ノート』（下）、東京：ドメス出版，1982 年。

［35］本間久雄：『婦人問題（その思想的根拠）』、東京：東京堂，1947 年。

［36］西田勝：『田岡嶺雲・女子解放論』、東京：法政大学出版局，1987 年。

［37］与謝野晶子：『激動の中を行く』、東京：新泉社，1970 年。

［38］鹿野政直・香内信子編：『与謝野晶子評論集』、東京：岩波書店，1985 年。

［39］中川八洋：『与謝野晶子に学ぶ』、東京：グラフ社，2005 年。

［40］亀井勝一郎等編集：『与謝野晶子　日本文学アルバム 16』、東京：筑摩書房，1955 年。

［41］丸山真男・加藤周一：『翻訳と日本の近代』、東京：岩波書店，1998 年。

［42］村上信彦：『明治女性史』上巻、東京：理論社，1970 年。

［43］平塚益徳：『人物を中心としての女子教育し』、東京：帝国地方行政学会，1964 年。

［44］三井為友編集・解説：『日本婦人問題資料集成』第 4 巻・教育、東京：ドメス出版，1976 年。

［45］玉城肇：『日本教育発達史』、東京：三一書房，1956 年。

［46］布川清司：『近代日本女性倫理思想の流れ』、東京：大月書店，2000 年。

［47］小河織衣：『女子教育事始』、東京：丸善株式会社，1995 年。

［48］井上久雄：『日本の教育思想』、東京：福村社，1979 年。

［49］山住正己：『教育の体系』（日本近代思想大系6）、東京：岩波書店，1990年。
［50］総合女性史研究会：『日本女性の歴史　文化と思想』、東京：角川書店，1993年。
［51］女性史総合研究会：『日本女性史』第4巻・近代、東京：東京大学出版会，1982年。
［52］村上信彦：『大正期の職業婦人』、東京：ドメス出版，1983年。
［53］西田長寿：『明治時代の新聞と雑誌』、東京：至文堂，1961年。
［54］朝日新聞社編：『明治大正史　第1巻・言論篇』、東京：朝日新聞社，1930年。
［55］岡野他家夫：『日本出版文化史』、東京：原書房，1981年。
［56］小林登美枝、米田佐代子編：『平塚らいてう評論集』、東京：岩波書店，1987年。
［57］平塚らいてう：『わたくしの歩いた道』、東京：新評論社，1955年。
［58］井手文子：『「青鞜」解説・総目次・索引』、東京：不二出版1983年版。
［59］小林登美枝：『平塚らいてう——愛と反逆の青春』、東京：大月書店，1977年。
［60］清永孝：『裁かれる大正の女たち』、東京：中公新書，1994年。
［61］米田佐代子、池田恵美子編：『「青鞜」を学ぶ人のために』、京都：世界思想社，1999年。
［62］福田英子：『妾の半生涯』、東京：改造社，1937年。
［63］村田静子：『福田英子』、東京：岩波書店，1959年。
［64］伊藤野枝：『伊藤野枝全集』・上巻、東京：学芸書林，1970年。
［65］森まゆみ：『吹けよ、あれよ、風よ、あらしよ——伊藤野枝選集』、東京：学芸書林，2001年。
［66］平塚明：『現代と婦人の生活』、東京：日月社，1914年。
［67］岩田ななつ：『青鞜の女　加藤みどり』、東京：青弓社，1993年。
［68］井手文子：『青鞜』、東京：弘文堂，1961年。
［69］平塚らいてう：『現代の男女へ』、東京：南北社，1917年。
［70］平塚らいてう：『円窓より』、東京：東雲堂書店，1913年。
［71］井手文子：『「青鞜」の女たち』、東京：海燕書房，1975年。
［72］鈴木祐子編：『山川菊栄評論集』、東京：岩波書店，1990年。
［73］平塚らいてう：『むしろ女人の性を礼拝せよ　平塚らいてう新性道徳論集』、京都：人文書院，1977年。
［74］平塚らいてう：『元始、女性は太陽であった——平塚らいてう自伝』続、東京：大月書店，1972年。

[75] 渡邊澄子：『青鞜の女・尾竹紅吉伝』、東京：不二出版 2001 年版。

[76] 井手文子：『自由それは私自身―評伝・伊藤野枝―』、東京：現代書館，2000 年。

[77] 井手文子：『平塚らいてう――近代と神秘』、東京：新潮社，1987 年。

[78] 大沢正道編集・解説：『大杉栄集』（近代日本思想大系 20）、東京：筑摩書房，1974 年。

[79] 『叢書「青鞜」の女たち』第六巻「火の女」、東京：不二出版 1986 年版。

[80] らいてう研究会編：『「青鞜」人物事典』、東京：大修館書店，2001 年。

[81] 新・フェミニズム批評の会編：『「青鞜」を読む』、東京：学芸書林，1998 年。

[82] 折井美耶子編：『資料 性と愛をめぐる論争』、東京：ドメス出版，1991 年。

[83] 岩田ななつ：『青鞜文学集』、東京：不二出版 2004 年版。

[84] 尾形明子：『自らを欺かず――泡鳴と清子の愛』、東京：筑摩書房，2001 年。

[85] 長谷川仁・紅野敏郎編：『長谷川時雨――人と人生』、東京：ドメス出版，1982 年。

[86] 杉山秀子：『プロメテウス 神近市子とその周辺』、東京：新樹社，2003 年。

[87] 神近市子：『私の半生記』、東京：近代生活社，1956 年。

[88] 渡邊澄子編：『女性文学を学ぶ人のために』、京都：世界思想社，2000 年。

[89] 成瀬正勝：『大正文学の比較文学研究』、東京：明治書院，1968 年。

[90] 近代女性史研究会：『女たちの近代』、東京：柏書房，1978 年。

[91] 鹿野政直：『婦人・女性・女』、東京：岩波書店，1989 年。

[92] 『日本文学全集 12 国木田独歩・石川啄木集』、東京：集英社，1967 年。

[93] 『現代思想 6』（特集 フェミニズムの最前線――女性の動員と主体化）、東京：青土社，2004 年。

[94] 三好行雄・竹盛天雄：『近代文学 3』、東京：有斐閣叢書，1977 年。

[95] 関礼子：『一葉以後の女性表現 文体・メディア・ジェンダー』、東京：翰林書房，2003 年。

[96] 飯田祐子編：『「青鞜」という場――文学・ジェンダー・〈新しい女〉』、東京：森話社，2002 年。

[97] 西村汎子・関口裕子・菅野則子・江刺昭子編：『文学にみる日本女性の歴史』、東京：吉川弘文館，2000 年。

[98] 渡邊澄子：『日本近代女性文学論――闇を開く』、京都：世界思想社，1998 年。

[99] 総合女性史研究会：『日本女性の歴史 性・愛・家族』、東京：角川書店，1992 年。

[100] 石月静恵、薮田貫編：『女性史を学ぶ人のために』、京都：世界思想社，

1999 年。

[101] 阿部恒久・佐藤能丸:『通史と史料 日本近現代女性史』、東京:芙蓉書房出版,2000 年。

[102] 堀場清子:『習俗打破の女たち』、東京:ドメス出版,1998 年。

[103] 高群逸枝:『女性の歴史』下巻、東京:講談社,1958 年。

[104] 高群逸枝:『女性の歴史』続巻、東京:講談社,1958 年。

[105] 雄山閣編輯局:『日本女性史』、東京:雄山閣,1941 年。

[106] 脇田晴子/S. B. ハンレー編:『ジェンダー日本史 上——宗教と民俗 身体と性愛——』、東京:東京大学出版会,1994 年。

[107] 脇田晴子/S. B. ハンレー編:『ジェンダー日本史 下——主体と表現 仕事と生活——』、東京:東京大学出版会,1995 年。

[108] 池田美恵子編著:『出版女性史——出版ジャーナリズムに生きる女性たち』、京都:世界思想社,2001 年。

[109] 上野千鶴子、小倉千加子:『ザ・フェミニズム』、東京:筑摩書房,2002 年。

[110] 上野千鶴子:『上野千鶴子が文学を社会学する』、東京:朝日新聞社,2003 年。

[111] 上野千鶴子:『女という快楽』、東京:勁草書房,1986 年。

[112] 鹿野政直:『現代日本女性史——フェミニズムを軸として』、東京:有斐閣,2004 年。

[113] 江原由美子・金井淑子編:『フェミニズムの名著 50』、東京:平凡社,2002 年。

[114] 川島武宜:『結婚』、東京:岩波書店,1954 年。

[115] 関西中国女性史研究会編:『ジェンダーからみた中国の家と女』、東京:東方書店,2004 年。

[116] 下見隆雄:『孝と母性のメカニズム——中国女性史の視座』、東京:研文出版,1997 年。

[117] 虎井まさ衞・大月純子・河口和也:『性なる聖なる生——セクシュアリティと魂の交叉』、東京:緑風出版,2005 年。

[118] 小谷野敦:『男であることの困難 恋愛・日本・ジェンダー』、東京:新曜社,1997 年。

[119] 鳥海靖:『NHK 文化セミナー・歴史に学ぶ 明六雑誌と近代日本』上、下、東京:日本放送出版協会,1994 年。

[120] 丸山真男:『日本の思想』、東京:岩波書店,1961 年。

[121] もろさわようこ:『おんなの歴史』(下)、未来社,1970 年。

[122] 小野和子:『中国女性史——太平天国から現代まで——』、東京:平凡社,

1978 年。
- [123] 木村時夫：『日本史なるほど読本』、東京：廣済堂出版，1990 年。
- [124] 昭和女子大学女性文化研究所編：『女性文化とジェンダー』、東京：御茶の水書房，2002 年。
- [125] 安達みち代：『近代フェミニズムの誕生——メアリ・ウルストンクラフト——』、京都：世界思想社，2002 年。
- [126] AERA Mook：『ジェンダーがわかる』、東京：朝日新聞社，2002 年。
- [127] ジョーン・W. スコット：『ジェンダーと歴史学』、東京：平凡社，2004 年。

* 书中所有《青鞜》作品的引文皆采用 1980 年龙溪书舍的影印版《青鞜》第一卷至第六卷。

中文部分

- [128] 荒林主编：《中国女性主义》，广西师范大学出版社 2004 年版。
- [129] 马克思、恩格斯：《马克思恩格斯全集》第 37 卷，人民出版社 1988 年版。
- [130] 李小江等：《女性？主义——文化冲突与身份认同》，江苏人民出版社 2000 年版。
- [131] 吴廷璆主编：《日本史》，南开大学出版社 1994 年版。
- [132] 《诗经》，北京出版社 2006 年版。
- [133] 马克思、恩格斯：《马克思恩格斯选集》第四卷，人民出版社 1972 年 5 月第 1 版。
- [134] 李宏图选编：《表象的叙述——新社会文化史》，上海三联书店 2003 年版。
- [135] 朱立元主编：《当代西方文艺理论》，华东师范大学出版社 1997 年版。
- [136] 马克思等：《马克思恩格斯列宁斯大林论妇女》，人民出版社 1978 年版。
- [137] 林树明：《多维视野中的女性主义文学批评》，中国社会科学出版社 2004 年版。
- [138] 张京媛主编：《当代女性主义文学批评》，北京大学出版社 1992 年版。
- [139] 鲍晓兰主编：《西方女性主义研究评介》，生活·读书·新知三联书店 1995 年版。
- [140] 李银河主编：《妇女：最漫长的革命：当代西方女权主义理论精选》，生活·读书·新知三联书店 1997 年版。
- [141] 万峰：《日本近代史》，中国社会科学出版社 1978 年版。
- [142] 唐有东：《利润与私有制经济问题》，中国财政经济出版社 2004 年版。
- [143] 魏国英主编：《女性学概论》，北京大学出版社 2000 年版。
- [144] 马克思、恩格斯：《马克思恩格斯全集》第 42 卷，人民出版社 1979 年 9 月第 1 版。
- [145] 李卓：《家族制度与日本的近代化》，天津人民出版社 1997 年版。

- [146] 李卓：《中日家族制度比较研究》，人民出版社 2004 年版。
- [147] 张萍：《日本的婚姻与家庭》，中国妇女出版社 1984 年版。
- [148] 杜君慧：《妇女问题讲话》，新知书店 1938 年版。
- [149] 罗苏文：《女性与中国近代社会》（近代中国社会史丛书），上海人民出版社 1996 年版。
- [150] 中华全国妇女联合会妇女运动历史研究室：《五四时期妇女问题文选》，生活·读书·新知三联书店 1981 年版。
- [151] 杜芳琴、王政主编：《社会性别》第 1 辑，天津人民出版社 2004 年版。
- [152] 陈顺馨、戴锦华选编：《妇女、民族与女性主义》，中央编译出版社 2004 年版。
- [153] 孟悦、戴锦华：《浮出历史地表——现代妇女文学研究》，中国人民大学出版社 2004 年版。
- [154] 林吉玲：《二十世纪中国女性发展史论》，山东人民出版社 2001 年版。
- [155] 蔡新东、李卫国：《众妙之门——女权主义的生命哲学批判》，河南大学出版社 2004 年版。
- [156] 张莲波：《中国近代妇女解放思想历程》，河南大学出版社 2006 年版。
- [157] 张岩冰：《女权主义文论》，山东教育出版社 1998 年版。
- [158] 骆晓戈主编：《女性学》，湖南大学出版社 2004 年版。
- [159] 刘霓：《西方女性学——起源、内涵与发展》，社会科学文献出版社 2001 年版。
- [160] 沈奕斐：《被建构的女性——当代社会性别理论》，上海人民出版社 2005 年版。
- [161] 夏晓虹：《晚清女性与近代中国》，北京大学出版社 2004 年版。
- [162] 陈秀武：《日本大正时期政治思潮与知识分子研究》，中国社会科学出版社 2004 年版。
- [163] 李新灿：《女性主义观照下的他者世界》，中国社会科学出版社 2001 年版。
- [164] 王红旗主编：《中国女性在追梦》，中国时代经济出版社 2003 年版。
- [165] 冯沪祥：《两性之哲学》，北京大学出版社 2002 年版。
- [166] 孙绍先：《女性主义文学》，辽宁大学出版社 1987 年版。
- [167] 罗婷主编：《女性主义文学批评在西方与中国》，中国社会科学出版社 2004 年版。
- [168] 宋素凤：《多重主体策略的自我命名：女性主义文学理论研究》，山东大学出版社 2002 年版。

译著

- [169] [法] 西蒙娜·德·波伏娃：《第二性——女人》，桑竹影等译，湖南文艺出版社 1986 年版。
- [170] [法] 西蒙娜·德·波伏娃：《第二性》，陶铁柱译，中国书籍出版社 2004

年版。

[171]［美］贝尔·胡克斯：《女权主义理论从边缘到中心》，晓征、平林译，江苏人民出版社2001年版。

[172]［澳］亨利·理查森等：《女人的声音》，郭洪涛译，广西师范大学出版社2003年版。

[173]［英］玛丽·沃斯通克拉夫特：《女权辩护——关于政治和道德问题的批评》，王瑛译，中央编译出版社2006年版。

[174]［美］罗斯玛丽·帕特南·童：《女权主义思潮导论》，艾晓明译，华中师范大学出版社2002年版。

[175]［美］贝蒂·弗里丹：《女性的奥秘》，程锡麟、朱微、王晓路译，北方文艺出版社1999年版。

[176]［法］吉尔·里波韦兹基：《第三类女性》，田常晖、张峰译，湖南文艺出版社2000年版。

[177]［美］约瑟芬·多诺万：《女权主义的知识分子传统》，赵育春译，江苏人民出版社2003年版。

[178]［英］弗吉尼亚·伍尔夫：《论小说与小说家》，瞿世镜译，上海译文出版社2000年版。

[179]［英］索菲亚·孚卡：《后女权主义》，文化艺术出版社2003年版。

[180]［英］约翰·密尔：《论自由》，张友谊等译，外文出版社1998年版。

[181]［美］海伦·费希尔：《第一性》，王家湘译，辽宁人民出版社2001年版。

[182]［日］桥爪大三郎：《性爱论》，马黎明译，百花文艺出版社2000年版。

[183]［日］松本三之介：《国权与民权的变奏——日本明治精神结构》，李冬君译，东方出版社2005年版。

[184]［日］江原由美子：《性别支配是一种装置》，丁莉译，商务印书馆2005年版。

[185]［日］富永健一：《日本的现代化与社会变迁》，李国庆、刘畅译，商务印书馆2004年版。

[186]［英］勃洛尼斯拉夫·马林诺夫斯基：《两性社会学：母系社会与父系社会之比较》，李安宅译，上海人民出版社2003年版。

[187]［日］山川丽：《中国女性史》，高大伦、范勇译，三秦出版社1987年版。

论文

[188] 王紅：「上海時代の田村俊子」、『中国女性史研究』1998年（8）。

[189] 米田佐代子・石崎昇子：「『青鞜』におけるセクシャリティの探求——平塚らいてうと小倉清三郎の接点」、『山梨県立女子短期大学紀要』32号、1999年。

[190] 生田花世:「『青鞜』の思い出」、『国文学解釈と鑑賞』、東京:至文堂、1963(9)。

[191] 瀬沼夏葉:「チェホフの短編と脚本」,『文章世界』第五巻第4号、1910年2月15日。

[192] 瀬沼夏葉:「露西亜の女」,《ハガキ文学》第七巻第4号、1910年4月1日。

[193] 李卓:《近代日本女子教育理念——良妻贤母论辨析》,《日本学刊》2002年第2期。

[194] 李卓:《中国的贤妻良母观及其与日本良妻贤母观的比较》,《天津社会科学》2002年第3期。

[195] 李卓:《"良妻贤母"与"贤妻良母"的不同命运》,《日本学论坛》2007年第1期。

[196] 沈卫杰:《〈青鞜〉:近代日本妇女解放的先驱杂志》,《日本学论坛》2000年第1期。

[197] 胡澎:《从"贤妻良母"到"新女性"》,《日本学刊》2002年第6期。

[198] 胡澎:《近现代中日妇女社会地位的变化》,《当代亚太》1999年第1期。

[199] 胡澎:《战争期间日本妇女运动家市川房枝的政治转向》,《日本学论坛》2002年第Z1期。

[200] 袁向东:《日本的女性主义研究》,《广东职业技术师范学院学报》2002年第1期。

[201] 李新:《近代日本妇女文学鸟瞰》,《华北电力大学学报》(社会科学版)1997年第3期。

[202] 肖宁:《日本女作家与谢野晶子与近代中国女性运动》,《日本研究》2002年第1期。

[203] 张晓宁:《与谢野晶子及其反战诗》,《辽宁师范大学学报》(社会科学版)1995年第2期。

[204] 肖霞:《女性的觉醒与解放》,《东岳论丛》2004年第11期。

[205] 赤羽学:《论近代日本文学中的亲子伦理观》,《日本研究》2006年第3期。

[206] 许晓光:《论明治前期日本的近代权利观》,《四川大学学报》(哲学社会科学版)2007年第2期。

[207] 李建军、刘世萍:《近代日本"娼妓解放运动"评述》,《中华女子学院学报》1999年第2期。

[208] 李佐文、张川:《从女子教育的发展看日本妇女社会地位的变化》,《日本问题研究》1996年第3期。

[209] 秦弓:《日本近代文学中的女权主义色彩》,《日本研究》1997年第2期。

[210] 安成日:《日本大正时期知识分子的政治选择》,《中国图书评论》2006年第

[211] 童晓薇:《创造社的诞生与日本大正时期文化界》,《郭沫若学刊》2005 年第 1 期。

[212] 肖传国:《近代日本启蒙思想的转向及其动因》,《日本问题研究》2005 年第 3 期。

[213] 李小白:《明治维新时期日本人西洋意识的诸类型》,《东北师大学报》(哲学社会科学版) 2006 年第 5 期。

[214] 洪漫:《日本的女性主义研究》,《中山大学学报论丛》2006 年第 8 期。

[215] 乔素玲:《近代中国女学与日本》,《广东社会科学》2001 年第 1 期。

[216] 姜健、姜兰:《妇女解放问题的现代诠释》,《社会科学战线》2001 年第 5 期。

[217] 陈晖:《中日妇女解放的实践》,《当代亚太》1995 年第 5 期。

[218] 宇文:《一次中日妇女史研究的学术交流》,《妇女研究论丛》1997 年第 3 期。

网络文献

[219] 宮本百合子:『婦女と文学』, 青空文庫: http://www.aozora.gr.jp/cards/000311/files/2927_9212.htm。

[220] 尾形明子:『生田花世——愛と文学』, http://www.jksk.jp/j/key/200308.htm。

[221] 川瀬祐理:『モダン女子論』, http://www.fujijoshi.ac.jp/deptold/japanese。

[222] 竹中一男:『近代日本の道程』, http://www.geocities.jp/kazuo714/kapitel1.htm。

[223] 辻潤『ふもれすく』, 青空文庫: http://www.aozora.gr.jp/cards/000159/files/852_21056.html。

[224] 筑摩文庫:『普請中 青年 森鴎外全集 2』、筑摩書房、東京、1995 年。青空文庫: http://www.aozora.gr.jp/cards/000129/files/3336_23054.html。

[225] 山川菊栄連続学習会 重藤都:『二一世紀フェミニズムへ』, http://www5f.biglobe.ne.jp/—rounou/myweb3_101.htm。

[226]『明治刑法』, http://law.e-gov.go.jp/htmldata/M40/M40HO045.html。

[227] 石川啄木:『時代閉塞の現状』, 青空文庫: http://www.aozora.gr.jp/cards/000153/files/814_20612.html。

[228]「職業婦人」を応援した明治の新聞, http://www.yomiuri.co.jp/yomidas/meiji/meiji32r.htm。

[229]『青鞜』発刊 100 年「今、青鞜を生きる」, http://blog.goo.ne.jp/seitoh100。

后　记

本书是我在博士论文的基础上加以修改完成的。时光荏苒，2008 年博士毕业至今转眼间已是第六个年头了，博士论文迟迟没有下决心出版，一是由于我认为文中存有许多不够成熟的章节，不宜出版，再者因为国内实在缺少与本题研究相关的文献资料，一直也没有提笔修改的动力。一拖再拖，恍然间"知天命"的年龄来到眼前，论文的出版重新成为一件心事。

2012 年我有幸获得一次短期的访日进修机会，借此机会又收集和购买了一些难得的相关资料，之后，陆陆续续修改文稿，时至今日仍有诸多不能令人满意之处，但是，换一个角度来想，学术研究原本就不是一劳永逸的事情，而是一项永无止境的提升过程，博士论文也仅仅是一个阶段性的研究，不能说明此项研究可以就此止步不前，因此，也不可能做到完美无缺，更不能表明其中没有继续深入研究的空间了。其实，本书所涉课题充其量也只是个起步阶段的研究而已。所幸，同在 2012 年我所申请的国家社科基金项目的课题"《青鞜》的文学空间"获批立项，使本课题继续深入研究的意义与价值在学术上得到了高度的认可。

回想当年写作博士论文的过程，至今依然有诸多感想，且不说收集论文资料的困难，写作中理不出思绪的煎熬，我想每个写作过博士论文的人大体都经历过此番艰辛。在此，我最想表达的是对我的导师李卓教授的无尽感恩和感谢，整个论文的完成过程都贯穿了导师的辛勤浇灌和培育。原本我在硕士阶段的专业方向是日本文学，博士阶段专业方向转到日本史与日本文化方面，这使我面临着与过去不同的专业视角与思维方式、文字叙述方式的转换问题，在导师的耐心引导下，顺利完成转换。恩师不仅在学术上给予耐心细致的指导，而且在生活方面也给予了无微不至的关怀。在我缺乏完成论文的信心时，恩师始终万般鼓励，甚至为我提供珍贵的论文资料，多次面对面地针对论文中的具体问题指点迷津、匡正纠错，终于使我完成了这段提升学术水平和人生质量的学业。更令我感动的是，在论文最后的审阅阶段，恩师夜不能寐时，就在灯下为我们审批论文，每一字、每一句都认真地审阅，甚至连标点符号都替我们订正。其实，这种辛劳程度，连我们写作论文的本人也没能付出过。导师对学术精益求精、对学生认真负责的治学态度，至今都是我从事教学研究和指导学生的榜样。

当然，南开大学日本研究院的杨栋梁教授、米庆余教授、王振锁教授、宋志勇教授等各位导师在治学方法上的传授和引导，也都让我受益匪浅。

远在日本京都国际文化研究中心的刘建辉教授，曾是我在南开大学读硕士时的恩师，可以说，如果没有刘老师在学业上的引导和激励，就不会有后来的读博经历。我之所以能够成为今天的我，其中一部分原因也是由于刘老师始终坚持将学术研究作为人生选择的态度对我所产生的影响。

桥场彻、五岛重保是我在此想要感谢的两位日本友人，在完成论文的过程中，他们帮我解决了资料欠缺的很大一部分困难，尤其是五岛先生，当时已有八十多岁高龄，自己托人帮我买到最近的相关书籍，并从日本寄到我的手中。如果没有他们的帮助，可以说论文的完成就是一种奢望了。

另外，身边的朋友、同事、我的家人以及远方的诸多朋友学姐学长、师妹师弟自始至终都给了我力所能及的各项帮助，此处不再逐一列出真名实姓，一并表示衷心的感谢。

本书获得青岛大学东亚文学文化研究中心资助，感谢中心的这份慷慨。

最后感谢中国社会科学出版社及责任编辑任明老师为此书的出版付出的辛劳，没有出版社的支持，没有任老师的辛勤，本书也难以面世。

每一份恩情，我将永存心中。

于　华

二〇一四年